上海证券交易所上市公司监管案例汇编（2007－2009）

上海证券交易所公司管理部 编

立信会计出版社
LIXIN ACCOUNTING PUBLISHING HOUSE

图书在版编目(CIP)数据

上海证券交易所上市公司监管案例汇编.2007-2009 / 上海证券交易所公司管理部编. --上海 :立信会计出版社，2011.8

ISBN 978-7-5429-2878-8

Ⅰ. ①上… Ⅱ. ①上… Ⅲ. ①股份有限公司-监管制度-案例-汇编-上海市-2007～2009 Ⅳ. ①D927.510.229.191.5

中国版本图书馆 CIP 数据核字(2011)第 165637 号

策划编辑　窦瀚修
责任编辑　张巧玲
封面设计　周崇文

上海证券交易所上市公司监管案例汇编（2007-2009）

出版发行	立信会计出版社		
地　　址	上海市中山西路 2230 号	邮政编码	200235
电　　话	(021)64411389	传　　真	(021)64411325
网　　址	www.lixinaph.com	电子邮箱	lxaph@sh163.net
网上书店	www.shlx.net	电　　话	(021)64411071
经　　销	各地新华书店		

印　　刷	上海申松立信印刷有限责任公司		
开　　本	787 毫米×960 毫米	1/16	
印　　张	15.25	插　　页	1
字　　数	234 千字		
版　　次	2011 年 8 月第 1 版		
印　　次	2011 年 8 月第 1 次		
印　　数	1-6 000		
书　　号	ISBN 978-7-5429-2878-8/D		
定　　价	35.00 元		

如有印订差错，请与本社联系调换

序　言

《上海证券交易所上市公司监管案例汇编(2007—2009)》共收集了42篇案例分析文章,全部由上海证券交易所公司管理部一线监管人员撰写,具有显著的实践特征。案例汇编反映了2007—2009年期间上海证券交易所上市公司监管中的热点、难点问题,揭示了近年来大型集团公司整体上市和资产证券化的总体趋势,展示了"全流通"背景下证券交易所在证券监管方式上的探索、创新和思考。

本次汇编在案例的选择上有所侧重。首先,重点关注上市公司在关联交易和同业竞争、并购重组等方面的行为及其引发的案例焦点,通过事实分析和学理探讨,对如何进一步提高信息披露自律监管效率提出建议。其次,抓住证券市场发展中不断涌现的权证等新业务的特点及监管难点,研究开拓监管思路。再次,针对上市公司及信息披露相关各方在股票买卖、履行股改和清欠承诺、日常经营活动和公司治理中发生的诸多问题,以专题形式进行案例分析和讨论。

从方法上看,本次案例汇编以个案分析为主,不进行过多的理论探讨,侧重于结合公司业绩和市场环境对案例对象进行持续追踪和分析,进而总结实践中可改进或者完善的做法,如亿阳信通关联交易资产评估高增值案例。另外,我们也选择了某一地域或某一事项进行专题分析,以反映出上市公司监管工作的全貌,如上海地区上市公司并购重组案例评析。

本次汇编的案例集中反映了我们在日常监管实践中遇到的热点、难点问题。这些问题,有些已经通过修订监管规则、完善监管措施等方式解决,有些尚待进一步在实际中总结监管经验,待条件成熟时通过立法建议、规则修订等途径来解决。我们也希望,通过本次案例汇编,能够和业内同行一起交流我国上市公司发展过程中的监管经验,加强我国证券市场的制度建设,推进中国资本市场的健康发展。

编　者

目　　录

KN公司:“同一国资控制”下关联方认定案例评析

关联交易作为一种经济行为,可以节约大量的信息搜索、商业谈判、合约实现等交易成本,并可运用关联性保证交易的优先执行,这使得上市公司在经营中经常使用关联交易方式。但同时,若关联方滥用控制权,利用关联交易输送、转移利益,则会侵害上市公司、中小股东、债权人等的合法利益,从而破坏市场公平交易的基础,扰乱证券市场的正常秩序。因此,关联交易一直是交易所监管的重点。在关联交易监管中,首先要判断上市公司交易的对手方是否是关联方。《上海证券交易所股票上市规则》(以下简称“《股票上市规则》”)第10.1.3条、第10.1.5条都列举了关联方中的关联法人和自然人。第10.1.4条规定了关联方认定的例外。KN公司(以下简称“公司”)在收购某一资产中涉及关联交易,由于发现的时点和交易双方背景比较特殊,且涉及公司股改当初同地方政府的协商,因此对其收购资产交易中关联方的认定较为复杂。通过梳理此案例,我们可以思考《股票上市规则》第10.1.4条规定中所蕴含的更深层次的理论原则和实际运用,以便于明确我们在特殊时点监管此类关联交易的立场和方式。

一、案例基本情况

2008年9月22日,公司召开董事会,审议通过了公司收购HL国际贸易有限公司(以下简称“HL国贸”)国贸大厦的议案。2008年9月23日,公司发布公告称将于2008年10月9日召开股东大会，审议上述收购议案，根据公司披露的公告，此项交易将作为非关联交易提交股东大会进行表决。

10月7日，通过与当地相关部门核实，交易所发现，HL国贸原大股东为江阴市新桥镇投资有限公司(以下简称“镇投资公司”)，持有HL国贸100%股权，与公司的控股股东江阴SJF有限公司(以下简称“SJF”)的控股股东相同，因此对该交易是否构成关联交易存在质疑。

据公司介绍，2007年12月7日前，公司的控股股东为HL集团有限公司(以下简称“HL集团”)，实际控制人为自然人ZJP。2007年12月7日，HL集团与SJF签署《股份托管及禁售期届满后股权转让协议》，约定HL集团将持有的公司全部股份托管给SJF，SJF代表HL集团依法行使除股权处置权外的其他所有股东权利。2007年12月11日，公司披露了《KN公司详式权益变动报告书》，公司的控股股东变更为SJF。SJF是镇投资公司的全资子企业。而镇投资公司是江阴市新桥镇人民政府集体资产的管理平台，因此，公司称其实际控制人已变更为江阴市新桥镇人民政府。2008年7月30日前，HL国贸的股权结构为：镇投资公司持股100%；2008年7月30日，HL国贸的股权结构发生变化：江阴市新桥镇圩里村村民委员会持股99%，ZJG纺织贸易有限公司持股1%。

公司的股权控制关系如图1所示。

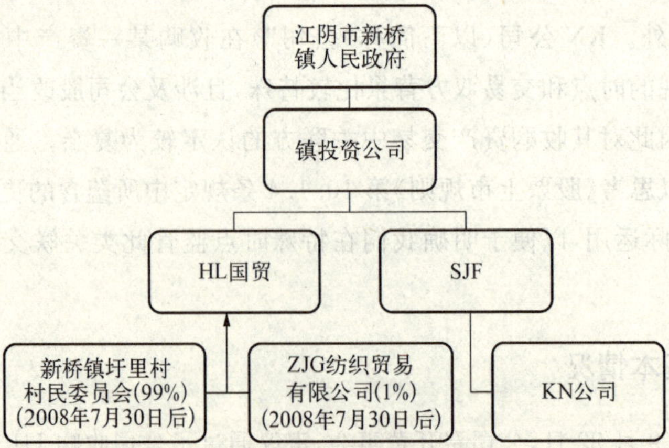

图1 公司的股权控制关系

10月10日,公司发布股东大会决议公告,在控股股东回避的情况下,由其他股东表决通过了上述资产收购议案。

二、监管思考

(一)关联方的认定

如上所述,在本次交易前的12个月内,HL国贸曾为镇投资公司的全资子公司(截至2008年7月30日),KN公司的控股股东一直为镇投资公司的全资子公司,如果仅根据《股票上市规则》第10.1.6条的追溯时段来看,可以作为上市公司的潜在关联人,但问题关键在于该镇投资公司是否可以视同《股票上市规则》第10.1.4条中的国有资产管理机构,或者说两者是否有一定的联系。对于这个问题,笔者认为可以从两方面来进行理解:一方面,如果严格根据《股票上市规则》第10.1.4条规定的字面理解,国有资产管理机构仅限于国资委及其各地组成机构,而镇政府以及其派出机构则不属于该范畴之内;另一方面,由于我国特殊的政府管理体制,在地方一级,尤其是乡、镇一级,缺乏等同对应的国有资产管理机构,集体所有制与全民所有制都是公有制的组成部分,从这个层面上理解,镇投资公司的职能为新桥镇集体资产的管理平台,是江阴市新桥镇镇政府的派出机构,其性质等同于国有资产管理机构的性质,镇投资公司对集体资产的管理职能也与国有资产管理机构管理国有资产的职能类似。此案发生后,经过讨论,我们对此类交易属于关联交易有了比较明确的认识,但不可否认的是,上述镇投资公司作为一种特殊的政府职能派出机构,是否可以作为关联方认定的例外,仍然值得我们进一步思考和探讨。

(二)处理方式

本案中另外一个比较关键的问题是处理时点和方式的把握。2008年9月22日,KN公司召开了董事会,根据董事会公告,公司将于2008年10月9日召开股东大会。2008年10月7日下午,交易所发现上述关联交易问题。根据《股票上市规则》第8.2.3条规定,股东大会如果要延期或取消,召集人应当在原定召开前至少2个交易日发布通知,即必须在10月7日进行公告,按照当时的时间条件,显然已经不符合规则规定的取消或延期股东大会的要求,因此,采取阻止公司召开股东大会的做法已经明显不合适;要求公司宣布股东大会决议无效,重新召开股东大会,又似乎欠妥和无理可据,并且超出了交易所监管职权范围。在此种情况下,一方面,我们要求公司当面详细说明情况,并出具相关法律意见书;另一方面,经与公司沟通和协商后,其表示控股股东 SJF 将按照关联交易的审议程序,不参加股东大会对该议案进行表决。因此,该案虽然从形式上看可能存在关联交易非关联化的嫌疑和瑕疵,但就实际表决的效果,还是体现了公开、公平的精神,保护了其他投资者和中小股东应当享有的权利。

(三)其他

此案引发的另一问题也值得我们思考,公司的原第一大股东为 HL 集团,二股东为 SJF,鉴于当初股改等复杂原因,公司经与地方主管部门协商决定,HL 集团与 SJF 签署《股份托管及禁售期届满后股权转让协议》,约定 HL 集团将持有的公司全部股份托管给 SJF,SJF 代表 HL 集团依法行使除处置权外的其他所有股东权利。因禁售期还未满,所以目前便出现了登记的所有人与实际权利义务行使人不相符的情况,在这种情况下,如果公司与 HL 集团的关联方发生交易,作为关联交易,由于 SJF 已经托管了 HL 集团的股权,则 SJF 是全面回避还是就其托管部分予以回避也是值得思考和商榷的。

三、完善国有关联方认定的建议

(1) 根据财政部《关于股份有限公司国有股权管理工作有关问题的通知》,国有股权管理应当按照国家所有、分级管理的原则,依据《中华人民共和国企业国有资产法》规定,针对国有股权管理机构及其职能 ,厘清国有资产(股权)出资人和管理监督的职责,相关部门应出台规则或细则进一步明确地方政府或国资管理平台控制下企业或者集体所有制企业之间的交易性质。

(2) 股份托管对企业而言可实现资产重组和资源优化配置,有助于具有相当实力和竞争力的企业借此实现跨地区、跨行业的并购,从而实现规模经济效益;对国有资产管理而言是实现国有企业制度创新、创造的一个手段。但目前有关股份托管还存在法律上的空白,对托管行为中的委托人、受托人、受益人的权利、责任、义务没有明确规定,尤其是在上市公司经营投资决策涉及关联方时各方所享有的权利及应当履行的程序没有明确规定。

(执笔人:常　乐)

XH 公司：以利益倾斜原则认定关联方案例分析

关联方的认定，一般是根据《股票上市规则》第 10.1.3 条、第 10.1.4 条、第 10.1.5 条的规定，以及是否受同一控制人控制、公司之间是否存在交叉任职的高级管理人员等来判断的。本案中，XH 公司与上海 JM 之间不存在《股票上市规则》明确规定的关联关系，但却存在着非同一般的关系，加之收购资产评估增值率为 909.92%，对本案关联方的认定，不是《股票上市规则》列举所能涵盖的，需要根据关联方认定的原则在监管实践中予以灵活运用。

一、案例基本情况

2008 年 4 月 25 日，XH 公司发布公告称：公司拟变更募集资金并使用变更后的募集资金 11 200 万元购买上海 JM 信息广告有限公司（以下简称"上海 JM"）的全部股权。

上海 JM 成立于 2000 年 6 月，原注册名称为上海 JM 网络信息发展有限公司，注册资金 200 万元，由叶再长、徐冰怡、沙海三名股东出资，此后经历了一系列的股权变更，至 2007 年 2 月，公司股东将其股权全部转让给了上海寿恒商务咨询有限公司（实际控制人为叶再长和沙海，分别持有 60%和 40%股权）。转让后，上海寿恒商务咨询有限公司拥有上海 JM100%的股权，上述股权转让已于 2007 年 4 月 25 日办妥工商登记变更，由此上海 JM 成为一人独资企业（法人独资）。

2002 年 4 月，上海 JM 取得上海解放日报报业集团《新闻晚报》广告总代理，2004 年 11 月，上海 JM 与新闻报社及解放日报报业集团广告中心签署《新闻晚报》广告总代理合同，广告总代理的期限为 3 年。2008 年 1 月，上海 JM 与上海新闻晚报经营有限公司签订了《新闻晚报》2008—2017年度广告代理协议，双方约定上海JM为解放日报报业集团所属《新闻晚报》2008—2017年度广告总代理商。上海JM近3年的财务状况及经营成果如表1所示。

表1　财务状况及经营成果　　单位：万元

项　　目	2007年度	2006年度	2005年度
营业收入	11 500.79	8 528.16	8 759.96
营业成本	9 912.79	7 369.26	7 126.13
营业利润	769.72	499.11	1 119.39
利润总额	765.73	497.36	1 117.46
净 利 润	508.76	446.84	1 078.08
	2007.12.31	2006.12.31	2005.12.31
总 资 产	4 003.90	3 124.00	2 601.69
负　　债	2 776.08	2 205.50	1 897.85
所有者权益	1 227.82	918.50	703.84

2008年4月24日，资产评估机构对上海JM进行了整体评估，评估采用的是收益现值法，评估报告书显示：上海JM净资产清查调整后账面值为1 227.82万元，评估值为12 400万元，评估增值11 172.18万元，评估增值率909.92%。资产评估报告书中没有介绍对上海JM未来收益的预测情况。

2008年4月24日，XH公司董事会讨论通过了按照评估价值12 400万元的90%收购上海JM的决定。

二、监管思考

对于关联方的认定一般是根据《股票上市规则》中提到的是否受同一控制人控制、公司之间是否存在交叉任职的高级管理人员等来进行判断。但是在本案中，XH公司与上海JM之间不存在股权上的控制关系，也不受同一控制人控制，XH公司与上海JM的高级管理人员之间也不存在交叉任职的情况，但是在这一收购过程中双方关系又存在着明显的异常：

(1) 在购买时机上，上海JM3个月前刚刚与《新闻晚报》签订长期代理合同，收购上海 JM，本质上是收回了广告代理合约，虽然 XH 公司一直强调，他们收购上海 JM 看中的是上海 JM 的整个团队、运营模式、客户资源等，但是在资产评估报告中强调的却是广告代理协议带来的收益。

（2）在业务关系上，上海 JM 主要业务是经营《新闻晚报》广告和与之相配套的其他业务，上海 JM 目前还没有取得其他报纸的广告代理权，也几乎没有除报纸广告以外的其他业务。上海 JM 就是依靠取得《新闻晚报》的代理权才逐步发展起来的，而《新闻晚报》是 XH 公司大股东控制下的报业，上海 JM 的生存严重依赖 XH 公司的关联方。

（3）在评估报告中，没有发现评估师就评估结果的相关技术说明，评估报告中没有说明折现率是如何确定的、未来收益是怎样预测的，这样就无法判断评估过程、评估结果的合理性。

（4）在成交价格上，最终的成交价格为账面价值的 908.9%。上海 JM 2005 年至 2007 年的经营业绩显示公司的盈利呈现下降趋势，公司 2007 年的税前利润为 765.73 万元，净利润为 508.76 万元，在公司的经营环境没有发生较大变化的情况下，公司却预测 2008 年实现利润总额 2 200 万元，净利润 1 227.82 万元，同比增长 187.3%和 171.3%，并在此后的 5 年内实现均衡增长，公司没有就这些数据给出令人信服的证据。在此之前，上海 JM 历次股权变更都没有强调过运营团队、客户资源等价值因素，公司的股权转让基本上都是按照经审计净资产来进行的。

根据上述情况，依据《股票上市规则》第 10.1.3 条第五款对于上市公司的关联法人认定："证监会、本所或者上市公司根据实质重于形式的原则认定的其他与上市公司有特殊联系，可能导致上市公司利益对其倾斜的法人或其他组织。"我们认定上海 JM 与 XH 公司存在关联关系，XH 公司收购上海 JM 股权构成关联方交易，要求公司进行补充披露并履行相应的审批程序。

随着业务的发展，上市公司关联交易的内容越来越复杂，形式也多种多样，类似的交易也必将不断出现。因此我们要不断研究新情况，当交易的形式与其经济实质出现不一致时，要透过形式看到其经济实质，重视实质公平，促进上市公司规范运作。

（执笔人：乔　梁）

XL公司：潜在利益相关人转移利益案例分析

《上海证券交易所股票上市规则》（以下简称“《股票上市规则》”）对关联交易的披露标准、审议程序、披露时点等都作出了明确规定，而XL公司（以下或称“公司”）却利用潜在利益相关人，规避关联交易，损害了上市公司的利益。具体讲，本案中公司利用上市公司资金对处于高成长行业中的优质项目（该项目由上市公司设立的有限责任公司实施）进行大量前期投入，然后在该项目预计产生效益时，上市公司将该项目有限责任公司股权转让给相关潜在利益相关人，从而使上市公司丧失了获得未来巨额现金流收益的权利，并使相关利益者获利。XL公司这种股权转让交易揭示目前有关利益人掠夺上市公司资源的一种模式。

一、案例基本情况

（一）BZ公司的转让情况

2001年，XL公司出资设立BZ公司。注册资金3 000万元，其中XL公司出资2 900余万元，占该BZ公司注册资本的99%。

2002年，XL公司将持有BZ公司99%的股权以4 400余万元全额转让给朱某等三个自然人。公司履行了相关决策与披露程序。

2003年，XL公司与朱某等又签署补充协议，追加转让价格400余万元。BZ公司的转让为XL公司带来高达1 900余万元的转让收益。

其后，公司又向BZ公司购买已建成的办公楼等，价格约1亿元。

（二）BZ公司败絮其外金玉其中

BZ公司的转让，为公司带来了较高的收益。对于转让BZ公司的原因，XL公司称，该项目开工建设后，当地房地产市场竞争异常激烈，房地产泡沫已现，短期投资效益难以体现。而且 BZ 公司的财务报告反映，截至 2002 年 10 月 31 日，BZ 公司资产负债率约为 88%，2001 年 BZ 公司实现收入 0 万元，亏损 190 余万元；2002 年 1～10 月 BZ 公司实现收入 0 万元，亏损 400 余万元。BZ 公司资产负债率高达 88%，且开业以来一直未盈利，似乎已是败絮一堆。这样一个公司的转让能为 XL 公司带来相当可观的收益，XL 公司似乎受益匪浅。

BZ 公司是否真为败絮呢？事实似乎并非如此。BZ 公司转让时，即 2002 年，BZ 公司账面房地产期末开发成本余额为 1.9 亿元，预收账款为 3 185 余万元。也就是说，BZ 公司存在高达 1.9 亿的可售库存房以及未来可转入收入的 3 185万元的预收款，这些都可能在未来为公司带来高额的收入。事实也的确如此。转让后的次年，BZ 公司的主营业务收入为 1.1 亿元(不包括销售给 XL 公司的房产)，净利润为 3 369 万元。并且预收账款更是高达 1.17 亿元。如此高额收益的公司，何来的所谓“短期收益难实现”和“房地产泡沫”！然而，转让了 BZ 公司的 XL 公司，2003 年公司净利润不足 100 万元，而且这其中还受益于与 BZ 公司的补充协议“馈赠”的 445 万元。但是，其曾视为败絮的 BZ 公司却有 3 369万元的净利润。

并且，就是这样的“败絮”，XL 公司还为其提供了大量的资金和支持。2002 年，XL 公司直接为 BZ 公司提供资金余额高达 8 935 万元(其他应收款余额)，为其提供担保 4 000 万元。而且在转让后的 2003 年，为 BZ 公司提供资金余额为 4 513万元，为其提供担保 3 300 万元。甚至在 2003 年年末时，公司还购买了 BZ 公司 1 亿元的房产。既为“败絮”，为何又频频支持呢？

显然，BZ 公司是块玉。如此一块美玉，BZ 公司为何被视为“败絮”而“遭弃”了呢？从 XL 公司与 BZ 公司的关系中可能可以窥其端倪。BZ 公司的法定代表人曾为 XL 公司原高级管理人员。而受让的三个自然人中的一人，经网络查询，与 XL 公司驻京管理处总裁办文员同名。该文员是 2001 年才从大学毕业的大专生，年仅 24 岁。这样经历的一个人，却能支付 2 400 余万元受让约 49%BZ 公司的股权。结合 XL 公司上述频频支持的表现，该股权转让似乎掩盖了一些可能无法隐藏的事实，即公司受损，相关潜在自然人受益。

(三) XL 公司利益转移模式分析

该案例反映的是相关利益人利用财务会计反映的是历史成本、无法反映未来现金流入价值的特性,来掠夺上市公司资源,损害广大股东利益。具体来讲,就是其利用上市公司资源对某些优质项目(以有限责任公司的形式存在)进行大量的前期投入,然后在该优质项目进入收益期并将带来巨额现金流入时予以转让(例如转让股权)或股权稀释(例如增资时放弃优先认购权),从而使上市公司丧失了获取未来巨额收益的权利,致使利益受损。具体针对XL公司来讲,其先以该房地产项目为基础成立了有限责任公司,然后利用上市公司资源对其进行前期投入,在房产可以实现销售时,以净资产进行转让给相关潜在利益人。虽然表面上是高溢价股权转让,但是对即将进入销售期的房地产公司,其净资产反映的是历史投入成本,无法反映公司的真实价值(即未来现金流入),也就是说在转让时表面上亏损的企业,实际上却是一个能带来大量现金流入的金玉。因此,XL公司高溢价的转让BZ公司带来的是丧失未来现金流入的更大收益。这种在优质资产即将产生效益前转移股权的行为,具有转移公司利益的隐蔽性。

二、监管思考

XL公司案例中,交易所通过监管,主动发现并对XL公司交易行为中存在的信息披露违规行为进行了处罚。但是,该案例的发生却值得深思,其从一个侧面反映了我国目前股权分置状态下证券市场存在的问题。

股权分置和控股股东管理缺位将会导致严重的道德风险。在股权分置的状态下,在少数上市公司中,控股股东管理缺位,公司实质上成了公司董事会成员控制的内部人控制企业。同时,由于这些人并未持有上市公司股权,因此他们无法分享上市公司盈利带来的高额收益。这就促使不诚信的管理者产生攫取上市公司利益的动机。由于内部人的控制,其甚至攫取了在股东大会上代表控股股东投票的权力,这为他们转移公司利益创造了有利的条件。首先,他们通过非关联代理人作为股权收购方出现,从而规避了关联交易决策程序。然后,在股东大会上利用控制的控股股东的投票权,以全票通过上述股权转让事宜。因此,虽然通过信息披露反映了该事项存在的问题,却无法制止该事项的发展。在这里,决策程序合规成了内部人攫取公司利益的工具。

流通股东的极少参与也使内部人的利益转移较易实现。例如,XL公司上述股权转让，在股东大会决策时就只有极少流通股东参与。因此相关规则制度设置的决策程序（股东大会决策程序）就成了摆设和内部人控制的舞台。

上述分析可看出，我们虽然设计了防止利益转移的制度，但制度是由人来执行的。执行人的不负责任或者能力的缺乏将导致制度的失效。在该案例中，控股股东管理的缺位使议案顺利地通过了决策，流通股东的极少参与使内部人有恃无恐，制度在此形同虚设。所以，证券市场的建设不仅要明确控股股东、小股东、公司管理者各方的权利与义务，也要让其他市场参与各方提高承担责任的能力并切实承担起相应责任。因此，加强法制建设、重惩不法行为、加强投资者教育，这样才能使制度发挥效力，防止上述现象的出现。

三、监管建议

针对上述问题，结合该案例的监管经验，可以从以下方面加强上市公司监管：

(1) 增强与相关政府部门的信息沟通，建立关联交易信息库，增强监管效率。关联交易的隐蔽性是关联交易发展的趋势，它们均存在一个共性，就是通过非关联关系或者隐瞒关联关系进行利益转移。在上市公司信息披露监管中，是无法通过问询达到发现问题的目的的，因为公司会对此隐瞒或者谎报。在上述案例中，主要是通过报表分析，利用网络搜索相关工商管理部门网站查询公司的相关信息，结合公司的历史信息分析，才发现其中的蛛丝马迹。这其中的工作量是极其繁重的。首先，工商管理部门系统是不对外开放的。只能从很少的网页快照中获取相关信息。其次，公司的历史较长，关联人统计十分繁杂，只能在浩如烟海的信息中去寻找。因此，如果能够建立与工商管理部门的有效沟通机制，同时建立一个公司关联人信息库，将极大地促进上市公司监管，提高上市公司监管的威慑力。

(2) 进一步推广股东大会网络投票方式。目前，我们只对再融资、重大资产重组等特定事项强制规定网络投票方式。对其他事项则没有明确要求。有些公司地处较偏远，流通股股东现场投票的意愿极低，成本也较高。如果规则强化规定公司需要进行网络投票，那么将拓宽流通股股东的投票途径，降低成本，提高流通股股东的参与度。

(3) 强化事后处罚。针对公司上述利用潜在利益关联人转让利益的行为，我们可以规范相关法律、法规，一旦事后发现前期的转让存在利益转移的行为，应加大处罚力度，以遏制上述行为的发生。

（执笔人：庄江波）

亿阳信通：关联交易评估高增值案例分析

以合法的形式掩盖利益输送目的是上市公司关联交易中存在的顽疾，而某些资产评估机构为这种现象大开方便之门，更是助长了关联方肆意侵占上市公司资产的行为。本案例中，亿阳信通以协议转让方式收购控股股东亿阳集团持有的长江三桥公司10%股权，评估增值率高达9倍，且评估报告中提出的增值原因缺乏合理、充分的客观基础，但该关联交易最终却得以实施，正是关联交易以合法形式掩盖利益输送目的这一现象的典型反映。虽然迫于市场质疑和监管压力，亿阳集团最终以溢价15%的价格回购长江三桥股份，但如何从制度上杜绝这一现象，需要从拓展与关联方资金往来范围、关注资产评估存在的问题、完善公司治理等方面采取各种措施加强关联交易监管。

一、案情介绍

亿阳信通股份有限公司（以下简称“亿阳信通”或“公司”）于2008年4月8日与公司控股股东亿阳集团股份有限公司（以下简称“亿阳集团”）签订股权收购协议书，拟采用协议转让的方式收购亿阳集团持有的南京长江第三大桥有限责任公司（以下简称“长江三桥”）10%的股权，股权转让款总计5.4亿元。

长江三桥成立于2003年1月28日，注册资本10.8亿元，经营范围为长江第三大桥的建设、管理、养护，公路桥梁的技术信息咨询，主要收入来源为路桥收费。长江三桥股东共计4人，其中亿阳集团持有27 000万股，占总股本的25%。亿阳集团的初始投资约为1.08亿元左右。相关资料显示，长江三桥通车运营将近3年，至上述转让前仍处于亏损状态。2005年、2006年、2007年长江三桥连续3年净利润分别为－3 265万元、－3 261万元、－1 572万元。利安达信隆会计师事务所有限公司的审计报告显示，截至2007年12月31日，长江三桥总资产为347 469.48万元，净资产为99 900.91万元，主营业务收入为22 968.06万元，主营业务利润－1 772.76万元，净利润－1 572.05万元。

黑龙江国通资产评估有限公司为本次股权收购出具了资产评估报告。评估基准日为2007年12月31日，评估方法为收益现值法，评估期间为2008—2034年。评估结果确认长江三桥股东权益评估总价值为986 931.89万元，评估增值887 030.98万元，增值率为887.9%。经收购双方协商，最终确定上述收购亿阳集团所持长江三桥10%股权的交易价款为5.4亿元，公司将以自有资金支付。

亿阳信通于2008年4月9日召开第四届董事会第六次会议，关联董事回避表决，经非关联董事审议并通过了《关于收购资产暨关联交易的议案》及《股权收购协议书》，同意该资产收购事项。5名独立董事发表独立意见，认为此次股权收购定价合理，体现了公平、公正、公开的市场原则，符合公司和全体股东的利益，没有损害公司及非关联股东的利益。

亿阳信通于4月10日披露《关于收购资产暨关联交易的公告》，称此次资产收购的目的是为了提高公司的抗风险能力，保证公司未来有一个稳定的现金流收入和利润的支撑，同时拟将该项重大关联交易提交股东大会审议。公司还披露了由黑龙江国通资产评估有限公司出具的《资产评估报告书》和利安达信隆会计师事务所有限责任公司出具的审计报告。

亿阳信通于2008年6月20日召开2007年度股东大会，审议该资产收购暨关联交易事项，并为股东提供了网络投票方式。经参会的非关联股东表决，该议案获得通过。

2009年4月30日，亿阳信通发布2008年年报，南京长江三桥2008年亏损3 000多万元与评估报告预测盈利6 000万元相差近1亿元。对此，公司年审会计师出具了强调事项段的审计报告。

迫于市场的严重质疑，以及对公司形象的负面影响，亿阳信通于2009年8月5日召开第四届董事会第二十二次会议，关联董事回避表决，经非关联董事审议并通过了《关于出售资产暨关联交易的议案》。公告称由于长江三桥周边路网建设周期不确定性因素，南京长江三桥2008年收益未达到收购当时评估预测值，短期内难以达到预期。亿阳集团将溢价15%回购长江三桥股份，公司将把

6.21亿元的现金收入投入到公司主营业务的建设中去。2009年10月15日，亿阳信通2009年第一次临时股东大会，通过了亿阳集团将溢价15%回购长江三桥股份的议案。

二、监管思考

交易所在该案例的整个监管过程中，首先对公司提交的《关于收购资产暨关联交易的公告》提出了质疑，问题主要集中在三个方面：① 上市公司以高溢价收购与公司主营业务关联度不高的亏损公司股权的目的；② 资产评估高增值依据和由此导致的交易定价公允性问题；③ 股权收购款的来源和对公司现金流的影响。

在接到交易所的监管意见后，公司多次修改相关公告，在公告中增加了相应的解释说明，并同时披露资产评估报告和审计报告。鉴于情况的特殊性，公司在披露收购资产公告时未同时发出召开股东大会通知。

在收购资产暨关联交易公告披露后，交易所向公司发出了监管工作函，要求公司对该资产收购事项的定价和决策过程提交详细报告，并分别向证监会和黑龙江证监局通报相关情况，将其纳入联合监管的范围。通过联合监管，监管部门对长江三桥的情况有了更进一步的了解，获悉评估报告对长江三桥未来车流量和收益的预计与现实状况可能存在较大偏差。

评估报告“赋予”了长江三桥美好的发展前景和高额现金流。依据评估报告预测，长江三桥2007年收入约2.3亿元，2025—2029年，长江三桥的营业收入每年均可达到30.62亿元，增长将近13倍；2030—2034年，年营业收入均为39.80亿元，增长17倍。按照2007年10月9日江苏省物价局颁布的收费标准，长江三桥收费最低约13.33元，最高约66.67元，取40元的平均收费价计算，预测长江三桥在2025—2029年日车流量为21万辆，2030—2034年日车流量增长为27万辆。但实际上，在南京现有的三座长江大桥中，南京长江大桥是不收费的，因而日车流量最多，车辆多选择从这里通过，经常拥堵不堪；而长江二桥和长江三桥因收费，流通量相对较少，日流通量最高分别约为4万辆和2万辆。依据资产评估报告的预测和相关收费标准，20年后长江三桥实现的日车流量将是目前最高2万辆通行量的10倍以上，是已通车40年的南京长江大桥6.6万辆的日流通量的4倍。增加的车流量从何而来,无论是资产评估报告还是公司的解释说明均语焉不详。此外,行业分析人士还指出,依据行业经验和常识,桥梁的通行能力是有限度的,达到极限后不可能再增长。由此判断,资产评估报告对长江三桥未来可达到的车流量和可实现的收益预测缺乏客观依据。

此后,交易所约见了公司负责人、控股股东和资产评估机构等相关人员谈话,了解交易各方和资产评估机构对此次关联交易评估合理性和定价公允性的看法。公司、控股股东及资产评估人员均坚持认为收购方案是合理的,定价是公允的,未损害其他非关联股东的利益。

在公司披露收购资产暨关联交易公告后,市场各方对此次股权收购定价的公允性表示了异议,并质疑公司与控股股东交易的真实目的,认为公司高溢价收购控股股东持有的亏损公司的股权,明显存在向控股股东输送利益、损害其他股东权益的嫌疑。在亿阳信通宣布收购长江三桥股权后,市场股价也作出了负面反应。根据Wind数据显示,公司股价在4月8日收购前为15.6元,收购公告披露后,公司股价节节下跌,4月17日收盘价为10.96元,7个交易日内市值缩水42%。

鉴于投资者、媒体等各方对该交易存在较大疑问,公司未能积极予以回应,交易所再次发出监管工作函,要求公司补充公告,进一步解释各方关注的焦点问题。公司于2008年7月11日披露了资产评估报告涉及的未来年度车流量预测、未来年度收费标准的预测等投资者关注的问题,并提供了详细的预测数据、长江三桥工程可行性研究报告和有关政府部门颁布的车辆通行费标准。

尽管市场各方对该次关联交易存在较大质疑,但由于该交易在程序和形式上都符合相关法律法规和股票上市规则的规定,2008年6月20日,公司将该事项提交年度股东大会审议,并提供了网络投票方式。该项关联交易最后以60.86%的赞成比例得以通过。

2009年4月30日,亿阳信通发布2008年年报,南京长江三桥2008年亏损3 000多万元与评估报告预测盈利6 000万元相差近1亿元。对此,公司年审会计师出具了强调事项段的审计报告。比较公司2007年及2008年财务报告,在公司并无其他重大资产投入和业务拓展的情况下,资产负债率从2007年的40%上升至2008年的47%,财务费用从2007年的2 700万元上升至2008年的

4 200 万元，而 2008 年全年净利润也不过只有 7 300 万元。至此，通过关联交易向控股股东输送利益对上市公司利益的损害显而易见。

应交易所的要求，公司对长江三桥 2008 年实际经营结果与评估报告的预测情况的巨大差距作出了解释。解释称：黑龙江国通资产评估有限公司 2008 年对南京三桥未来收入的评估预测是建立在预计 2008 年滨江大道建成与三桥互通的基础上得出的；由于拆迁及工程进度原因，滨江大道未能如期与南京三桥相连通；有关部门下发通知，由于南京三桥通行的不确定性以及南京整体交通规划的发展，南京三桥的收费期限将顺延 2 年，预计从 2009 年 10 月 7 日起正式运行，收费期限 25 年；延长的 2 年收费期限在未来将给南京三桥带来收益。

然而收购时的资产评估报告显示，亿阳信通早在 2007 年就收到有关部门关于三桥通车不确定性以及收费期限延长 2 年的通知，滨江大道不能在 2008 年与南京三桥相连通在评估报告日 2008 年 4 月 8 日就已成事实，评估报告也已考虑了延长的 2 年收费期为三桥带来的收益，其现金流的预测年限为 2008—2034 年，总共 27 年。连接南京三桥的路网未如期建成，并不是南京三桥实际收入与评估预测收入差距巨大的原因。

鉴于公司复函未能给出合理解释，交易所出具问询函提出多项质疑：董事会在决定购买三桥股权时，是否考虑过相关因素对收入的影响；黑龙江国通资产评估有限公司出具的评估报告对三桥的预测收入建立在预计 2008 年滨江大道建成与三桥互通的基础上的假设是否合理，由此得出的预测收入是否公允。交易所在约见公司董事长、财务总监、董事会秘书及签字评估师时，评估师给出的解释是各项收入多评估了几千万元，各项支出少评估了几千万元。然而评估报告日是 2008 年 4 月 8 日，对 2008 年的预测实际只有 9 个月，1 亿元的利润差距着实巨大。评估值是 27 年的现金流折现得来，可以想象，当年的预测差距都如此之大，对接下去的 26 年的预测就更没有什么依据可言了。

公布 2009 年年报后，公司和控股股东的行为备受市场投资者质疑和舆论谴责，股票应声下跌，持有亿阳信通 46%股权的亿阳集团也认识到上市公司市值缩水给自己带来的损失是巨大的，因短期利益而损害上市公司利益是得不偿失的。2009 年 8 月 5 日，亿阳集团迫于各方压力提出溢价 15%回购长江三桥股份。随着 10 月 15 日股东大会对此议案的审议通过，引起媒体广泛关注，投资者极大不满的高价关联收购长江三桥事件得以解决。

三、完善关联交易监管建议

亿阳信通收购控股股东持有的长江三桥股权一事,虽然参与各方履行了正常和必需的决策程序,形式上符合法律法规和股票上市规则的规定,并且做了相应的信息披露,但其利用关联交易向大股东输送利益的嫌疑始终挥之不去。监管部门虽然在公告审核中发现了问题,且连续采取了多种监管措施,但该股权收购事项还是在各方质疑声中得以完成。这一无奈的结果显示了目前监管机制中存在的空白和薄弱环节。建议从以下几个方面予以完善:

(1) 进一步拓宽对上市公司与关联方之间资金往来的监管范围。近年来,由于监管机构对上市公司关联方资金占用的监管越来越严格,关联方占用上市公司资金的方式也相应发生了变化,其中一个突出的变化趋势就是从以前的直接非经营性占用,转变为各种形式的经营性占用,以资产收购、商品购销等交易形式掩盖关联方对上市公司资产的侵占,使得上市公司大股东得以打着合法交易的幌子"暗度陈仓",以更隐蔽的方式占用上市公司资金。为了应对这一形势的变化,监管机构应及时调整监管方向和监管重点,拓宽对关联方资金往来和关联交易的监管范围,严格监管标准,对于显失公允的关联交易,应追究直接责任人的责任,并与公司其他行政审批事项挂钩,将处罚落到实处,形成全面有效的监管机制,进一步压缩关联方操纵牟利的空间。

(2) 尽快将有关资产评估存在的问题纳入证券监管范围。资产评估机构作为重要的中介机构,在上市公司资产经营、资本运作、投融资等各个方面起着重大作用,但目前由于部分资产评估机构执业水平不高,有些出于经济利益考虑,违背执业准则,为迎合客户需要随意出具报告,导致中介机构信用缺失,严重影响中介机构的独立性和权威性。另外,收益现值法的评估方式,在一定程度上助长了大股东和关联方肆意侵占上市公司资产的行为。随着上市公司收购兼并等一系列资本运作的日趋频繁,应将资产评估中存在的问题纳入监管范围。在目前的监管体系和法律法规制度基础上,各级证券监管部门与资产评估协会等行业自律组织应加强联系,相互支持,互通信息;完善收益现值法评估方式的补偿机制,共同解决资产评估中存在的问题。

(3) 加强上市公司资产收购的后续监管。上市公司资产收购虽然在资产过户完成后即告结束，但进入上市公司的资产将在今后数年，乃至数十年间影响上市公司的经营和业绩，对其监管也应是长期、持续的。先天不足的资产收购需要时日暴露其隐藏的问题，而目前的监管往往着重于收购当时，一旦收购行为完成则缺乏长期、持续的后续监管措施。监管部门应结合定期报告审核、信息统计检索等手段，加强对资产收购的后续监管，对于未能实现预期收益的资产收购，在排除外部客观因素影响的前提下，坚决追究相关人员的赔偿责任，避免因时过境迁而不了了之。

(4) 完善上市公司治理结构。在监管过程中，监管部门多次与亿阳信通董事会成员座谈，董事会成员对大股东的行为也表示无奈，对个人将承担的责任和风险表示担忧。看其董事会的构成，15 名董事中，除 5 名独立董事外，其他 10 名董事全部为大股东派出或董事会确定的高管，实际上 2/3 的董事都为内部董事，董事会结构不合理，势必被大股东所牵制，缺少独立性。这种情况在具有控股股东的上市公司中并不少见。建议研究控股股东的董事提名权和股东大会表决权是否需要根据适当性标准，设定控股股东控制权的行使边界，以保证上市公司董事会具有足够的独立性和专业性，完善公司治理结构。

(执笔人：吴菁华　段　颖)

明星电力：实际控制人利用关联交易“掏空”上市公司案例分析

四川明星电力股份有限公司（以下简称“明星电力”或“公司”）案例中，实际控制人为了实现对上市公司资产的侵吞，恶意“掏空”上市公司，通过关联交易安排上市公司违规关联担保，伪造虚假投资交易和非法拆借上市公司资金。在本案例中，关联交易完全成为实际控制人掩盖非法目的的幌子。可以认为，明星电力是关联交易滥用和蓄意逃避证券监管最为极端的案例。

一、公司基本情况

明星电力是一家从事地方性水电、天然气和自来水生产及销售的企业。公司主营电力生产、开发、供销，水电工程建设，电力设备安装，电器设备、材料的生产销售，房地产开发等。

1988年3月8日，根据四川省人民政府川府发（1988）36号《关于扩大全民所有制大中型企业股份制试点的意见》精神，经遂宁市人民政府遂府函（1988）3号文批准，由遂宁电力公司独家发起设立“遂宁电力股份有限公司”。1993年2月13日，经遂宁市转换企业经营机制领导小组的［遂转企发（1993）04号］文批准，公司更名为“四川明星电力股份有限公司”。1993年，公司根据国家和省、市有关文件精神，对公司的股份制试点进行了规范，并于1993年12月获国家体改委体改生（1993）269号文批准，成为继续向社会公开发行股票的股份制试点企业。1997年6月，公司在上海证券交易所上市。

2002年上半年，遂宁市委、市政府决定转让所持的国有股、法人股，希望通过股权转让引进新的资本，提升该公司的实力，这为后来实际控制人周益明及其控制的明伦集团的入主提供了契机，其通过欺诈手段取得明星电力控制权后，又通过一系列或直接或间接的占用明星电力资金、违规担保等犯罪行为掏空明星电力。

二、违法违规事实

（一）假借明伦集团欺诈获取明星电力控制权

2002年7、8月份，周益明得知明星电力国有股、法人股准备转让的消息后，为获取上述股权成立深圳市明伦集团有限公司，周益明任董事长，并聘任赖某等人负责办理收购明星电力股权事宜。2002年10月，赖某在周益明授意下制作出《明伦集团投资重组明星电力方案》，称明伦集团是集科技、金融、房地产等多产业的大型企业集团，注册资本1亿元，总资产50亿元，净资产20亿元；2002年12月，赖某又在周益明的指示下修改《明伦集团重组明星电力股份有限公司方案》，将明伦集团总资产修改为30亿元。该方案对股份转让价格、职工安置及发展壮大明星电力等方面的承诺进行了调整，使之符合遂宁市政府转让明星电力国有股、法人股的条件。

2003年1月，周益明聘请深圳市中喜会计师事务所为明伦集团出具2001年度和2002年度财务报告，要求会计师事务所将相关财务报告中2001年度净资产提高到10亿元以上、总资产20亿元以上，2002年度净资产要达到12亿元以上。经查，实际上截至2002年12月31日，明伦集团及控股公司的汇总财务状况的审计结果为净资产－17 106 241.13元。

通过上述虚假手段，2003年3月20日，明伦集团受让了明星电力国有股3 578万股和法人股1 200万股，共计占有明星电力总股本的28.14%。由于明伦集团不具备资金、资产实力，无自有资金支付明星电力股权转让款3.807 6亿元，2003年3月21日至5月20日，明伦集团以本公司及深圳市索琪实业发展有限公司、深圳市溢时丰实业有限公司等公司流动资金贷款名义，在2个月内分两轮向广东发展银行深圳市春风路支行、上海浦东发展银行深圳罗湖支行、华夏银行广州分行三家银行共计贷款4.22亿元，用于收购股权款3.807 6亿元。在控股明星电力后，明伦归还三家银行贷款2.705亿元中，但其中违规使用明星电力资金2亿元，剩余未归还贷款1.515亿元由上市公司明星电力担保。

（二）明伦集团非法占有明星电力资金

在取得对明星电力的控制权后，明伦集团及周益明等人，通过对外投资、非法拆借、做转口贸易、国际贸易等方式，非法占有明星电力所有的或控制、管理的资金共计4.63亿元人民币和1 074万美元，其中：通过对外投资方式占有3.55亿元；通过非法拆借方式占有6 890万元；通过做转口贸易、国际贸易方式占有3 974万元人民币和1 074万美元。分别用于明伦集团及其关联企业归还银行贷款、日常经营开支和其他的投资项目。

1. 以对外投资方式占有明星电力资金3.55亿元

2003年8月1日，经明星电力董事会(董事会11名成员中明伦集团提名8人)审议通过，在明伦集团的操控下，明星电力投资1.5亿元注册成立了深圳市明星综合商社有限公司(以下简称"明星商社")。明星商社由周益明从明伦集团派驻负责人和财务管理人员，完全掌握了明星商社资金的控制、调配权，致使明星电力对明星商社投入的1.5亿元到账后，立即被明伦集团及其关联公司占有控制。2005年，在明星电力检查明星商社财务时，明伦集团虚构并制作了虚假的销售合同、付款委托和财务记账，致使1.5亿元资金全部被明伦集团非法占有。

前述董事会还审议通过增资3.7亿元(直接增资2.7亿元，担保贷款1亿元)成立了深圳市明星康桥有限公司(以下简称"明星康桥")。明星电力对明星康桥投资的2.7亿元到账后，有1.5亿元被立即转入明伦集团控制的公司，随后资金被不断转出、转入。

明星电力对明星商社及明星康桥的5.2亿元投资款，案发前，经遂宁市政府、明星电力的追收，明伦集团以收购明星康桥股权的形式，归还明星电力1.65亿元，其余3.55亿元被明伦集团非法占有。

2. 通过非法拆借占有明星电力所有的或控制、管理的资金6 890万元

2003年7月至2005年1月期间，明伦集团及周益明等人利用对明星电力及该公司绝对控股并对其资金统一管理的四川万通燃气股份有限公司、四川明星药业股份有限公司、遂宁市电力物资公司的控制权，在未经董事会和经理办公室研究的情况下，擅自将明星电力所有的或控制、管理的巨额资金拆借到与上述公司无实际业务关系的明伦集团及其控制的深圳市合讯网络技术有限公司、深圳市申润康实业发展有限公司等公司，其中大部分资金用于明伦集团归还其贷款和日常经营开支，案发前仍占有6 890万元。

3. 通过转口贸易、国际贸易占有明星电力资金 39 739 830.22 元人民币、10 742 597.36 美元

2004 年 4 月，明星电力在明伦集团的安排下与香港柏银资源有限公司（以下简称“柏银公司”）和明伦集团控制的香港力亿有限公司（以下简称“力亿公司”）开展电解铜贸易业务，贸易方式为转口贸易。从 2004 年 4 月 18 日至 2005 年 10 月 9 日期间，明星电力与柏银公司及力亿公司共做电解铜贸易 19 笔。已执行完毕的 15 笔合同中，明星电力从柏银公司购进、力亿公司从明星电力购进、力亿公司销售给柏银公司的电解铜总量均为 16 098.6 吨；三家公司对电解铜转口贸易业务进行购销循环，结合业务交易中存在重复使用相同的仓单作为购销对象的现象，三家公司之间的转口贸易是虚构的销售贸易行为。最后四笔业务金额共计 12 625 979.04 美元，力亿公司在贸易完成后，未按合同要求将货款汇回明星电力，而是根据明伦集团付款指令将款项汇入了明伦集团及其关联公司，改变资金用途，最终实质造成明星电力 10 742 597.36 美元被明伦集团非法占有。

2005 年年初，周益明安排杨某等人用虚假出资的方式注册成立天津杰超进出口贸易有限公司（以下简称“杰超公司”），杰超公司在代理明星电力出口焦炭贸易过程中，用看假货、制假仓单的方式，将明星电力的预付货款 4 100 万元，骗至杰超公司的账户上，后周益明等指令杰超公司将该款转入明伦集团及其关联公司，用于明伦集团及其关联公司的经营、使用，至案发前有 39 739 830.22 元被非法占有。

（三）操控上市公司进行违规担保

2005 年 3 月、8 月，明伦集团的关联企业深圳市明伦光电技术有限公司分别向华夏银行广州天河支行借款 1 950 万元、广州分行借款 3 350 万元；2005 年 6 月，深圳市日汇盛实业发展有限公司向华夏银行广州分行借款 3 800 万元；2005 年 6 月，深圳市索祺实业发展有限公司向华夏银行广州分行借款 2 000 万元。三家公司向银行借款时，公司原董事长周益明在未报告公司、未经董事会审议的情况下，违规操控明星电力为三家公司的 1.11 亿元借款提供了担保，承担连带保证责任。

综上，周益明等人，采取虚构事实、隐瞒真相、提供虚假资产审计报告等手

段,并与银行高级管理人员勾结,违规获得银行贷款,骗取了明星电力股份有限公司28.14%的控股权后,采取多种手段,非法占有公司资金4.63亿元人民币和1 074万美元,共计约5.5亿元人民币。2006年12月1日,四川省遂宁市中级人民法院一审以合同诈骗罪,判处四川明星电力股份有限公司原大股东、深圳市明伦集团有限公司董事长周益明无期徒刑,并处没收个人全部财产,剥夺政治权利终身。深圳市明伦集团犯合同诈骗罪,判处罚金5 000万元人民币。其余5名被告犯合同诈骗罪分别被判处有期徒刑3～5年,并处罚金10～20万元。2007年4月四川高院维持原判。

三、案例分析和建议

从明星电力的案例来看,周益明成立明伦集团并获取明星电力股权转让的主要动机,就是为了能够通过上市公司的平台,违规获取银行贷款,转移并非法占用上市公司资金。其行为外观所表现出的通过侵占上市公司资金、违规担保来"掏空"上市公司的主观意图更为强烈。要想切实解决这类关联交易案件所反映出的问题,必须从严追究法律责任。但现有规制关联交易法律制度体系还存在一定问题。

(一)关联交易立法林立分散而不成体系

目前,我国已初步形成了以公司法为基础与核心的规制关联交易的法律制度体系,包括《证券法》、《税法》、《会计法》、《国有资产法》、《民法》、《合同法》、《担保法》、《破产法》、《刑法》等。出于不同的立法目标,各法对关联交易都进行了规范。例如,《会计法》主要是规范会计行为,保证公司财务资料和会计记载的真实和完整;《税法》主要规范税收征纳主体之间的关系等。但是,各法没有进行恰当的分工,而是根据各自调整的范围和立法目的,割裂地对关联交易予以规制,没有形成体系合力,导致执行中无所适从。例如,在关联方的界定方面,《国有资产法》有规定,《会计法》有规定,《公司法》也有相应的范围界定,各行其是。而对关联交易的基本概念、基本原则,则各法都不涉及。

(二)《公司法》对关联交易规制过于原则

(1)《公司法》对关联方和关联交易等基本概念未作规定,导致实践中对关联方和关联交易缺乏基本的判断。

(2)《公司法》的多个制度规定还不够完善，执行中缺乏可操作性[①]。

第一，股东和董事高管的诚信义务规定过于原则，或者缺乏违法后具体的赔偿机制。《公司法》规定的董事、高管的赔偿责任，在多数情况下只是一种无法实现的假设。由于我国缺乏严格的个人财产登记或监控机制，即使责任人有巨额财产，也无法掌握和追缴，即使规定再严厉的财产责任或处以再严厉的赔偿责任，也都无法实现。于是，相对于非公平关联交易所获得的巨大利益，在现有法律框架内几乎无法阻挡当事人趋利的冲动和冒险。当然，关联交易违法的低成本和软责任追究，主要不在于立法，而在于司法和执法，在于各种责任追究机制的配套和完善。

第二，缺乏违法行为的判断标准。对于如何证实违法关联交易，如何判断关联交易的公平性尚缺乏统一和具体操作性的标准。特别是公平交易标准，因为规制不公平交易行为是规制关联交易的核心，由于《公司法》并未明确规定有关公平性的判断标准，使得受害的当事人难以请求法院撤销非公平关联交易，从而得到相应的赔偿。

第三，异议股东股份回购请求权所适用的情形中，属于关联交易的情形非常少，目前只有吸收合并，没有包括重大资产重组等可能产生关联交易的全部情形。

第四，有利害关系股东的表决权排除制度的适用情形也非常有限，仅限于“公司为公司股东或者实际控制人提供担保”[②]，而实践中与股东有利害关系的事项不仅仅限于担保，还有对外投资、收购出售资产等。

(3) 关联交易的事后救济措施不完善。

《公司法》对关联交易的规制措施都侧重于事前预防。虽然规定了派生诉讼，控股股东、实际控制人赔偿责任，以及决议无效、可撤销制度等事后救济措施，但仅作了原则性的规定，这些措施并没有起到相应的法律救济作用。

(三)《证券法》未涉及关联交易的规制

2005年，国家对规范证券市场的基本法律《证券法》进行了大规模的修订，但有关规制上市公司关联交易方面的内容几乎未涉及，这不符合《证券法》作为

① 罗欢平、王艳丽：《论新修订(公司法)对关联交易的规范》，《政法学刊》2006年第2期。
② 2006年《公司法》，第十六条。

证券市场基本法的地位和作用。从现有《证券法》对上市公司信息披露的规制来看,强调了信息的事后披露,这意味着对上市公司关联交易的监管主要集中在事后,从而大大增加了监管的成本,降低了监管的有效性。另外,《证券法》虽强调了对上市公司的监管,却忽视了对控股股东在关联交易中行为的监管。

(四)《刑法》对违法关联交易处罚偏低

《刑法》在对违法关联交易的处罚力度上与国内同类立法相比明显偏轻。如《中华人民共和国刑法修正案(六)》中有关占用上市公司资金的“侵占上市公司资产罪”与挪用资金罪和挪用公款罪,因对客体侵害的危害性认识上存在较大差距,使得《刑法》在处罚上差异也较大。侵占上市公司资产罪最高量刑标准是7年以下有期徒刑,挪用资金罪最高量刑标准是10年有期徒刑,而挪用公款罪的最高量刑标准是无期徒刑。在违法程度基本相同的情况下,只因身份不同,客体不同,适用的刑罚就如此不相同,这不能不说是法律体制的缺陷。

(五)行政法规未能发挥承上启下的作用

行政法规应当细化法律相关规定,起到承上启下的作用。但有关关联交易的行政法规由于制定的时间比较早,证券市场发生巨大变化后又未及时修改,导致对关联交易的定义非常简单,行文亦比较粗放,也就无从谈起对关联交易进行有效规制了。目前对上市公司关联交易的规制以证监会的部门规章、规范性文件和交易所的《股票上市规则》为主。由于部门规章、规范性文件不属于法的渊源,法院在处理关联交易案件时,只是作为参考,这样对关联交易规制的效果自然受到很大的影响。而交易所《股票上市规则》属于自治性、自律性的规范,难以从程序正义上来实现关联交易内容的实质性公正。

(六)部门规章和自律性规则层次低,发挥的作用有限

证监会在关联交易行为规制方面,发布了不少规定,其中关于上市公司被大股东占用资金和担保问题,自2003—2008年间多次发文,对前述行为予以限制和禁止,甚至规定“国有控股股东违反本《通知》规定的,国有资产监督管理机构对直接负责的主管人员和直接责任人依法给予纪律处分,直至撤销职务;给上市公司或其他股东利益造成损失的,应当承担相应的赔偿责任。非国有控股股东直接负责的主管人员和直接责任人违反本《通知》规定的,给上市公司造成损失或严重损害其他股东利益的,应负赔偿责任,并由相关部门依法处罚。构成犯罪

的，依法追究刑事责任。”但实践中很难执行。数据显示[①]，2005 年年底，沪深两市共有 396 家上市公司存在 456 亿元资金占用；到 2006 年年底，只有 36 家上市公司存在 146 亿元资金占用，比起 2002 年的最高峰 967 亿元，下降 84%，下降幅度明显。但问题依旧存在，剩余的占用因无力归还或股东的变更，造成不了了之，且相关人员并未承担相应责任和受到相应处罚。新的占用又出现了。如 2009 年又有两家公司的资金占用和担保受到交易所的公开谴责：ST 锦化 2007 年年底被占用资金余额为 1 亿元；2008 年年底仍有被占用资金 1 800 万元；2008 年和 2009 年，多次为资产负债率大于 70%的公司提供担保未披露。[②] 禾嘉股份 2003 年的 3 000 万元担保直至 2008 年 11 月 6 日才披露。[③] 由于关联方掌握了相关部门规章制度处罚的标准，规则反倒成了用来违反的工具。

交易所规制关联交易的重点在于信息披露的事前规范。上市公司拟与关联方进行关联交易，除依照证监会有关审议制度和回避制度履行相应程序外，还需按照交易所有关关联交易的披露标准和披露格式予以事前披露，交易所通过一线监管，一般能及时发现非公平关联交易，但由于交易所对非公平关联交易的事后纪律处分手段有限，除了公开谴责会影响上市公司和关联方的声誉，以及上市公司再融资申请外，低廉的违规代价根本无法抑制公司和关联人非公平关联交易的冲动。所谓的事前监管也就成了道义上的规劝，对刻意违规者倒显得束手无策了。

尽管上述明星电力的实际控制人是以合同诈骗罪判处无期徒刑。但从整个案例的角度分析，上市公司的实际控制人及其他关联方一旦蓄意脱离证券监管部门对其行为合理性的有效监管，就能通过各种方式，实现对上市公司资产的彻底掏空。因此，研究关联交易以及监管规则，除了完善前述法律制度体系，提高刑法处罚期限和罚金金额，还应该从包括银行在内的金融系统的角度，分析制度完善方向和可操作性，用以遏制实际控制人等关联方操控上市公司蓄意违规担保、骗取银行贷款、占用上市公司资金的行为，扩大有效监管的预防范围。

（执笔人：夏　雪）

---

① 吴铭：《“铁腕”与“创新”两手清欠》，http：//www. cs. com. cn/csnews/sylm/06/t20060602_932613. htm（访问时间：2010 年 2 月 5 日）。

② 案例来自深圳交易所网站：http：//ww. szse. cn（访问时间：2010 年 2 月 5 日）。

③ 案例来自证券交易所网站：http：//ww. sse. com. cn（访问时间 2010 年 2 月 5 日）。

酒钢宏兴：资产注入减少关联交易避免同业竞争案例分析

钢铁行业的产业链一般都比较长，从前期的采矿、选矿，到后期的炼铁、炼钢等，另外还涉及储运、动力等辅助产业，资产也比较大，这使得公司在上市初期只能拿出一部分资产来上市，以至于难免形成关联交易和同业竞争。酒钢宏兴也是如此。酒钢集团钢铁业务资产中，炼铁、炼钢、线棒及中板厂相关经营性资产在上市公司酒钢宏兴，而采矿、选矿、烧结、焦化和后续扩展的热轧卷板、碳钢冷轧等业务的相关经营性资产以及储运、动力等辅助设施的资产仍保留在酒钢集团内，影响了上市公司的独立性和资产完整性，并且造成了酒钢集团与酒钢宏兴之间存在一定程度的同业竞争和关联交易。为完善酒钢宏兴的公司治理结构与运作机制，提高上市公司的独立性和资产完整性，公司通过非公开发行股份购买酒钢集团持有的集团本部钢铁主业铁前系统、碳钢轧钢系统、辅助系统的相关资产以及榆中钢铁100%股权，有效整合了酒钢集团钢铁产业资源，提升了公司的核心竞争力和可持续发展能力。

一、案例基本情况

（一）资产重组背景

酒钢集团位于我国甘肃省嘉峪关市，始建于1958年，经过50余年的建设和发展，集团依托区域资源优势，已逐步形成从采矿、选矿、烧结、焦化到炼铁、炼钢、轧钢的完整配套的钢铁工业生产体系和以嘉峪关本部钢铁生产线为基础、翼城钢铁和榆中钢铁为延伸的三个钢铁生产基地。目前酒钢集团拥有镜铁山矿、镜铁山矿黑沟矿区、石灰石矿和白云岩矿等优质矿产资源，具备年产铁、钢、材800万吨的装备生产能力，是国内大型钢铁联合企业之一。

酒钢宏兴设立时的注册资本为人民币52 800万元。经中国证券监督管理委员会证监发字[2000]157号文批准，公司于2000年11月30日向社会公众公开发行普通股20 000万股（每股面值1元）；2000年12月20日，经上海证券交易所上证上字[2000]109号文核准，公司向社会公开发行的人民币普通股20 000万股获准在上海证券交易所上市交易（股票代码：600307；股票简称：酒钢宏兴），公司注册资本变更为72 800万元。2006年6月公司实施每10股转增2股的资本公积金转增股本方案，注册资本变更为87 360万元人民币。

由于公司是部分上市，酒钢集团钢铁业务资产中，炼铁、炼钢、线棒及中板厂相关经营性资产在上市公司酒钢宏兴，而采矿、选矿、烧结、焦化和后续扩展的热轧卷板、碳钢冷轧（在建项目）等业务的相关经营性资产以及储运、动力等辅助设施的资产仍保留在酒钢集团内，公司与控股股东之间存在较大关联交易，对上市公司的独立性和资产完整性存在一定影响，并且造成了酒钢集团与酒钢宏兴之间存在一定程度的同业竞争。为完善酒钢宏兴的公司治理结构与运作机制，提高上市公司的独立性和资产完整性，公司通过非公开发行股份购买酒钢集团相关资产以及榆中钢铁100%股权，以有效提升公司的核心竞争力和可持续发展能力。

（二）重组双方主要财务指标和资产

1. 酒钢集团主要财务数据及指标（详见表1、表2）

表1　最近三年简要合并资产负债表及财务指标　　单位：万元

项　　目	2008年12月31日	2007年12月31日	2006年12月31日
总资产	5 703 073.68	4 142 909.45	3 334 906.66
总负债	3 739 260.17	2 872 598.88	2 525 522.18
股东权益	1 963 813.51	1 270 310.57	809 384.48
资产负债率(%)	65.57	69.42	75.73

表 2　近三年简要合并利润表　单位：万元

项　目	2008 年 12 月 31 日	2007 年 12 月 31 日	2006 年 12 月 31 日
主营业务收入	3 791 398.24	3 010 152.64	2 191 873.49
利润总额	22 149.73	129 924.02	84 450.83
净 利 润	16 248.22	110 236.37	72 730.33
净利润(归属于母公司)	－56 936.20	50 010.37	54 22.90
净资产收益率(%)	0.83	8.39	8.99

2. 酒钢宏兴主要财务数据及指标

表 3　最近三年主要财务指标　单位：万元

项　目	2008 年 12 月 31 日	2007 年 12 月 31 日	2006 年 12 月 31 日
总 资 产	997 584.88	958 948.92	765 926.25
总 负 债	528 691.77	477 431.30	350 288.28
股东权益	468 893.11	481 517.63	415 637.96
资产负债率(%)	53.00	49.79	45.73
项　目	2008 年 12 月 31 日	2007 年 12 月 31 日	2006 年 12 月 31 日
主营业务收入	3 248 112.93	2 231 931.15	1 408 391.61
利润总额	1 913.00	98 207.69	59 734.24
归属于母公司所有者的净利润	4 429.35	77 128.47	47 765.67
全面摊薄净资产收益率(%)	0.97	16.34	11.68
加权平均净资产收益率(%)	0.95	17.51	12.26
基本每股收益(元/股)	0.05	0.88	0.55

本次交易标的的资产为酒钢集团本部钢铁主业铁前系统、碳钢轧钢系统、辅助系统的相关资产以及榆中钢铁 100%股权。公司聘请具有证券期货从业资格的审计和资产评估机构对拟购买资产进行审计和评估。

根据会计师事务所出具的审计报告(五联方圆审字[2009]05099 号),酒钢集团所持交易标的经审计的总资产为 1 763 043.22 万元、总负债为 1 264 538.57 万元、净资产为498 504.65万元；根据资产评估机构出具的资产评估报告书（中锋评报字[2009]019号），酒钢集团所持交易标的总资产评估值为1 943 172.14万元、总负债评估值为1 264 538.57万元、净资产评估值为678 633.57万元，净资产增值180 128.92万元，增值率为36.13%。重大资产重组的交易价格以评估结果为基准确认为678 633.57万元。

（三）重组方案及合理性分析

为延续股份公司生产链条的完整性和有效降低关联交易，公司对重组方案进行了调整，将集团公司的矿山及铁前系统、带钢等资产一并注入上市公司，使上市公司形成完整产业链，提升上市公司竞争力和可持续发展能力。

1. 重组方案

公司拟向酒钢集团非公开发行股票1 172 078 712股，按5.79元/股的发行价格计算，以购买其持有的本部钢铁主业铁前系统、碳钢轧钢系统、辅助系统的相关资产以及榆中钢铁100%股权。具体包括镜铁山矿、镜铁山矿黑沟矿区、石灰石矿、白云岩矿四个矿山的采矿权，采矿、选矿、烧结、焦化等铁前系统资产，热轧卷板厂、碳钢冷轧厂（在建工程）等碳钢轧钢系统资产，储运、动力、检修等辅助系统资产，以及相关国有土地使用权、商标专用权、专利权、债权、债务和榆中钢铁100%股权。

2. 合理性分析

(1) 非公开发行价格的合理性分析。

非公开发行的预案于2009年3月6日披露，预案中公司新增股份发行价格为定价基准日前20个交易日公司股票均价即5.79元/股，符合《重组办法》第四十二条"上市公司发行股份的价格不得低于本次发行股份购买资产的董事会决议公告日前20个交易日公司股票交易均价"的规定。

(2) 市盈率合理性分析。

非公开发行价格为5.79元/股，酒钢宏兴2008年每股收益0.05元，市盈率为115.8倍。截至2009年4月30日，酒钢宏兴收盘价格7.65元，静态市盈率150.88倍。截至2009年4月30日，酒钢宏兴的市盈率为150.88倍。根据五联方圆出具的《甘肃酒钢集团宏兴钢铁股份有限公司拟收购资产模拟财务报表之审计报告》（五联方圆审字[2009]05099号）和《关于甘肃酒钢集团宏兴钢铁股份有限公司备考合并盈利预测之审核报告》(五联方圆核字[2009]05054号),交易标的2008年归属于母公司股东的净利润为14 120.95万元,按照新增117 207.87万股计算,每股收益为0.12元,酒钢集团本次出售资产的市盈率为48.25倍,低于酒钢宏兴目前的市盈率水平,且低于行业平均75.87倍市盈率水平。

综上,非公开发行定价合理,较好地保护了上市公司其他中小股东的合法权益,体现了酒钢集团对上市公司未来发展前景的信心。

(3) 发行对上市公司盈利能力、持续发展能力的影响。

本次交易后,根据备考审计报告,酒钢宏兴2008年归属于母公司股东的净利润24 913.76万元,比交易前同比增长462.47%;每股收益0.12元,比交易前同期增长140.00%。酒钢宏兴预测2009年年度营业收入下降28.06%,营业成本下降29.65%,2009年预测营业收入下降的主要原因是钢材平均价格比2008年大幅下降所致。2009年预测利润总额增长了42.86%,归属于母公司股东的净利润增长了31.97%。通过本次交易提高了酒钢宏兴的盈利能力及持续发展能力。

(四) 重组相关协议的履行情况

2009年9月21日,酒钢宏兴收到中国证监会核发的《关于核准甘肃酒钢集团宏兴钢铁股份有限公司向酒泉钢铁(集团)有限责任公司发行股份购买资产的批复》(证监许可[2009]983号文)及《关于核准豁免酒泉钢铁(集团)有限责任公司要约收购甘肃酒钢集团宏兴钢铁股份有限公司股份义务的批复》(证监许可[2009]984号文),核准公司本次重大资产重组方案后。履行以下交易手续。

1. 资产交易履行情况

截至2009年10月29日,公司已收到酒钢集团缴纳的新增注册资本(实收资本)人民币1 172 078 712.00元,新增实收资本(股本)占新增注册资本的100%,其余3 965 394 867.60元转增资本公积。

2009年5月11日,酒钢宏兴与酒钢集团签署了《关于采矿权盈利的补偿协议》,公司及交易对方将认真履行《关于采矿权盈利的补偿协议》,若本次重组完成后发生源自镜铁山矿、镜铁山矿黑沟矿区、石灰石矿取得的净利润低于《关于采矿权盈利的补偿协议》约定的盈利金额的情况,公司将督促交易对方履行补偿义务。

2. 交易中的相关承诺履行情况

为避免酒钢集团及其控股子公司与酒钢宏兴及酒钢宏兴控股子公司的同业竞争，酒钢集团就避免同业竞争承诺如下：

（1）重大资产重组完成后，除持有酒钢宏兴的股份外，酒钢集团不持有直接用于碳钢产品的生产、加工和销售等业务的资产和业务。

（2）重组完毕后，酒钢集团将不会直接或间接并促使酒钢集团的控股子公司不直接或间接经营与酒钢宏兴及酒钢宏兴控股子公司经营的业务构成竞争的业务，也不会投资于与酒钢宏兴及酒钢宏兴控股子公司经营的业务构成竞争的其他企业。

（3）自 2009 年 4 月 29 日起，如酒钢集团及其控股子公司遇到酒钢宏兴及酒钢宏兴的控股子公司主要业务范围内的业务机会，酒钢集团将促使其控股子公司将该等机会介绍予酒钢宏兴及酒钢宏兴的控股子公司，并不会自行或通过酒钢集团的控股子公司直接或间接利用该机会从事碳钢产品的生产、加工和销售等业务。

（4）如酒钢宏兴拟从事不锈钢的生产、加工和销售等业务或其他届时酒钢集团及其控股子公司经营的业务并将该等业务作为其主要或重要业务之一，对于标的资产未包含的以及届时酒钢集团及其控股子公司持有的用于不锈钢产品的生产、加工和销售等业务的资产和业务，以及其他届时酒钢集团及其控股子公司经营的业务及所持有的相关资产，酒钢集团同意在条件成熟时转让予酒钢宏兴或酒钢宏兴的控股子公司。

酒钢集团履行了承诺，未与酒钢宏兴产生实质性同业竞争。

（五）相关后续事项的合规性及风险

1. 盈利补偿事项

2009 年 5 月 11 日，酒钢宏兴与酒钢集团签署了《关于采矿权盈利的补偿协议》，公司及酒钢集团将认真履行《关于采矿权盈利的补偿协议》，若本次重组完成后发生源自镜铁山矿、镜铁山矿黑沟矿区、石灰石矿取得的净利润低于《关于采矿权盈利的补偿协议》约定的盈利金额的情况，公司将督促交易对方履行补偿义务。

2. 交割日前损益归属事项

根据交易双方签署的《非公开发行股份购买资产之协议》和《非公开发行股份购买资产之补充协议》,酒钢集团用于增加出资购买股份的标的资产在评估基准日至交割日之间产生的利润归属公司,酒钢集团保证标的资产于交付日的净资产值不低于评估基准日的净资产值,否则酒钢集团有现金补足的义务。

上述标的资产在交割日的净资产账面值比评估基准日增加 152 427 110.85 元,其中标的资产在评估基准日至交割日之间产生的净利润为 147 822 386.97 元。

二、重组对公司的影响

(一) 大幅降低关联交易

多年来公司向关联方销售占同类交易金额在 30%以上,向关联方采购产品占同类交易金额的 50%以上。重组后,公司与控股股东酒钢集团及其关联方之间的关联交易大幅降低。2009 年关联采购占采购产品占同类交易金额的 10%左右,销售金额占 4.52%。

(二) 显著提高公司的独立性

2009 年,公司完成了资产重组,矿山等优质资产的注入,提高了公司独立经营能力,为公司的长期健康发展提供了可靠的资源保障。

(三) 形成了完整的钢铁产业链

公司通过本次交易,使酒钢集团的采矿(矿山系统)、选矿、烧结、焦化等铁前系统相关资产、热轧卷板和碳钢冷轧等碳钢轧钢系统资产以及储运、动力、检修等辅助系统资产注入公司,加之采矿权、土地使用权、商标使用权、专利权和榆中钢铁 100%的股权也一并注入公司,使公司形成了完整的钢铁生产线,公司的核心竞争力和可持续发展能力得到提升。

(执笔人:李侃彬)

恒源煤电：非公开发行减少关联交易避免同业竞争案例分析

安徽恒源煤电股份有限公司（以下简称“公司”或“恒源煤电”）自2004年上市以来，一直以做大做强煤炭主业，辅以资源综合利用，全面提升综合竞争力为目标。公司属于资源性企业，在资源开采等方面与控股股东存在同业竞争，同时，资源的占有决定公司后续发展的动力。在发展过程中，公司通过首发IPO和发行可转换公司债券募集的资金先后收购了集团公司部分煤矿资产，此后于2009年年底，采用非公开发行购买资产方式收购集团公司可开采煤矿资产，彻底解决集团内部的同业竞争，大幅减少了关联交易发生额。

一、案例介绍

（一）公司基本情况

恒源煤电成立于2000年12月29日，由安徽省皖北煤电集团有限责任公司（以下简称“集团公司”或“控股股东”）作为主发起人，联合安徽省燃料总公司、合肥四方化工集团有限责任公司、合肥开元精密工程有限责任公司、深圳高斯达实业有限公司共同发起设立。2004年8月，经中国证监会核准，向社会公众公开发行人民币普通股（A股）股票4 400万股并上市。

（二）2009年年底重大资产重组的原因

1. 我国煤炭工业发展趋势的必然要求

我国煤炭工业发展“十一五”规划指出，未来几年国家将重点支持大型煤炭企业兼并中小型煤矿，着力引导培育6～8个亿吨级特大型煤炭企业集团和8～10个生产规模5 000万吨以上的大型煤炭集团，煤炭产量将占到全国的50%以上。煤炭开发思路将由“新建为主，整合为辅”转变为“整合为主，新建为辅”。受国家产业政策和煤炭工业发展“十一五”规划的引导，煤炭行业战略性重组步伐不断加快，一些产煤大省煤炭企业的联合重组陆续展开，逐步打破区域和行业界限，跨区域、跨行业的煤、电、化、路、港为一体的大型煤炭企业集团出现。整合重组也由主要以政府推动为主，转向遵循市场经济规律，以市场机制推动为主，依托大型煤炭基地和企业自身资源、技术、管理和融资能力等内外部优势条件进行。

2. 公司本身做大做强发展战略目标的要求

自2004年上市以来，公司一直以做大做强煤炭主业，辅以资源综合利用，全面提升综合竞争力，实现又好又快发展为战略目标。公司作为资源性企业，在发展过程中，发现资源储量不大、资产规模偏小，规模效益不明显，不具备较强的规模优势，与行业内其他企业相比，存在竞争劣势。安徽省内共有四大煤炭生产企业，其中淮南矿业年产原煤6 000万吨，淮北矿业年产量为3 149万吨，而公司2008年原煤产量仅416万吨，生产规模相对较小。虽然公司通过2004年首次发行股票以及2007年发行可转换公司债券募集的资金先后收购了集团公司刘桥一矿、卧龙湖煤矿、五沟煤矿，但公司本身后备资源仍相对短缺，发展空间受限。截至2008年年底，集团公司年产原煤1 400万吨，公司产量仅占集团的30%，资产总额也仅占集团资产总额的25%。

为增加公司后备煤炭资源，实现可持续发展，增加公司产能，提高盈利能力，同时避免同业竞争(集团公司仍有大量煤炭矿井在生产)，减少关联交易，保持上市公司独立性。公司围绕企业发展战略，积极开展资本运营，采取收购、兼并等手段，推动公司低成本快速扩张。

3. 集团公司整体发展的需要

为了加快股份公司和集团公司发展，集团公司充分认识到利用公司资本市场平台，实现煤炭主业整体上市，将有利于进一步完善集团公司整体治理结构，发挥集团公司在产业和管理方面的优势，降低企业与市场的交易费用和交易成本，充分利用资本市场的扶优助强作用，为公司快速发展提供强大的支持，从而在行业整合重组的激烈竞争中取得主动地位。

(三) 重大资产重组方案

公司重大资产重组方案为：公司通过向集团公司发行股票并支付现金的方

式购买集团公司所拥有的任楼煤矿、祁东煤矿、钱营孜煤矿及煤炭生产辅助单位（供应分公司、销售公司、机械总厂、铁路运输分公司等）的相关资产和负债。标的资产的交易价格为经安徽省国资委核准的评估价值30.67亿元。公司向集团公司发行股票137 345 259股，作为支付收购标的资产的部分对价，计15.36亿元，约占标的资产收购价款总额的50%。收购价款的其余部分15.32亿元在支付前形成公司对集团公司的负债，公司将通过向不超过10家特定投资者非公开发行股票以募集的现金支付该负债。

2009年6月，中国证监会核准了公司重大资产重组及向安徽省皖北煤电集团有限责任公司发行137 345 259股股份购买相关资产。2009年12月，公司办理完毕集团公司股权登记工作。至此，公司重大资产重组中向集团公司发行股份购买资产工作全部完成。

二、重大资产重组对公司的影响

本次重大资产重组实施完成后，对公司产生了积极的影响。

1. 增加公司煤炭资源储量

公司2004年首发IPO募资收购集团公司拥有的刘桥一矿和刘桥二矿，收购完成后煤矿储量仅占集团公司全部储量的20%；2007年，发行可转换公司债券募资收购集团公司拥有的卧龙湖煤矿和五沟煤矿，收购完成后煤矿储量占集团公司全部储量的30%；截至2007年年底，公司拥有煤炭可采储量14 076.70万吨。本次重组完成后集团公司经营性煤矿均装入公司，公司增加了后备煤炭资源储量108 701.91万吨，其中可采储量53 093.47万吨，显著提高公司资源储备水平，保障上市公司可持续发展能力。

2. 增加公司产能，提高盈利能力

重组前，公司下属四对矿井核定产能为490万吨/年，与国内其他大型煤炭企业相比尚有较大差距，无法充分发挥规模经营优势。本次重组完成后，公司原煤生产能力达到1 280万吨/年，生产能力显著提升。本次重组提高了公司未来盈利能力，而在钱营孜煤矿建成投产后，公司利润指标将会进一步增长。

重组前后公司主要财务指标对比如表1所示。

表1　重组前后公司主要财务指标对比　　单位：万元

项目类别	2008年12月31日（重组前）	2009年12月31日（重组后）	增幅(%)
总资产	479 859.04	1 078 310.26	124.71
净资产	162 271.79	305 087.64	88.01
每股净资产(元/股)	8.61	7.74	−10.10
项目类别	2008年度	2009年度	
营业收入	204 914.73	534 217.98	160.70
利润总额	41 043.14	73 100.55	78.12
净利润	30 606.64	52 031.43	69.98
净资产收益率(%)	18.86	16.63	−11.82
基本每股收益(元/股)	1.62	1.41	−12.96

注：若剔除2008年度计提安全生产费用调整因素，公司净资产收益率指标2009年度高于2008年度。

3. 避免同业竞争，保持上市公司独立性

本次重组资产完成后，公司取得集团公司拥有的任楼煤矿、祁东煤矿和钱营孜煤矿，集团公司已将主要生产矿井和辅助经营机构全部注入。集团公司与煤炭勘探、开采有关的资产中仅保留前岭矿、孟庄矿、百善矿等三对政策性关闭破产矿井，以及朱集煤矿、麻地梁煤矿（集团公司控股子公司内蒙古智能煤业有限责任公司下属矿井）、龙王庙煤矿的探矿权。公司与集团公司进一步避免了同业竞争，公司独立性进一步加强。

4. 减少关联交易

本次重组完成后，集团公司所拥有的供应分公司、销售公司、机械总厂、铁路运输分公司等煤炭生产辅助单位的相关资产和业务全部进入上市公司，大量消除了公司与集团公司之间发生的日常关联交易。

重组前后公司日常关联交易对比如表2所示。

表2　重组前后公司日常关联交易对比　　单位：万元

日常关联交易内容	2009年度	2008年度
向关联方销售商品①	3 146.32	314.83
向关联方购买商品②	1 702.08	15 438.46
租赁铁路专用线③	0	2 556.47
综合服务费用④	905.35	316.32
合　计	5 753.75	18 626.08

① 2009年度向关联方销售金额比2008年度增加2 831.49万元，主要原因系2009年公司实施了重大资产重组，收购了标的资产中的供应分公司，收购完成后，关联交易的方式和方向发生改变。2009年度合并报表中包含供应分公司向皖北煤电集团下属三对破产矿井销售的矿用材料及任楼煤矿、祁东煤矿向皖北煤电集团下属恒力电业公司、祁东煤矸石电厂销售的煤矸石、次煤、煤泥及材料。

② 重大资产重组前公司拥有独立完整的采购、生产及销售体系，能够独立采购生产经营需要的原材料及各种辅助材料。但鉴于煤矿企业的特殊性，公司在生产经营的过程中，需要购进一些采矿专用的辅助材料，该等材料采购具有时间上的不确定性，并且采购材料品种多、数量少，单独采购成本较大。为保证生产经营的及时需要，利用皖北煤电集团对上述矿用辅助材料的生产和集团采购优势，降低生产成本。重组完成后，收购了标的资产中的供应分公司，公司不再发生向皖北煤电集团采购矿用辅助材料关联交易。收购完成后，因任楼煤矿、祁东煤矿生产中需要蒸汽，祁东煤泥矸石电厂、恒力电业与皖北煤电集团签订蒸汽供应协议，为两矿供应蒸汽。根据重大资产重组《资产收购协议》的约定，公司承接了该等合同，增加了部分采购蒸汽。

③ 公司实施了重大资产重组，收购了标的资产中的铁路分公司。收购完成后，公司不再向皖北煤电集团租赁铁路专用线。

④ 公司实施了重大资产重组，收购了皖北煤电集团所属的任楼煤矿、祁东煤矿、钱营孜煤矿及相关辅助资产。因此公司与皖北煤电集团在综合服务方面的关联交易金额有所增加，但由于优质煤炭资产注入，煤炭产量和销量大幅度增加，综合服务费用占营业成本和管理费用的比例仍较小。

公司重组前后日常关联交易发生额大幅减少，减少幅度约69%。

三、案例思考

（一）解决同业竞争在特殊行业中存在的问题

根据首次公开发行股票并上市管理办法规定，发行人必须具备独立性，其中包括业务独立，即发行人业务应当独立于控股股东、实际控制人及其控制的其他企业，双方不得有同业竞争或者显失公平的关联交易。但由于改制剥离上市的原因，不少2006年之前上市的企业存在同业竞争问题。

本案中公司上市时仅占集团公司资产很小一部分，属于部分资产剥离上市。集团内非上市资产中煤炭的生产与销售和公司存在同业竞争。本次重大资产重组的实施基本解决了煤炭生产销售业务的同业竞争问题。但是由于煤炭等矿产行业的特殊性,集团目前尚未将部分采矿权和探矿权注入公司,根据公司解释,采矿权和探矿权在未来转化为实际开采存在不确定性,且有些原先由国家划拨的矿权转让需要向国土资源部补缴大额矿权费,上述不确定性导致集团拟将先行开发和开采矿权所属矿区,待矿区投产后再拟注入公司。这样就导致集团拥有的采矿权和探矿权与公司仍存在同业竞争问题。

(二)实施重大资产重组周期过长

公司从2008年9月开始启动重大资产重组,由于方案包括向大股东定向发行股票购买资产以及向不超过10名投资者非公开发行股票筹资,按照要求该方案必须分两步进行,即先定向发行股票购买资产,2009年6月获得审核通过,公司于2009年年底完成资产交割。资产交割完成后公司才能进入第二阶段,即非公开发行股票筹资,2010年8月获得审核批准,预计2010年年底前完成股票筹资。整个重组项目历时将近28个月。建议有关方面能对该类型重大资产重组简化流程,尽量缩短审核程序,从而鼓励更多类似企业实施整体上市,解决同业竞争问题。

(执笔人:陈 颀)

XH公司：换股吸收合并解决同业竞争案例评析

XH公司换股吸收合并XC公司，系我国首例A股民营上市公司换股吸收合并A股民营上市公司。通过本次换股吸收合并，避免了两公司之间的同业竞争，XH公司的规模得到扩张。在本次换股吸收合并方案中，设置了异议股东的收购请求权和现金选择权，以及债券持有人的提前清偿请求权等对异议股东和债权人的“保护机制”。但这些所谓的“保护机制”均受到限制，其真正目的是为保证吸收合并的顺利进行，而非为保护异议股东和债权的权益。对于新业务，吸收合并各方尤其是中介机构应未雨绸缪，加强论证与咨询，制定出无实际操作性障碍的方案。

一、案例基本情况

（一）合并前当事人基本情况

1. 合并方——XH公司

XH公司于1992年8月经A省人民政府股份制试点工作协调小组批准、采取定向募集方式设立的股份制企业。1999年，公司股票在上海证券交易所挂牌交易。合并前，公司第一大股东为B集团，持有XH公司216 721.0117万股，持股比例为76.80%，实际控制人为自然人C。

XH公司2006年向B集团定向发行120 000万股股票，B集团以其拥有的14家房地产类子公司的股权支付对价。此次定向发行完成后，公司主营业务转型为房地产开发和销售。2007年公司又逐步收购B集团系下杭州公司80%股权和九江公司51%股权，此外公司还持有XH期货71.15%的股权。公司房地产投资项目分布在浙江（杭州、温州、嘉兴、衢州、湖州）、上海、江苏（苏州、镇江、淮安)、江西(九江)、安徽(黄山、芜湖、蚌埠)、山东(泰安)、辽宁(沈阳)等省市。2008年度期内实现结算面积67.05万平方米,结算金额45.50亿元(未考虑权益比例),同比增长19.81%。截至2008年12月31日,XH公司的权益土地面积为678万平方米,主要财务数据如下:总资产1 383 308万元,净资产448 885万元,营业收入350 486万元,净利润84 055万元。

2. 被合并方——XC公司

XC公司原系在D公司的基础上改组设立的股份有限公司。1994年3月11日,公司股票在上海证券交易所挂牌交易。合并前,XC公司第一大股东为E公司,持有XC公司138 821 441股,持股比例为45.65%,实际控制人与XH公司相同,也是自然人C。

XC公司主要从事房地产开发、销售和贸易业务,旗下拥有位于上海、温州等地的房地产开发企业,房产项目分布在上海、温州和江苏吴江三地,在上海和温州开发有大型房地产项目。截至2008年12月31日,XC公司主要财务数据如下:总资产206 957.50万元,净资产81 375.62万元,营业收入128 889.06万元,净利润25 094.39万元。

(二) 换股吸收合并主要背景

1. 履行承诺,避免同业竞争

2006年8月23日,为避免同业竞争,B集团、F公司及实际控制人C出具《避免同业竞争承诺函》,主要内容为:2006年B集团以旗下的14家房地产公司的股权认购XH公司向其发行的120 000万股股票的交易完成后:

(1) XH公司在中国境内(不包括上海市、江苏省)从事住宅地产的开发及销售;XC公司在上海市及江苏省从事住宅地产的开发及销售;C控制的另一家上市公司——G公司不以住宅地产为主业,仅仅在黑龙江省从事小型住宅地产项目(建筑面积20万平方米以下)的开发及销售。XH公司与XC公司不得再行发展或扩大不符合各方未来业务划分范围之业务规模。F公司在其实际控制B集团、G公司、XH公司及XC公司期间,将在合适的市场时机,在法律、法规及规范性文件规定的范围内,进一步整合该等公司之住宅地产业务。

(2) B集团在其实际控制XH公司期间,不再从事住宅地产开发及销售业务。

(3) 除XH公司、XC公司、G公司及B集团直接或间接涉及住宅地产开发及销售业务外，F 公司未以，且在其实际控制 B 集团、G 公司、XH 公司及 XC 公司期间未来亦不会以，参股、控股、联营、合作、合伙、承包、租赁等方式，直接、间接或代表任何人士、公司或单位在中国境内从事住宅地产开发及销售业务。

2. 发挥协同效应，进一步打开发展空间

自 2006 年 B 集团开始整合旗下房地产业务以来，XH 公司与 XC 公司均严格按照各自的业务划分经营房地产业务，但由于两家公司均涉及地产、金融和矿产业务，两家公司又均独立经营，不能充分发挥各自之间的协同效应，影响了资源的使用效率，在一定程度上对两家公司的业务发展也形成了制约。因此，本次吸收合并的实施将有利于存续公司通过资源的统一调配，形成一定的协同效应，有利于提高资源的使用效率，提高运营和管理效率，为公司做强做大、持续发展打下坚实的基础。

吸收合并后，公司的产业架构逐步清晰，房地产业发展空间将进一步打开。吸收合并前，XH 公司和 XC 公司的主营业务均为房地产开发和销售，但囿于同业竞争因素，双方在上海、江苏等区域的地产业务发展上又都缩手缩脚。吸收合并完成后，XC 公司在上海、江苏等地的房地产开发项目将一并进入 XH 公司，这将扩大 XH 公司的开发区域，提高市场占有率和竞争实力，使公司在行业周期中有更大的回旋余地。

3. 增强抗风险能力

房地产行业的发展和经济、政策环境高度相关。近年来随着国家对房地产行业调控力度的不断加大，税收和信贷紧缩政策相继出台，对房地产的投资和投机需求回落，房地产行业的利润率水平趋于下降。利润率下降、宏观调控带来的销售速度放缓以及信贷紧缩使得房地产开发企业面临极大的挑战，从而形成一个自然淘汰的机制，小型的房地产公司将会被兼并或破产，而有实力的房地产开发龙头企业通过并购和重组逐步扩大市场份额。将 XC 公司与 XH 公司的房地产业务纳入统一的平台进行运营，有利于 XH 公司在房地产行业景气度下降、处于调整的时期，增强整体抗风险能力，逐步扩大市场份额。

（三）换股吸收合并方案的主要内容

1. 方案概述

XH 公司拟通过换股方式吸收合并 XC 公司，XH 公司为吸收合并方和吸收合并完成后的存续方,XC公司为被吸收合并方。本次换股吸收合并中,XH公司、XC公司的换股价格以各自董事会审议本次吸收合并事项之决议公告日前20个交易日的交易均价分别确定为3.85元/股和7.11元/股,实施换股时XC公司全体股东所持有的XC公司股份将按照1∶1.85的换股比例转换为XH公司股份。本次吸收合并完成后,XH公司将作为存续企业,XC公司的资产、负债、业务和人员全部进入XH公司,XC公司将注销法人资格。

2. XC公司换股比例的计算公式

XC公司换股比例＝XC公司换股价格÷XH公司换股价格

＝7.11元/股÷3.85元/股≈1.85∶1

按此换股比例计算,本次换股吸收合并后XH公司将新增A股股份56 255万股。

3. 异议股东的收购请求权和现金选择权

(1) 合并方异议股东的收购请求权。

本次吸收合并由XH公司(或XH公司指定的第三方)向XH公司的异议股东提供收购请求权。XH公司的异议股东在XH公司股东大会表决本次吸收合并方案时持有并且一直持续持有至收购请求权实施日的股票属于有权行使收购请求权的股份,异议股东在XH公司股东大会股权登记日后买入的或先卖出后又买入的XH公司股份不属于有权行使收购请求权的股份,不得行使收购请求权。

在收购请求权申报日,XH公司的异议股东有权以3.85元/股的价格将其持有的全部或部分有权行使收购请求权的股份,以书面形式申报收购请求权。但下述异议股东除外:① 向XH公司承诺放弃收购请求权的XH公司股东;② 其他依法不得行使收购请求权的XH公司股东。对于XH公司异议股东持有的已经设定了质押、其他第三方权利或被司法冻结的股份,未经合法程序取得相关的书面同意或批准,不得行使收购请求权。XH公司应当于收购请求权实施日受让成功申报收购请求权的异议股东所持有的XH公司股份,并按照3.85元/股的价格向异议股东支付相应的现金对价。XH公司本次受让股份将在6个月内转让给其他人或注销。

(2) 被合并方异议股东的现金选择权。

本次吸收合并由XH公司(或XH公司指定的第三方)向XC公司的异议股东提供现金选择权。XC公司的异议股东在XC公司股东大会表决本次吸收合并方案时持有并且一直持续持有至现金选择权实施日的股票属于有权行使现金选择权的股份，异议股东在XC公司股东大会股权登记日后买入的或先卖出后又买入的XC公司股份不属于有权行使现金选择权的股份，不得行使现金选择权。

在现金选择权申报日，XC公司的异议股东有权以7.11元/股的价格将其持有的全部或部分有权行使现金选择权的股份申报现金选择权。但下述异议股东除外：① 向XH公司及或XC公司承诺选择换股和放弃现金选择权的XC公司股东；② 其他依法不得行使现金选择权的XC公司股东。对于XC公司异议股东持有的已经设定了质押、其他第三方权利或被司法冻结的股份，未经合法程序取得相关的书面同意或批准，不得行使现金选择权。XH公司应当于现金选择权实施日受让成功申报现金选择权的异议股东所持有的XC公司股份，并按照7.11元/股的价格向异议股东支付相应的现金对价。XH公司本次受让股份将在6个月内转让给其他人或注销。

4. 债权人的提前清偿请求权

(1) “08 XH债”持有人的提前清偿请求权。

合并方XH公司于2008年7月发行了14亿元的公司债券，债券简称“08 XH债”。本次吸收合并中，由长城证券和B集团作为第三方，给予08 XH债持有人一次提前清偿的机会。但若08 XH债持有人进行提前清偿权利的申报数量超过08 XH债总额的20%，则整个吸收合并方案将终止。

XH公司股东大会决议公告之次一交易日为08XH债提前清偿权利的登记日，提前清偿权利登记日后紧邻的45日为债券持有人进行提前清偿权利申报的期间。于提前清偿权利登记日登记在册的08 XH债持有人，均有权于前述提前清偿申报期将不超过其提前清偿权利登记日持有的08 XH债数量的08 XH债进行提前清偿权利的申报。

若08XH债持有人进行提前清偿权利的申报数量超过08 XH债总额的20%，则整个吸收合并方案将终止。若08 XH债持有人进行提前清偿权利的申报数量未超过08 XH债总额的20%，于提前清偿申报期成功申报提前清偿权利的08 XH债持有人，其申报提前清偿权利的08 XH债将于申报成功后停止交易直至提前清偿实施之日或本次吸收合并方案因未获中国证监会批准而导致本保护方案失效之日。

(2) 其他债权人的提前清偿权。

XH公司与XC公司将于本次吸收合并方案分别获得双方股东大会通过后，按照相关法律的规定履行债权人的通知和公告程序，并且将根据各自债权人于法定期限内提出的要求向各自债权人提前清偿债务或为其另行提供担保。在前述法定期限内，相关债权人未能向XH公司或XC公司主张提前清偿的，相应债权将自吸收合并完成日起由吸收合并后的XH公司承担。

(四) 换股吸收合并后的效果

1. 合并前后股本结构变化及合并后的控制关系

(1) 股本结构变化。本次吸收合并前XH公司的总股本为282 185.01万股，因换股吸收合并而新增约56 255万股A股股票，吸收合并完成后总股本变更为338 440.24万股。

(2) 吸收合并完成后，理顺了产权关系，C对XH公司和G公司的产权及控制关系更加清晰。

2. 对XH公司合并报表的影响

(1) XH公司2008年的模拟吸收合并XC公司后的营业收入为479 375万元，较XH公司2008年营业收入增加128 889万元，归属母公司的净利润为110 063万元，较XH公司2008年净利润增加26 008万元。

(2) 本次吸收合并完成后，使XH公司资产总额增加149 340万元，其中流动资产增加136 719万元，负债总额增加67 475万元，归属于母公司股东权益增加82 487万元。

(3) 本次吸收合并完成后，XH公司的总资产将提高10.80%，净资产将提高18.38%，资产负债率将由63.28%降至61.51%，归属于母公司所有者的净利润将提高30.94%，净资产收益率将由18.73%提高至20.71%。

3. 房地产开发项目更为集中，土地储备增加

吸收合并前XH公司项目分布在浙江、上海、江西、安徽、山东、辽宁等地的

一、二、三线城市，项目分散；XC 公司房地产项目分布在上海、温州和苏州吴江三地，项目较为集中。

吸收合并完成后，XH 公司整体权益规划面积将达到 740 万平方米。上海、苏州和浙江权益规划建筑面积从 496 万平方米增加到 586 万平方米，增加 18%，占整体权益面积比重从 76%上升到 79%，项目更为集中。

二、换股吸收合并方案的特点

（一）首例 A 股民营上市公司换股吸收合并 A 股民营上市公司

在 XH 公司换股吸收合并 XC 公司之前，A 股市场上也发生过不少 A 股公司换股吸收合并 A 股公司的案例，但发生吸收合并被合并的 A 股公司均系国有公司，未见有被吸收合并的 A 股民营公司，处于同一实际控制人下的两 A 股民营上市公司进行吸收合并更是前无来者。之所以出现这种现象，主要原因在于 A 上市公司的“壳”资源在当前依然非常珍贵，因此民营公司自然不愿意通过换股吸收合并的方式自废“壳”资源，而是选择走有利可图的卖“壳”途径。

（二）首单在吸收合并中通过交易系统提供公司债券持有人的现金选择权

根据《公司法》第 174 条的规定，公司发生合并，债权人可以按规定要求公司清偿或提供相应的担保。因此，在此次吸收合并方案中，由长城证券和 B 集团作为第三方，给予 08 XH 债持有人一次提前清偿的机会，即设置了 08 XH 债持有人的现金选择权，而且系通过交易所的交易系统进行申报。但若 08 XH 债持有人进行提前清偿权利的申报数量超过 08 XH 债总额的 20%，则整个吸收合并方案将终止，即设置了提前清偿的上限比例。

（三）对行使收购请求权和现金选择权的异议股东范围进行了限制

《公司法》第 143 条规定，公司不得收购公司股份，但是股东因对股东大会作出的公司合并、分立决议持异议，要求公司收购其股份的，则属于除外情形。《上市公司收购管理办法》第 27 条规定，收购人为终止上市公司的上市地位而发出全面要约的……以依法可以转让的证券支付收购价款的，应当同时提供现金方式供被收购公司股东选择。根据这两条规定，本次吸收合并方案明确，由 XH 公司（或 XH 公司指定的第三方）分别向 XH 公司的异议股东提供收购请求权和

XC 公司的异议股东提供现金选择权。

与此同时,本次吸收合并方案对行使收购请求权和现金选择权的异议股东范围进行了限制。具体体现在:有权行使收购请求权的股份为,XH 公司的异议股东在 XH 公司股东大会表决本次吸收合并方案时持有并且一直持续持有至收购请求权实施日的股票,异议股东在 XH 公司股东大会股权登记日后买入的或先卖出后又买入的 XH 公司股份不属于有权行使收购请求权的股份,不得行使收购请求权;有权行使现金选择权的股份为,XC 公司的异议股东在 XC 公司股东大会表决本次吸收合并方案时持有并且一直持续持有至现金选择权实施日的股票,异议股东在 XC 公司股东大会股权登记日后买入的或先卖出后又买入的 XC 公司股份不属于有权行使现金选择权的股份,不得行使现金选择权。

(四)整个吸收合并的时间跨度比较短

由于本次吸收合并系纯换股方式的吸收合并,没有两家公司之外的新增股份或新增资产注入,整个换股吸收合并方案比较简洁。自 2008 年 10 月 13 日 XH 公司和 XC 公司申请停牌起,至 2009 年 9 月 4 日本次吸收合并的新增股份上市,整个换股吸收合并过程前后时间跨度不满 1 年。

三、思考与建议

(一)所谓异议股东和债券持有人的保护机制,真正目的是为了保证吸收合并的顺利进行,而非为保护异议股东和债权人的权益

本次吸收合并中,虽然根据国家法律的有关规定,既设置了合并方 XH 公司的异议股东的收购请求权和被合并方 XC 公司的异议股东的现金选择权,又设置了 08XH 债持有人的提前清偿请求权,但是异议股东和债券持有人的这些权利受到种种限制。对异议股东的限制:① 必须在股东大会上投票反对吸收合并,才能拥有收购请求权或现金选择权的机会;② 异议股东持有的股票必须是在股东大会表决本次吸收合并方案时持有并且一直持续持有至收购请求权和现金选择权实施日。对于债券持有人的限制:① 提前清偿总量限制,即申报提前清偿的 08 XH 债不超过其总额的 20%,否则整个吸收合并方案将终止;② 在申报期内成功申报提前清偿权利的 08 XH 债持有人,其申报提前清偿的 08 XH 债将于申报成功后停止交易直至实施提前清偿之日或本次吸收合并方案因未获中

国证监会批准而导致本保护方案失效之日。若本次吸收合并方案未获中国证监会批准，则本保护方案失效，提前清偿不实施。通过这些限制可以算出，真正会去行使收购请求权和现金选择权的异议股东肯定寥寥无几，因为《公司法》规定吸收合并必须经代表 2/3 以上多数表决权的股东同意，同时还要在余下的代表 1/3 以下表决权的股东中再扣除股东大会表决之后将所持股份转让的股东。同样，08 XH 债持有人真正会要求提前清偿的也不可能超过总量的 20%。

由上可见，包括本案例在内的许多国内吸收合并案例中，所谓的异议股东和债权人的保护机制并非真正是为保护异议股东和债权人的权益而设置，而往往只是为了应付法律法规的要求，其真正目的在于为保证吸收合并的顺利进行，因此徒有其形式。这显然与法律法规规定这些保护机制的初衷相悖，也不符合这些保护机制的制度本意，自然也就与这些保护机制在国外所发挥的有力地保护投资者权益的作用无法相提并论。这种现象值得监管层引起应有的关注与考量，务必要求当事人在设计吸收合并方案时所设置的针对投资者的保护机制能真正发挥其本来应有的保护作用，而非“走形式”、“走过场”。

（二）吸收合并各方尤其是中介机构应未雨绸缪，加强方案的论证与咨询，制定出无实际操作性障碍的方案

本次吸收合并方案中，涉及多个业务的实际操作，包括异议股东的收购请求权和现金选择权、08XH 债持有人的现金选择权和 XC 公司的退市、XH 公司新增股份的上市等。其中，08 XH 债持有人的现金选择权是 A 股首例公司债券持有人通过交易所交易系统进行申报行使提前清偿请求权，这就涉及许多实际操作性的问题，包括债券持有人申报、申报代码、撤回申报、有效申报数量的统计、冻结、交易、清算和过户等诸多环节。这么多的业务环节，必然涉及交易所和登记结算公司内的多个业务操作部门，且又没有先例可供参照执行，因而客观上要求相关中介机构在制订方案的过程中，应加强与监管部门的论证和咨询，方能保证方案切实可行。然而，本次吸收合并的相关中介机构在制订方案过程中，从未就此事项与交易所和登记结算公司的有关业务部门进行过咨询、论证与沟通，没有针对交易所和登记结算公司对此类业务的实际操作流程来设计方案，而是自己“想当然”、“自说自话”。结果设计出来的吸收合并方案中暗藏了很多操作性、技术性的问题和障碍，这些问题和障碍到方案实际实行时就成为“拦路虎”，差点

导致整个吸收合并方案无法执行。为此交易所和登记结算公司多个部门不得不专门召开数次协调会解决这些问题，以保护投资者利益和保证吸收合并方案顺利进行。事实上，只要相关中介机构在制订方案时，能主动与交易所和登记结算公司进行充分的咨询、论证和沟通，这些问题和障碍完全是可以避免的，不至于到实际执行方案时手忙脚乱，甚至不知所措。当然，作为监管部门的交易所和作为登记结算部门的登记结算公司也应及时理顺并制定各种可能发生的复杂新业务的操作流程和规则，以供市场各方遵循。

（执笔人：吴建忠）

锦江股份：重大资产置换案例评析

为了避免同业竞争、凸显主营业务、满足差异化融资需求，锦江股份与控股股东锦江酒店集团完成了在星级酒店和经济型酒店两个不同细分市场领域的重新定位和相关资产的重组，本次重组有利于实现交易双方整体共赢发展。

一、案情介绍

（一）锦江股份重大资产置换的主要内容

锦江股份重大资产置换的主要内容是锦江股份以其所属星级酒店业务资产与其控股股东锦江酒店集团所属的“锦江之星”经济型酒店业务资产进行置换。

本次交易前，锦江股份主业资产主要包括星级酒店资产、低星级酒店资产、餐饮与食品资产，以及对经济型酒店的少数股权投资四大类。锦江酒店集团的主业资产主要包括星级酒店资产、经济型酒店资产和其他资产三大类。

锦江股份以星级酒店资产与锦江酒店集团的经济型酒店资产进行置换，同时进行少数股权转让，实现主业向经济型酒店业务的转变。本次交易后，锦江股份主业资产主要包括经济型酒店资产、低星级酒店资产、餐饮与食品资产三大类。本次交易及交易后架构具体如图1、图2所示。

（二）交易双方情况

1. 交易对方

本次交易的交易对方为锦江股份控股股东锦江酒店集团及其子公司上海锦江饭店。

2. 交易标的

置入资产为锦江酒店集团所属经济型酒店业务相关资产，具体如表1所示。

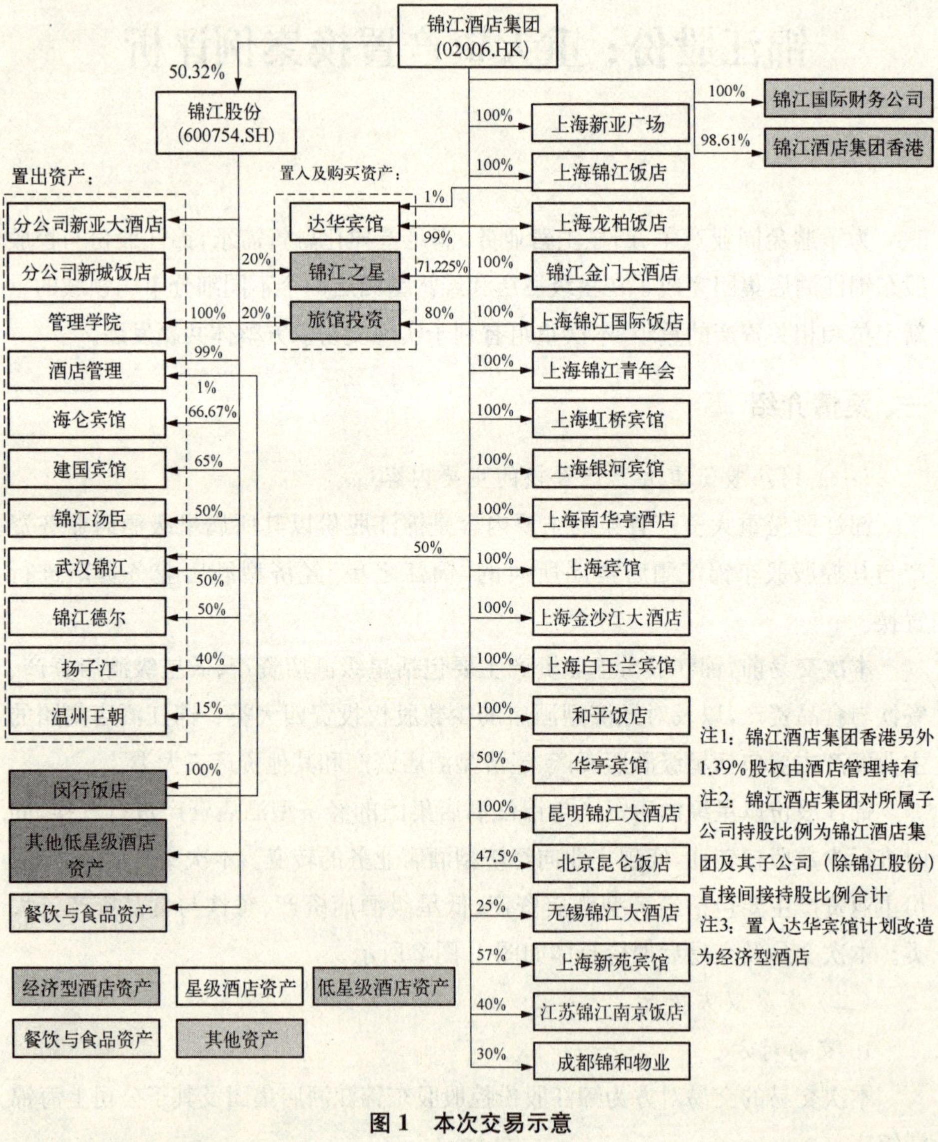
锦江酒店集团
(02006.HK)
50.32%
锦江股份
(600754.SH)
100%
锦江国际财务公司
98.61%
锦江酒店集团香港
置出资产：
置入及购买资产：
分公司新亚大酒店
分公司新城饭店
管理学院
酒店管理
海仑宾馆
建国宾馆
锦江汤臣
武汉锦江
锦江德尔
扬子江
温州王朝
闵行饭店
其他低星级酒店资产
餐饮与食品资产
达华宾馆
锦江之星
旅馆投资
1%
99%
71.225%
80%
20%
20%
100%
99%
1%
66.67%
65%
50%
50%
50%
50%
40%
15%
100%
上海新亚广场
上海锦江饭店
上海龙柏饭店
锦江金门大酒店
上海锦江国际饭店
上海锦江青年会
上海虹桥宾馆
上海银河宾馆
上海南华亭酒店
上海宾馆
上海金沙江大酒店
上海白玉兰宾馆
和平饭店
华亭宾馆
昆明锦江大酒店
北京昆仑饭店
无锡锦江大酒店
上海新苑宾馆
江苏锦江南京饭店
成都锦和物业
100%
50%
47.5%
25%
57%
40%
30%
注1：锦江酒店集团香港另外1.39%股权由酒店管理持有
注2：锦江酒店集团对所属子公司持股比例为锦江酒店集团及其子公司（除锦江股份）直接间接持股比例合计
注3：置入达华宾馆计划改造为经济型酒店
经济型酒店资产
星级酒店资产
低星级酒店资产
餐饮与食品资产
其他资产

图1　本次交易示意

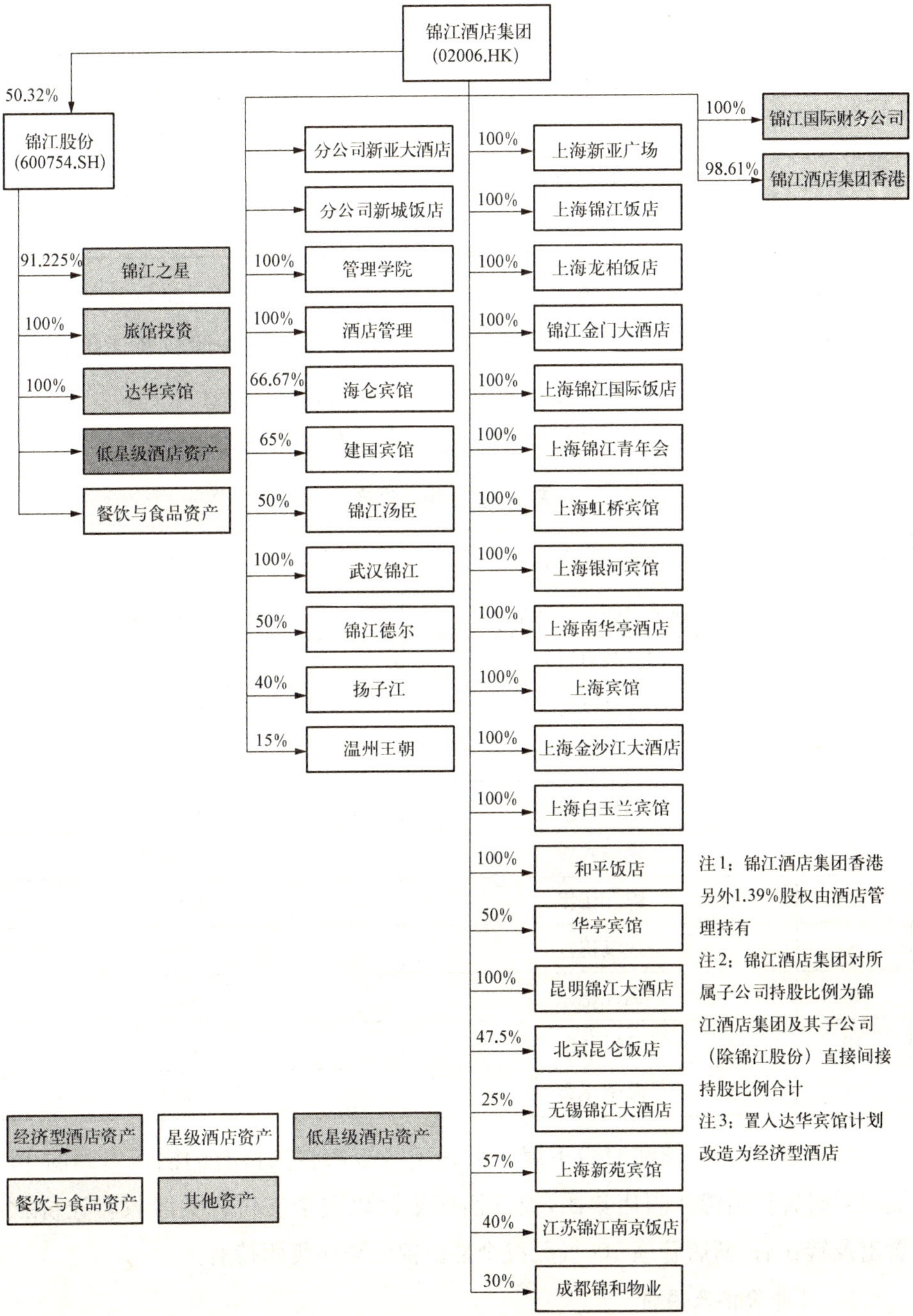

图 2　本次交易后框架

注 1：锦江酒店集团香港另外1.39%股权由酒店管理持有

注 2：锦江酒店集团对所属子公司持股比例为锦江酒店集团及其子公司（除锦江股份）直接间接持股比例合计

注 3：置入达华宾馆计划改造为经济型酒店

表 1　置入相关资产

序　号	标的资产名称	权 益 比 例
1	锦江之星	71.225%
2	旅馆投资	80%
3	达华宾馆	99%

作为附属交易，锦江酒店集团下属子公司上海锦江饭店同时将其持有的达华宾馆1%股权转让给锦江股份，锦江股份以现金支付相关股权转让价款。置入及购买后，锦江股份将持有达华宾馆100%的股权。

置出资产为锦江股份所属星级酒店业务相关资产，具体如表2所示。

表 2　置出相关资产

序　号	标的资产名称	权 益 比 例
1	分公司新亚大酒店	资产负债净额
2	分公司新城饭店	资产负债净额
3	管理学院	全部权益
4	酒店管理	99%
5	海仑宾馆	66.67%
6	建国宾馆	65%
7	锦江汤臣	50%
8	武汉锦江	50%
9	锦江德尔	50%
10	扬子江	40%
11	温州王朝	15%

作为附属交易，锦江股份下属子公司闵行饭店将其持有的酒店管理的1%股权同时转让给锦江酒店集团，锦江酒店集团以现金支付相关股权转让价款。置出及转让后，酒店管理100%股权全部由锦江酒店集团持有。

3. 交易价格及溢价

锦江股份置入及购买资产，锦江股份及子公司置出及出售资产，按照该等资产于评估基准日(2009 年 7 月 31 日)的资产评估结果确定。

根据上海东洲出具的相关资产评估报告的资产评估结果，确定锦江股份置入资产交易价格为 272 708.24 万元，置出资产交易价格为 306 703.41 万元。锦江股份购买达华宾馆 1%股权的交易价格为 116.60 万元，锦江股份子公司闵行饭店出售酒店管理 1%股权的交易价格为 400.25 万元。

根据上海东洲出具的沪东洲资评报字第 DZ090440014 号《资产评估报告》，置入资产账面值合计 152 844.15 万元，评估值合计为 272 708.24 万元，评估增值率为 78.42%。另外上海锦江饭店持有的达华宾馆 1%股权评估值为 116.60 万元。锦江股份置入及购买资产评估值合计为 272 824.84 万元。

根据上海东洲出具的沪东洲资评报字第 DZ090447026 号《资产评估报告》，置出资产评估基准日汇总的权益账面价值为 55 491.48 万元，评估值为 306 703.41万元，评估增值 251 211.93 万元，增值率为 452.70%。另外，闵行饭店持有酒店管理 1%股权的评估值为 400.25 万元。锦江股份及子公司闵行饭店置出及出售资产评估值合计为 307 103.66 万元。

上述资产评估结果已经上海市国资委备案确认(沪国资评备[2009]第 353 号、沪国资评备[2009]第 354 号)。

置入资产与置出资产交易价格的差额部分，应在交易双方按照《资产置换暨重组协议》约定聘请财务审计机构确定在相关期间置换资产的期间损益状况后的 30 日内，将置出资产与置入资产在该等期间损益的差值与置换差额合并，由欠付方以现金的方式，一次性支付予对方。

（三）资产置换的背景和意义

1. 本次交易有利于交易双方避免同业竞争

锦江酒店集团主要从事星级酒店业务、经济型酒店业务以及少量其他业务。锦江股份作为其子公司，主要从事星级酒店业务、少量低星级酒店业务、餐饮与食品业务，并拥有锦江酒店集团经济型酒店资产的少数股权投资。在星级酒店业务方面，双方同时从事酒店运营，锦江股份从事并向锦江酒店集团提供管理服务，因此在星级酒店业务方面存在一定程度的同业竞争。

本次资产置换后，锦江股份与锦江酒店集团在星级酒店和经济型酒店两个不同细分市场领域进行重新定位和分工，以避免同业竞争。

2. 近年来,“锦江之星”经济型酒店业务经过快速发展,已经具备成为锦江股份主营业务的条件

截至2009年7月末,“锦江之星”旅馆营运酒店数达到294家,营运及筹建酒店数达到399家。“锦江之星”旅馆的网点已遍及中国29个省、自治区和直辖市的98个城市。2008年“锦江之星”旅馆荣获第三届中国酒店星光奖“中国最佳经济型连锁酒店”。根据中国经济型酒店网的排名,2009年7月,“锦江之星”以38 074间客房数的经营规模在中国经济型酒店中排名第二。

综上,“锦江之星”旅馆经过多年的发展,已经形成较大的经营规模,树立了良好的品牌形象,取得了行业领先的市场地位,具备重组进入锦江股份并单独成为一个上市公司主营业务的条件。

3. 本次交易有利于满足经济型酒店与星级酒店不同的融资需求

2004—2008年,“锦江之星”旅馆营运酒店数从39家快速增加至240家,营运酒店客房数从5 087间快速增加至34 050间,年复合增长率分别为57.50%和60.85%。

经济型酒店的良好市场前景及其业务发展模式,需要大量的资本支出支持其扩张门店数量,保持和提高市场占有率。锦江股份拥有较为充裕的资金,具有较强的融资能力,可以支持锦江之星未来几年的快速扩张。

此外,经济型酒店在经历了多年的快速发展之后,也面临越来越激烈的竞争形势。在新建及加盟门店自建扩张模式下,每家新店从建设到营运,前期投入较大,产生效益存在一定的时滞性。因此,通过并购扩张,直接收购已经投入营运的其他品牌门店,可以在业务规模扩张的同时迅速实现经营效益的提升。锦江股份较强的融资能力可以支持“锦江之星”实现并购扩张,产生更好的经济效益。

4. 本次交易有利于交易双方整体实现共赢发展

对于锦江股份而言,本次交易后,“锦江之星”经济型酒店完整业务体系及资产进入锦江股份,锦江股份酒店业务转向专注于发展经济型酒店业务。除了锦江股份较强的融资能力可支持“锦江之星”业务快速扩张发展之外,由于“锦江之星”旅馆的主要客源在境内,将其纳入锦江股份有利于进一步扩大其在目标客户市场的影响,强化品牌形象,间接促进其业务发展。

对于锦江酒店集团而言,本次交易后,锦江酒店集团可整合全部星级酒店业务资产,将酒店运营和管理纳入一体,有利于其提高管理效率,减少外部交易,加

强业务协同效应。而且，经济型酒店业务资产进入锦江股份后，锦江酒店集团仍然通过控股锦江股份持有其 50.32%的权益。通过锦江股份对"锦江之星"业务发展的支持，锦江酒店集团可以继续分享该项业务未来的增量收益。

二、监管思考

（一）市场化资产整合的必要性问题

目前，在中国资本市场的并购重组实践中，涉及上市公司的重组案例多为增量资产重组，如大型企业集团整体上市，收购方买壳上市向面临财务困难的上市公司注入优质资产等。在交易方式方面，多为上市公司的目前或潜在的控股股东或实际控制人向其注入增量的业务资产，上市公司以发行股份购买资产的方式支付对价。注入资产以评估值定价，上市公司支付对价发行股份以市价为基础定价。在定价方面，通常注入资产一方对上市公司有不同程度的让利，以使上市公司在重组后业绩得到提升。从监管的角度而言，增量资产重组的必要性较为明显。

锦江股份本次资产置换，其交易对方控股股东锦江酒店集团为香港联交所上市的 H 股公司，双方交易须保持较大的公平性，属于较为市场化的资产整合行为。因此，交易对方不可能向上市公司进行大幅让利，双方的交易内容和定价保持了较高的公平性。

双方置换资产的行为更多地体现了两地市场投资者对于不同业务资产属性的偏好。锦江股份置出的星级酒店业务资产价值高，经营业绩稳定但成长性较差，该等资产在上海繁华地段拥有的物业受到香港投资者的青睐。锦江股份置入的经济型酒店资产近年来业务快速扩张，经营业绩持续增长，具有更大的发展空间，置入后可以为上市公司带来更高的业绩成长性，受到 A 股市场投资者的认可。

此外，锦江股份本次资产置换更重要的意义在于，A 股上市公司和 H 股上市公司两个具有不同融资功能的平台对于星级酒店业务与经济型酒店业务的不同意义。经济型酒店是高速扩张发展的业务，需要大量资金支持。将经济型酒店业务资产纳入 A 股上市公司，可利用 A 股市场的融资功能推动经济型酒店业务的快速发展，进一步提高锦江股份的盈利能力。

作为市场化的公平交易，锦江股份审计基准日的财务数据显示，置入置出资产经营业绩差异不大，置入资产经营业绩方面的优势和增长潜力并非体现在以往年度的备考报表中,而是更多地体现在重组以后的年度的盈利预测中。2009 年度,置入资产的利润实现数达到了盈利预测的水平,表现出与置出资产比较优势。

因此,对于该等市场化的资产整合交易,在交易时点并未明确、显著地体现出提升上市公司业绩的情况下,需要更多地分析和判断其交易后盈利能力和财务状况的变动趋势,据此判断交易的必要性。

（二）上市公司重组的时机选择问题

目前,上市公司重组较多地发生在上市公司业绩明显下滑,财务出现严重困难的时点,此时注入资产往往表现出更大的业绩优势,因此也较为容易获得相关决策机构的审批或核准。但由此带来的问题是上市公司的经营业绩未能在滑坡阶段得到及时改善,由此导致上市公司股价出现重大不利波动,并造成二级市场投资者的投资风险。

锦江股份选择在置出资产业绩开始出现下滑趋势的时机及时进行本次资产置换。锦江股份资产置换的审计基准日为 2009 年 7 月 31 日,根据 2008 年度的财务数据,置入资产和置出资产 2008 年度实现归属于母公司股东的净利润分别为 7 125 万元和6 266万元,业绩相差不大。但该公司预计置出资产在 2009 年全年经营业绩将出现较大幅度的下滑,因此及时启动重组。至 2009 年度,置入资产和置出资产分别实现归属于母公司股东的净利润 6 238 万元和 1 197 万元,置入资产表现出明显的业绩优势。该等重组在二级市场反应良好,且基于投资者对置入的经济型酒店未来成长性的良好预期,锦江股份股价稳定上升。锦江股份置入置出资产主要盈利数据比较如表 3 所示。

表 3　锦江股份置入置出资产主要盈利数据比较　　单位：万元

项　目		2009 年度	2008 年度	2007 年度
营业收入	置入资产	111 978	91 882	61 433
	置出资产	49794	64 408	66 808
归属于母公司股东的净利润	置入资产	6 238	7 125	2 785
	置出资产	1 197	6 266	7 643

（三）连锁经营业态存在的租赁房产权属问题

锦江股份置入的经济型酒店业务资产属于连锁经营业态。该等经营业态需在全国各地大范围购买和租赁房产。由于我国目前房地产市场尚不完善，除北京、上海、深圳等发达城市外，多数地区普遍存在租赁房产权属证照不齐、划拨土地出租以及租赁用途与证载用途不符的情况。因此连锁经营企业普遍面临租赁房产的风险问题，相关企业也可能因此无法上市或无法将资产注入上市公司。

锦江股份本次置入的“锦江之星”经济型酒店业务资产中，涉及自有产权门店 19 家，租赁经营门店 86 家。在 19 家自有产权门店中，有 2 家门店的土地和 1 家门店的部分土地尚未取得出让土地使用权。在 86 家租赁经营门店中，有 30 家租赁的物业存在不同程度的权属瑕疵。

对于该等问题，锦江股份的解决方案如下：

(1) 对于自有物业存在的权属瑕疵问题，由锦江股份的实际控制人锦江国际承诺，如未在预计时间内办理完毕，由其按照评估价值予以回购。

(2) 对于租赁物业存在的权属瑕疵问题，锦江股份承诺在 3 年内分批解决，其实际控制人锦江国际承诺，如锦江股份未在承诺的时间内解决造成损失的，由其按照评估价值予以回购。

(3) 对于租赁物业存在的权属瑕疵问题未来给锦江股份造成的实际损失，由锦江国际承担。

上述解决措施可有效保证上市公司利益不致遭受损失。

锦江股份置入资产存在权属瑕疵租赁经营门店涉及的比例较小(净利润比例为 7.85%，评估值比例为 10.79%)，且提出了切实可行的解决措施，因此对其重组不会构成重大不利影响。

三、完善建议

随着大型企业集团陆续完成整体上市，未来我国资本市场可能会出现越来越多的市场化重组行为。因此，监管机构应更多地学习借鉴发达国家的发展经营，积极探索对交易双方市场化公平交易的监管思路。在对此类重组行为的监管中，更多地考量重组后的整合效应，叠加效应，据此判断上市公司重组后业务经营、财务状况和盈利能力的未来发展趋势。

(执笔人：沈振宇)

·并购重组·

上海地区上市公司并购重组案例评析

2006年5月8日,《上市公司证券发行管理办法》的实施,标志着中国上市公司并购重组进入了一个新阶段。该管理办法第三章专章规定了非公开发行股票的条件,为上市公司资产重组提供了非常灵活的支付手段——股份支付,使得股票成为和现金一样的硬通货,“以资产换股权”成为无数大企业整体上市的捷径和上市公司壮大的利器;使得原先在单一资产(实物资产或现金)支付方式下难以短期内完成的大规模并购重组、整体上市成为可能,进而极大地推动了并购重组市场的发展。在全流通的市场环境下,上市公司并购重组由原来的题材性并购重组转变为战略性并购重组,由财务性并购重组转变为产业性并购重组。

一、2006年以来上海地区沪市上市公司并购重组模式分析

上海历来是资本市场并购重组的活跃地区,顺应市场发展趋势,上海地区的上市公司近两年来在创新模式并购重组方面同样取得了突出的成绩,主要体现在国有大型企业整体上市方面,同时还有部分借壳上市、资产置换案例。

(一)整体上市模式分析

目前,已经完成或正在实施整体上市案例的操作思路主要有以下两类。

1. 发行股份收购母公司资产

即上市公司以非公开发行的股份为支付对价向控股股东或实际控制人购买优质资产,从而实现集团整体上市或核心业务资产上市。这是在全流通之后开始流行的整体上市途径,也符合证监会做优做强上市公司的政策导向。

代表性案例是2007年中国船舶工业集团公司(以下称“中船集团”)以沪东重机股份有限公司(600150,以下称“沪东重机”)为资本平台,成功整合集团旗下大型造船、修船、核心配套业务(船用大功率柴油机制造业务)等核心民品业务并将其置入沪东重机,随后沪东重机更名为中国船舶工业股份有限公司。

具体方案是:沪东重机非公开发行4亿股新股,其中:3亿股由中船集团、宝钢集团及上海电气认购,中船集团持有的用以认购本次新股的资产包括上海外高桥造船有限公司(以下称“外高桥造船”)66.66%的股权、中船澄西船舶修造有限公司(以下称“中船澄西”)100%的股权及广州中船远航文冲船舶工程有限公司(以下称“远航文冲”)54%的股权;宝钢用以认购本次新股的资产为其所持有的外高桥造船16.67%的股权,上海电气用以认购本次新股的资产为其所持有的外高桥造船16.67%的股权。剩余的1亿股由中船集团、宝钢集团、上海电气、中国人寿、社保基金、中船财务、中海油、中信集团等国有大型企业或机构投资者现金认购,募集现金约30亿元,用于相关企业的技术改造。

本次注入的三项资产,均为中船集团旗下优质资产。外高桥造船是国内最大、最现代化的船舶制造厂商,2007年造船完工量达353万载重吨,占中船集团造船总吨位的50%以上。修船方面盈利一直较为稳定,中船澄西是中船集团下属的大型修船企业,是我国修船行业的龙头企业。远航文冲是我国最早承修外轮的修船厂之一,其所有的龙穴造船基地修船项目建成后将使其成为华南地区修船老大地位。柴油机业务仍为沪东重机及合资公司上海中船三井造船柴油机有限公司运营,占全国市场份额的60%以上。因此,几块资产的重组整合属于“好上加好”型的重组模式。

上述用于认购本次发行新股的股权评估值约90亿元,而沪东重机直到重组前的2006年年末总资产也只有33亿元,我们可以设想,如果上市公司不能以其发行的股份作为支付对价,那么无论是动用自有资金还是通过增发、配股募集资金都很难实现此次核心业务上市。

此次重组,中船集团将大型民用船舶制造业务、修船业务和船用大功率柴油机制造业务整合,形成一个完整独立的业务运作主体,既有协同效应又有价值链的延伸,优化了上市公司的业务结构,又增强了上市公司的行业地位,募集了发展所需资金,拓展了上市公司的发展空间,因此成为资本市场重组整合的典型案例。上市公司股价更一度高达300元,成为市场瞩目的焦点。

需要指出的是,在2007年9月17日《上市公司非公开发行股票实施细则》施行后,中船模式中同时向其他机构投资者非公开发行股份募集资金的做法已经不再适用,而要与重大资产重组分开办理。

这种模式往往还会根据上市公司的具体情况有所变化,例如,2006年11月上海汽车(600104)实施整体上市时,除了向集团发行股份购买整车及关键零部件资产外,还将原来公司持有的非关键零部件资产一并作为支付对价卖给集团,从而实现了主业的全部变更;而城投控股(原水股份,600649)则通过股份+现金的方式完成对集团相关资产的收购。

2. 换股吸收合并

(1) 母公司吸收合并上市子公司:上市公司的母公司完成股份制改造后IPO,同时以首次公开发行股票换取子公司其他股东所持股票,最终上市的主体是母公司,从而实现母公司整体上市。

这一操作思路主要适用于如下情况:母公司资产质量优良,不存在非经营性资产,且盈利水平不低于上市公司水平,代表性案例有上港集团(600018)。

(2) 上市子公司吸收合并母公司:即以上市公司的新增股份换取母公司股东所持母公司股权的方式实现整体上市(反向吸收合并)。

这一操作思路的优势体现为:按此方案操作,会计上采用权益结合法,将不发生摊销影响损益问题;与发行股份收购资产方案相比,避免了母公司成为投资公司的情况;整体上市完成后,存续公司股权分散,不存在控股股东,有利于公司治理。代表性案例:2008年年初东软集团(600718,非上海地区上市公司)整体上市。

(二) 借壳上市模式分析

所谓借壳上市,就是非上市公司通过证券市场购买一家已经上市的公司(壳公司)一定比例的股权来取得上市的地位,然后通过"反向收购"的方式注入非上市公司的有关业务及资产,实现上市的目的。非上市公司可以利用上市公司在证券市场上融资的能力进行融资,为企业的发展服务。通常在此情况下,上市公司的控制权同时发生变化,即上市公司资产重组的同时发生了上市公司收购行为。

2006年以来，上海地区借壳上市的经典案例是海通证券(600837)借壳都市股份，华丽家族(600503)借壳ST新智。

1. 海通证券模式：证券公司借本地上市公司的壳实现上市

尽管有监管层的呵护和鼓励，但由于2006年前证券市场连续几年的低迷，多数券商难以符合IPO的盈利要求，使其难以在短时间内通过IPO上市做强做大，因此借壳成为其上市的必然选择。

2006年12月，都市股份(600837)通过向海通证券股东定向发行股份换股吸收合并海通证券，同时将公司原有资产负债全部剥离给原大股东，实现了公司的整体转型。

海通证券是上海市政府推动所属金融企业上市的特例，尽管不具普遍参考意义，但从中我们亦可体会到国有控股上市公司重组中的政府推动力量。

2. 华丽家族模式：2008年年初华丽家族(600503)借壳ST新智

这一操作思路主要适用于如下情况：上市公司连续亏损已被实施退市风险警示，这些ST公司或因自身主业不振，资产质量较差基本上无法依靠自身的主业发展摆脱困境，或因股权之争而使得公司无法正常经营，对这些因为各种原因沦为“壳公司”的上市公司，必须通过外部重组才能避免暂停上市或者退市的命运。

这一操作思路的优势体现为：传统的并购重组模式，引入新的控股股东和优质资产，有利于上市公司迅速走出困境。这一操作思路的劣势体现为：连续亏损上市公司的普遍特点是债务沉重，债务关系复杂，清理工作跨度长，影响重组进程。尽管借壳ST公司是传统而常见的上市公司并购重组模式，但华丽家族借壳案例还是体现了后股改时代的特色，即其资产的注入采用了“反向换股吸收合并”。

(三) 资产置换

通过与控股股东之间的资产置换，实现上市公司业务的转型或根据集团的战略安排专注于某个业务领域，这种资产置换主要发生在国有控股的上市公司。代表性案例有2008年7月第一食品(600616)在光明集团的整合中，将食品零售业务置换为黄酒资产、业务。

以上对过往并购重组案例的研究，目的在于总结相关运作模式，并根据模式的特点结合上市公司及控股股东的情况分析可能的重组方向。

二、对上海地区沪市上市公司并购重组政策完善的建议

(一) 40家含B股上市公司需要并购重组政策的突破

由于历史原因,上海地区沪市上市公司中有相当部分存在外资股,其中A+B股公司35家,纯B股公司5家,约占到上海地区上市公司总数的27%,但是因为目前B股市场已失去融资功能,造成B股公司主营业务萎缩、股权转让停滞,甚至给B股公司的行业进入带来限制,如2008年6月三爱富(600636)公告,华谊集团将拟上市公司——上海焦化注入三爱富,实现整体上市。华谊集团之所以选中三爱富作为整体上市的平台,原因之一是因为华谊集团控股的另外两家上市公司双钱股份和氯碱化工,均含B股,集团认为目前不适宜进行并购重组。近期类似的例子还有电气集团选择上电股份(600627)作为上海电气回归平台,而未选择上海机电(600835)、上柴股份(600841)等其他6家含B股的公司。同时,在B股公司中并不乏新城B股和伊泰B股等在各自行业中业绩优异的公司,但受制于股权结构,多年来无法进行再融资,大股东也无法利用资本市场进行注资,而它们本身都有很强烈的并购重组需求。如何帮助它们实现并购重组,做大做强值得各方重视。

(二) 部分股权比例高度分散的公司需要明确重组方的资质

上海地区上市公司中,有部分上市公司的股权比例高度分散,第一大股东持股比例较小,因此也经常被市场中背景不清晰的第三方看中,其股价容易受到操纵。随着全流通时代的来到,股权分散的公司将会越来越多,从监管工作的前瞻性考虑,建议进一步完善对上市公司重组方的资质要求,防止利用重组信息操纵股价的事件发生。

(执笔人:吴明晖)

ST 聚酯：借壳暂停上市公司案例分析

在广东广晟有色金属集团有限公司（以下简称“广晟有色”）的协助下，暂停上市公司海南兴业聚酯股份有限公司（以下简称“ST 聚酯”或“公司”）完成资产置换后，实现了 2007 年度盈利，主营业务恢复正常，从而顺利实现“保壳”任务，股票成功恢复上市。通过收购 ST 聚酯股权、以资产认购 ST 聚酯增发的股份，广晟有色入主 ST 聚酯，取得了 ST 聚酯的绝对控制权，成功实现“借壳”上市。经过重组，ST 聚酯和股东利益都得到保障，形成了多赢的局面。

一、并购重组相关主体

1. 重组前 ST 聚酯基本情况

ST 聚酯于 1992 年 8 月经海南省股份制试点领导小组批准，由海南省纺织工业总公司、海南国际（海外）投资有限公司、中国银行海口信托咨询公司、交通银行海南省分行和中技海南实业公司五家单位共同发起，以定向募集方式设立的股份有限公司。经中国证监会核准，于 2000 年 4 月和 5 月分别完成向法人配售和向一般投资者上网发行，并于 2000 年 5 月 25 日在上海证券交易所挂牌交易。

公司经营范围为：聚酯切片及化纤、纺织原料及成品的生产及销售；化工产品（专营除外）、五金工具、建筑材料的销售；房地产开发与经营；旅游业开发。公司生产的主要产品为聚酯切片和涤纶长丝。公司的控股股东为海南华顺实业有限责任公司，公司系海南省国资委全资下属子公司。截至 2007 年年底，海南华顺实业有限责任公司持有 ST 聚酯股份 6 736 万股，占公司总股本的 31.57%。

2. 重组前广晟有色基本情况

广晟有色主营业务为矿产品的采选、加工和机械动力设备制造、维修等，注册资本 5 000 万元,主要资产包括中央下放给广东省的多家有色金属企业。广晟有色为国有独资企业,广东省广晟资产经营有限公司持有其 100%的股权,实际控制人为广东省国有资产监督管理委员会。截至 2006 年 12 月 31 日,广晟有色总资产 126 419.74 万元,负债总额 99 734.6 万元,净资产为 26 685.15 万元,资产负债率为 70.31%,2006 年度实现净利润 2 794.35 万元。

二、并购重组相关背景

1. 公司面临终止上市的风险

公司披露的 2006 年年度报告显示公司已连续 3 年亏损,2007 年 5 月 25 日 ST 聚酯股票被交易所暂停上市,公司股票面临被终止上市的风险。按照《股票上市规则》的规定,ST 聚酯要避免其股票被终止上市、实现恢复上市必须满足两个基本条件:① 公司 2007 年年度财务报告实现盈利;② 公司恢复持续经营能力,主营业务具备盈利能力。

2. 公司原主营业务不具备盈利能力

重组前,ST 聚酯生产的主要产品为聚酯切片和涤纶长丝。近些年,由于国内聚酯化纤产能扩张过快,聚酯产品整体供大于求的矛盾突出,市场竞争激烈;聚酯产品主要原料价格持续攀升,造成聚酯企业运行成本升高;原料价格涨幅高于产品价格涨幅,导致聚酯产品毛利率大幅下降,聚酯行业整体盈利水平下降。面对上述困境,虽然公司已采取措施强化内部管理,降低成本,但由于公司远离国内聚酯产品消费市场,运输成本过高,同时公司银行债务、固定成本负担过重,公司已无力扭转亏损局面。如果公司仍延续原来的主营业务,不进行有效的资产重组,公司将无法恢复持续经营能力和持续盈利能力,公司股票也将面临退市风险。

3. 重组需要完成的任务

广晟有色要达到借壳上市的目的,首先必须协助 ST 聚酯完成“保壳”任务,避免其股票被终止上市。在确保 ST 聚酯 2007 年年度财务报告实现盈利的基础上,对 ST 聚酯进行资产重组。通过资产重组,改变 ST 聚酯主营业务,改善资产质量,恢复持续盈利能力,从而达到恢复上市的要求。另外,在其股票被暂停上市前,ST 聚酯尚未进行股权分置改革。按照股权分置改革工作相关要求,在股票恢复交易前，ST 聚酯尚需完成股改工作。

三、并购重组方案主要内容及实施过程

根据 ST 聚酯的具体情况，广晟有色借壳 ST 聚酯实现上市，主要经过了收购既有股份、资产置换暨购买新增股份、股权分置改革、申请恢复上市等几个阶段。

1. 广晟有色收购 ST 聚酯股权

2007 年 11 月，广晟有色与东方资产管理公司签署了《股份转让协议》，收购东方资产管理公司持有的 ST 聚酯 800 万股股份。2007 年 12 月，广晟有色分别与海南华顺实业有限责任公司、澄迈盛业贸易有限公司签署了《股份转让协议》，收购海南华顺实业有限责任公司持有的 ST 聚酯 6 736 万股股份、澄迈盛业贸易有限公司的 ST 聚酯 1 340 万股股份。上述拟转让股份合计为 8 876 万股，占 ST 聚酯股本总额的 41.59%。2008 年 8 月 22 日，证监会批复同意广晟有色公告收购报告书并豁免其要约收购义务。截至 2008 年年底，上述股权已经全部完成过户手续。

2. 资产置换暨购买新增股份

2007 年 12 月 28 日，ST 聚酯临时股东大会审议通过了公司《向特定对象发行股份购买资产、重大资产置换暨关联交易方案》（以下简称“非公开发行方案”）。ST 聚酯以扣除 27 159.44 万元相关银行负债后的全部资产和负债（以下简称“置出资产”）与广晟有色稀土、钨类业务所属 14 家下属企业股权（以下简称“置入资产”）的等值部分进行置换；以置入资产价值超过置出资产价值的置换差额作为对价，向广晟有色定向发行股份（不超过 3 600 万股）。

2008 年 6 月 30 日，证监会重组委有条件审核通过了 ST 聚酯非公开发行方案。2008 年 8 月 22 日，ST 聚酯非公开发行方案获证监会正式批复同意。截至 2008 年年底，置入资产已全部完成工商变更登记；置出资产中除部分土地使用权及其地上建筑物尚未办理过户手续外，已经完成交付义务；ST 聚酯非公开发行的股份也已完成登记工作。

通过受让股份及以资产认购 ST 聚酯定向发行的新股，广晟有色合计持有 ST 聚酯 12 476 万股，占 ST 聚酯定向增发后股本总额的 50.02%，为第一大

股东。

3. 股权分置改革

ST 聚酯股改方案为非流通股股东以豁免公司债务和向流通股股东支付股份作为对价,获得流通权。具体包括:第一大股东海南华顺实业有限责任公司豁免 ST 聚酯债务 6 000 万元;其他非流通股股东向流通股股东送股,流通股股东每 10 股流通股获送 0.5 股。2007 年 12 月 18 日,ST 聚酯股权分置改革相关股东会议审议通过了公司股权分置改革方案。ST 聚酯于 2007 年 12 月 25 日向交易所提交了股改实施申请,但因公司处于暂停上市状态,故迟至 2009 年 1 月才实施。流通股股东获送股份于 ST 聚酯股票恢复上市日上市交易。

4. 申请恢复上市

作为股改的对价,第一大股东海南华顺实业有限责任公司豁免了 ST 聚酯债务 6 000 万元。双方在 2007 年年底前办理完毕豁免手续;同时,ST 聚酯完成了相应账务处理,确认债务豁免收益 6 000 万元,计入公司 2007 年度业绩。依靠上述债务豁免收益,ST 聚酯 2007 年年度报告显示盈利,实现净利润 201.96 万元。由此,ST 聚酯具备了申请股票恢复上市的必备条件。ST 聚酯于 2008 年 4 月 29 日披露 2007 年年度报告后,即按上市规则有关规定向交易所提出股票恢复上市的申请,并提交了相关申请材料。交易所受理公司申请后,经过审核于 2008 年 12 月 20 日正式同意公司股票恢复上市。公司股票于 2009 年 1 月 19 日实现恢复上市。至此,广晟有色经过一年多的努力,顺利完成对 ST 聚酯的收购、重组,达到借壳上市的目的。

四、思考与建议

从 ST 聚酯重组、广晟有色借壳上市的整个方案及执行过程来看,有三个方面值得关注:

(1) 方案整体设计、同步推进,及时完成重组进程,为公司顺利实现恢复上市创造了条件,相关各方实现“共赢”。ST 聚酯是已暂停公司,按照上市规则的要求,其必须在规定的时间内向交易所提交股票恢复上市申请。而 ST 聚酯提交股票恢复上市申请必须满足的前提是公司 2007 年年度报告显示盈利。同时,按照交易所的审核要求,公司必须实现主营业务恢复正常,鉴于公司原主营业务的实际状况，公司要实现主营业务恢复正常，只能通过资产置换的方式输入盈利资产。按照惯例，公司最迟必须在2008年年底之前完成上述资产置换工作。广晟有色自2007年下半年才启动重组相关工作，时间较为紧迫。在相关中介机构的协助下，广晟有色与ST聚酯公司、公司原大股东海南华顺实业有限责任公司及其他相关机构为重组工作设计了整体方案，内容涵盖股权转让、资产置换暨定向发行股份、股权分置改革、申请恢复上市等方面。各项具体方案既相对独立，有互有交叉，对方案的执行和顺利推进提出了很大的挑战。

在海南、广东两省政府相关部门的大力支持下，经过一年多的努力，上述整体方案内容都顺利得到完成，相关各方实现“共赢”。ST聚酯实现2007年度盈利、完成资产置换主营业务恢复正常，从而顺利实现“保壳”任务，股票成功恢复上市。公司盈利能力得到了大幅提高，公司治理更加规范，其股东利益得到根本保障。广晟有色通过收购ST聚酯股权、以资产认购ST聚酯增发的股份等，主要资产进入ST聚酯，同时取得了对上市公司的绝对控制权，实现了“借壳”上市的目的。公司原大股东海南华顺实业有限责任公司通过与广晟有色的协议，依然拥有对ST聚酯重组前主要资产的控制权，并减轻了债务负担，实现轻装上阵，为改善财务状况创造了条件。

(2) 公司股改所获收益会计处理的合规性。公司2007年实现净利润201.96万元。其净利润主要来自当年公司大股东的债务豁免，公司确认债务豁免收益6 000万元。上述债务豁免是公司大股东作为股改对价支付的。公司会计师认为该豁免事项符合《企业会计准则第12号——债务重组》关于债务重组的定义，公司将豁免债务重组收益计入2007年年度利润符合企业会计准则的要求。

上市公司股改方案，是股东之间协商谈判的结果，由此导致上市公司权益的变动，明显属于权益性交易，其相关利得计入当年利润显然不合理。但公司2007年年度报告披露当时，证监会等有权机构对此并未明确。公司如此处理虽然不合理，但也不明显违规。2008年12月，财政部财会函(2008)60号文已经明确，从经济实质上判断属于股东对企业的资本性投入的，应作为权益性交易，其相关利得计入所有者权益(资本公积)。所以，公司的此一做法已无法为其他公司沿用。

（执笔人：程建宏）

S∗ST 天香：重组及恢复上市案例分析

华通天香集团实业股份有限公司(以下简称“S∗ST 天香”或“公司”)因 2004—2006 年连续 3 年亏损，公司股票自 2007 年 5 月 25 日起被暂停上市。公司陷入困境的原因是主营业务极度萎缩且无盈利能力、债务负担沉重，因此，进行债务重组及资产重组几乎是其争取恢复上市的唯一途径。在该公司重大资产重组及恢复上市过程中出现的一些问题值得总结，也可为其他公司提供借鉴。

一、公司基本情况

S∗ST 天香，原名福建天香实业股份有限公司，于 1992 年 7 月 30 日定向募集设立，1999 年 10 月 18 日向社会公开发行人民币普通股 4 500 万股，2000 年 1 月 27 日在上海证券交易所上市。2000 年 6 月 26 日，公司名称变更为“福建天香集团股份有限公司”；2001 年 10 月 23 日，公司名称变更为“华通天香集团股份有限公司”。2001 年 12 月 18 日，公司迁址至上海市浦东张江高科技园区；2006 年 8 月 16 日，公司迁址至天津市新技术产业园区。公司主要经营项目投资开发管理和食用植物油及食品加工等。目前，公司总股本为 22 110万股，第二大股东华通国际招商集团股份有限公司(以下简称“华通国际”)是第一大股东福建华通置业有限公司(以下简称“华通置业”)的控股股东，两者合计持有公司 33.12% 的股份，目前全部被冻结。公司实际控制人为高扬瑜。由于 2004—2006 年连续 3 年亏损，公司股票于 2007 年 5 月 25 日起被暂停上市。

二、重组方案简介

（一）重组参与方

（1）重组方，即滨海控股，成立于 1997 年 9 月，现为天津市政建设集团有限公司（以下简称"市政建设集团"）的全资子公司，实际控制人为天津市国资委。滨海控股主营天津市政工程项目建设以及房地产开发销售等。截至 2008 年 6 月底，滨海控股已实现土地一级开发面积接近 20 000 亩，二级开发（房产）面积 100 多万平方米。滨海控股 2007 年年末总资产 109.38 亿元，所有者权益 12.43 亿元，2007 年度实现净利润 1.08 亿元。

（2）上市公司剥离资产及负债的受让方，即华通置业，实际控制人高扬瑜，目前持有 S＊ST 天香的 20％的股权，主要从事项目投资及开发管理等。华通置业 2007 年年末总资产 3.25 亿元，所有者权益 1.60 亿元，2007 年年度实现净利润为－289.7 万元。

（二）重组方案主要内容

重组方案主要包括两部分内容：一方面，公司向大股东出售全部资产及负债；另一方面，公司向重组方定向发行股份收购资产。重组方案实施完毕后，重组方将成为公司的控股股东。方案要点如下：

（1）资产出售及负债剥离。公司拟剥离全部资产和全部负债，以 2008 年 6 月 30 日为基准，拟剥离的资产账面值 46 780.85 万元，评估值 49 992.09 万元；负债账面值 64 388.22 万元，评估值 64 388.22 万元；净资产账面值 －17 607.37 万元，评估值－14 396.13 万元。依据华通置业与公司签署的协议草案，华通置业以零对价接受公司的全部资产及全部负债。通过上述资产的出售和债务剥离后，公司将成为一个无资产、无负债、无人员的壳公司。

（2）定向发行股份收购资产。S＊ST 天香向滨海控股定向发行股份，以收购滨海控股的经营性房地产相关资产。滨海控股用于认购本次发行股份的资产按基准日（2008 年 6 月 30 日）评估结果作价140 646.758 55万元，包括滨海控股子公司天津松江集团有限公司的 85.13％股权、深圳市梅江南投资发展有限公司的 66.67％股权和滨海控股拟自身开发的百合春天三期项目土地使用权。公司向滨海控股发行的股份数量以按照评估价值计算的收购资产的金额（即

140 646.758 55万元)除以发行价格(即每股4.30元)后的数量确定为32 708.548 5万股。本次重大资产重组的实施与公司股改实施互为条件。

(三)拟定向发行股份收购的资产情况

1. 拟收购资产基本情况

(1)松江集团85.13%股权。

松江集团成立于1999年,主要从事房地产投资开发业务,下属八家控股子公司,均主要从事与房地产相关的业务。主要财务数据如表1所示。

表1　松江集团三年一期的主要财务数据　　单位:元

项　目	2008年 6月30日	2007年 12月31日	2006年 12月31日	2005年 12月31日
资产总计	4 028 750 501.29	3 151 598 804.06	2 453 538 688.25	1 742 985 765.64
负债总计	3 426 803 732.36	2 548 990 876.05	1 893 236 223.07	1 437 432 441.46
股东权益合计	601 946 768.93	602 607 928.01	560 302 465.18	305 553 324.18
	2008年1～6月	2007年度	2006年度	2005年度
营业收入	−54 221 299.26	567 200 402.32	373 795 964.62	762 001 413.95
利润总额	7 617 328.84	115 572 143.48	24 083 745.35	75 902 260.05
净利润	−2 061 159.08	83 411 542.81	13 117 606.02	47 245 450.42
归属于母公司利润	−484 127.85	84 473 284.68	10 476 302.71	48 909 051.65

(2)深圳梅江南66.67%股权。

深圳梅江南成立于2004年4月,目前处于土地储备阶段,暂没有开发项目,下属一家控股子公司东莞市左庭右院实业投资有限公司,主要经营实业和房地产投资,其主要财务数据如表2所示。

表2　深圳梅江南三年一期的主要财务数据　　单位:元

项　目	2008年 6月30日	2007年 12月31	2006年 12月31日	2005年 12月31日
资产总计	243 910 460.09	245 959 555.64	471 566 318.35	314 572 877.53
负债总计	162 805 590.63	160 444 624.19	402 523 449.13	302 029 597.07
股东权益合计	81 104 869.46	85 514 931.45	69 042 869.22	12 543 280.46

（续表）

	2008年1～6月	2007年度	2006年度	2005年度
营业收入		75 465 531.00	343 978 285.00	59 710 067.00
利润总额	－7 410 061.99	23 324 094.19	61 977 845.37	4 437 777.55
净利润	－7 410 061.99	16 472 062.23	52 749 588.76	3 838 971.91
归属于母公司利润	－6 958 453.64	17 252 188.79	52 749 588.76	3 838 971.91

（3）百合春天三期项目土地使用权。

百合春天三期土地为住宅用地，位于天津市东丽区卫国道南侧，占地面积23 450.6平方米；基准日账面值2 773.82万元，评估值为6 809.39万元，评估增值4 035.57万元，增值率145.49%。

2. 资产评估情况汇总

2008年6月30日，拟购买资产账面价值59 666.61万元，评估值140 646.76万元，评估增值80 980.15万元，增值率135.72%。资产评估结果如表3所示。

表3　资产评估结果汇总表　　单位：万元

项　　目	账面价值	调整后账面值	评估价值	增值额	增值率(%)
存　　货	2 773.82	2 773.82	6 809.39	4 035.57	145.49
长期股权投资	56 892.79	56 892.79	133 837.37	76 944.58	135.24
合　计	59 666.61	59 666.61	140 646.76	80 980.15	135.72

3. 盈利预测情况

亚太中汇会计师事务所对本次资产重组完成后公司2008年度和2009年度的盈利情况出具了盈利预测报告，结果如表4所示。

表4　盈利预测情况表　　单位：万元

项　　目	2008年度			2009年度预测数
	1～6月实现数	7～12月预测数	合　计	
一、营业收入	－5 422.13	22 639.97	17 217.84	124 541.74
二、营业利润	278.53	2 390.99	2 669.53	17 881.83

（续表）

项　　目	2008 年度			2009 年度预测数
	1～6 月实现数	7～12 月预测数	合　计	
三、净利润	－947.12	2 139.34	1 192.22	14 005.95
其中：母公司享有的净利润	－503.11	2 003.82	1 500.71	12 706.21

三、重组方案评述

经中国证监会重大资产重组委员会审核，公司重组方案未获通过，方案存在的主要问题是：

(1) 同业竞争问题。本次重组完成后，上市公司与控股股东滨海控股的关联方天津市市政建设开发有限责任公司(以下简称“市政开发”)将同时进行房地产开发，二者存在实质的同业竞争。对此，重组方提出的解决方案为：首先，重组方的大股东市政开发自承诺之日起不再增加新的房地产开发项目；其次，市政开发目前正在开发的项目如果不能按计划在 2010 年 3 月前完工，就必须将未完工的房产项目在不晚于 2010 年 8 月底前(自承诺日起即 2 年之内)全部置入上市公司。

审核认为，重大资产重组不应产生同业竞争；解决同业竞争的方案时间跨度过长，未来存在较大不确定性。据此，要求重组方提出更切实可行的解决同业竞争方案及保障措施。

评述：根据重大资产重组有关规则，重组应有利于解决同业竞争问题，不应因此产生新的同业竞争；若如本案例所述而产生同业竞争，应通过修改重组方案而非未来承诺加以解决。

(2) 关于公司置出债务的处理。公司 2007 年年末逾期银行借款 36 310.53 万元，对外担保 35 202.63 万元，并存在公司大股东占用资金 3 494.69 万元。截至 2008 年 12 月 6 日，公司银行债务尚余 59 109.88 万元，其中借款 3 572.64 万元、对外担保 25 557.23 万元。银行债务中，已解决 13 865.13 万元，占 23.4%；总行批准或方案已定 41 886.75 万元，占 70.9%；尚余 3 358 万元方案进一步协商中，占 5.7%。截至 2008 年 6 月 30 日，公司对非金融机构负债合计 8 294.24

万元，目前已取得债权人同意转移函的有3 799.22万元，未取得同意转移函的有4 495.01万元。针对上述未取得债权人同意转移的债务，重组各方作出以下安排：截至交割日，在华通置业作出具体的还款安排和还款保证的情况下，滨海控股代华通置业承接天香集团债权人不认可华通置业承接的对金融机构的债务或对金融机构提供的担保，滨海控股承接的对金融机构的债务或对金融机构提供的担保构成对华通置业的债权；在资产交割日之后，对于未取得债权人同意函的拟转移非金融机构债务，若债权人要求天香集团履行债务的，华通置业应立即负责解决，华通置业不能解决而需要天香集团偿还的，华通置业应在7个工作日内向天香集团支付偿还债务所需要的款项。另外，华通置业同意对因公司未向滨海控股披露《资产出售协议》生效日前发生的事项而导致滨海控股、本次重大资产重组后公司承担的责任或义务的事项承担责任，该等事项包括但不限于债务、或有债务、赔偿、补偿、处罚等。华通置业同意若由该等事项给滨海控股、本次重大资产重组后公司造成损失的，华通置业承担赔偿责任。

审核中认为，截至审核日，公司尚存在大量的债务未能解决，虽然相关各方提出了解决方案，但鉴于债务承接方本身是否具有充足的偿付能力无法确定，而作为担保方的重组方本身资产负债率也达85%以上，无法判断其能为置出债务提供充分保证，且截至审核日，尚有大量债务未获得债权人同意置出由第三方承担的协议，因此，审核中对重组后的上市公司能否消除相关债务风险存在疑问。

评述：公司展开债务重组谈判工作已近一年，但至审核日，已达成债务和解协议的债务占总债务的比重很小，虽然重组各方承诺将在审核日之后一个月内完成大量债务的重组协议签订，但问题之一是，长时间的债务谈判仅就少部分债务与债权人达成重组协议，现承诺在1个月内基本完成债务重组工作难以获得认同；二是与解决同业竞争问题类似的情形，债务重组是整个资产重组的前提，债务问题（至少是大部分债务）没有解决之前，重大重组方案是否应提交审核？若提交审核，事实上是将能否解决相关问题提交审核者判断，则这种判断的结果必然具有很大的不确定性。

（3）关于深圳梅江南公司的开发能力问题。深圳梅江南公司无储备土地，且2004年成立至今除现已转让的子公司曾开发一项目外，尚无其他开发项目，因此，其是否具有开发能力存在疑问。对此，重组方及有关中介机构认为，深圳梅江南没有自己的土地储备,没有自主独立开发的项目,但目前有在建项目东莞左庭右院,该项目以合作开发的方式进行;该合作模式具有成本低、开发灵活、便于迅速增加市场份额、扩大知名度的优点,但同时也存在对合作方一定程度的依赖、不利于对开发项目资产的全面掌控的风险,合作方违约则会给本次重大资产重组完成后的上市公司带来损失;为了规避合作开发模式带来的风险,滨海控股已出具说明和承诺,随着业务的不断发展壮大,深圳梅江南将逐步减少合作开发在今后业务模式中的比重,重点以自主开发模式为主,力求降低经营风险,该开发模式的转变有助于保护上市公司及上市公司的中小投资者的利益。

审核认为,深圳梅江南公司未进行自主项目开发,也无土地储备,仅通过提供资金及项目管理进行合作开发,形成对合作方土地及开发资质的依赖,将该股权资产置入上市公司可能降低整体置入资产的质量。

评述:没有土地储备、不能自主进行房地产业务开发很大程度上制约了其业务发展,也造成业务的波动性较大,这也体现在该股权资产近三年一期的财务数据上。将该部分资产置入上市公司,似有"搭配"低质量资产之嫌。

(4) 经济环境变化对评估结果及盈利预测的影响问题。本次重组对拟收购资产的评估基准日为2008年6月30日,2008年7月份以来,房地产行业随着宏观经济的变化而发生了较大变化,进行资产评估和盈利预测的部分假设前提不可避免地会发生变化,则审核中因此关注是否需要对本次拟置入资产的评估结果及盈利预测进行修正。财务顾问也认为,现阶段社会各界对于房地产行业景气度是否会下滑、行业是否会出现拐点、商品房价格指数是否会有较大幅度(10%以上)的下跌等都存在较大分歧,一些城市商品房价格也出现了较大幅度的下跌,若未来这种下跌波及天津市及呼和浩特市房地产市场,则本次拟购买资产可能存在减值的风险。

审核中认为,相关评估机构虽然也从项目当前销售价格未发生明显波动的角度说明不需要对评估值进行调整,但并未从经济及行业趋势角度分析评估的有关前提条件是否已经或将可能发生变化及其对评估的影响;盈利预测报告出具机构则主要强调预测前提不变的情况下预测结果的有效性,未对审核关注的有关盈利预测前提是否发生变化问题进行解释。

评述:由于本重组案例中涉及置入上市公司的业务是房地产,是受当前经济下滑影响较大的行业，在整个行业景气度较大下降的情况下，该重组方案涉及业务能否独善其身自然是审核中所要关注的，对此，重组各方及相关中介机构应以客观的态度、充分的证据详细加以说明，而不能避重就轻，或语焉不详。

四、问题思考

（1）重大资产重组审核标准公平性的尺度。通常情形下，暂停上市公司的财务状况已极度恶化，主营业务已无盈利能力甚至已不存在主营业务，且主要股东经常处于类似状况，已无力对上市公司进行重组，所以必须引进新的重组方。此时，新重组方置入上市公司的资产或业务质量一般优于上市公司原有资产或业务。以S＊ST天香重组方案为例，其重组方为国有企业，业务持续经营，虽然主营的房地产业务的景气度随宏观经济的调整而下降，且重组方案本身也存在上文所述的诸多缺陷与不足，但从重组置入上市公司的业务持续性、财务状况、盈利预测及其保障措施看，无疑其资产及业务质量、盈利能力大大高于上市公司现状，且也有一定的持续经营能力。鉴于此，从“挽救”上市公司及保护投资者利益的角度看，在没有重大缺陷且不违反相关规则的情况下，考虑到重组对上市公司的影响，是否应对类似S＊ST天香这样情形的重组方案审核适当“从宽”呢？这既涉及规则理解及执行层面，也涉及审核标准的把握尺度。从法规角度看，合规性是上市公司报审重组方案的基本前提，所以在重组审核中，因合规性存在问题而被否决的情形很少；而合规性之外的审核标准则包括较多的判断因素，比如，行业前景，盈利预测的可实现程度，重组注入资产的质量，涉及承诺事项的未来可实现程度等。对这些因素的判断难免带有一定的主观性，由此可见，重组审核中客观上确实存在尺度把握的差异问题，这种差异有不同公司重组方案的比较，也有不同委员判断的差异比较，这就决定了对重组方案审核的“公平”具有一定相对性。在此前提下，是否应在审核中考虑方案通过与否的后果，也就是对上市公司、对相关投资者的影响程度问题？若考虑后果问题，则明显违反市场公平原则；若不考虑后果问题，则是无视暂停上市公司各相关重组参与方为挽救公司而作出的努力，以及重组失败对相关投资者的严重后果。如何处理这种看似矛盾的情形值得我们研究。从证券市场发展的角度，如何处理短期利益与长远利益、局部利益与整体利益的关系是根本问题,从维护市场的长期健康发展的角度,又必须最大限度保证市场监管的公平性,因此,不能因审核中客观存在的部分主观判断因素而认为审核标准可人为调节,也不能因为否决重组方案可能导致终止上市而放宽审核标准。

(2) 重组涉及承诺事项的把握及事后监督问题。重组方案中经常出现重组参与方对部分事项的未来承诺,比如本案例中至少涉及三项承诺:一是消除同业竞争的承诺;二是债务重组承诺;三是未来业绩承诺。对于这些承诺事项,一方面因其对重组方案的重大影响而需要加以充分重视;另一方面,对承诺事项在未来是否能如期、充分履行只能依据重组委员会的判断,判断依据是对参与重组各方履约能力的评估及提供的各种保障措施可行性的评价。但是,重组方案"过会"并实施后,各承诺事项能否被履行受到各种主观及客观条件的制约,具有一定的不确定性。为此,应该从源头着手解决该类问题,首先就是尽可能杜绝此类事项的发生,如上文所述,重组方案涉及问题应在解决后方可报送重组委审核,而非承诺方案实施后解决问题;对于未来事项,如盈利保证,则必须提出切实可行的保障措施。从信息披露监管角度看,则应规定相关上市公司定期披露承诺事项的进展,并对充分履行承诺的前景进行自我评估,对不能充分履行承诺的补救措施等。在此基础上,还应制定明确的对违反承诺的处分措施。

(3) 恢复上市与重组进度的关系。按照《股票上市规则》的规定,上市公司暂停上市后的第一个年度盈利可申请恢复上市,审核恢复上市所主要关注的事项就是盈利真实性及未来持续经营能力。在实务中,经常出现的现象是,暂停上市公司通过各种手段实现盈利,以具备提出恢复上市申请的"资格",而为获得持续经营能力所进行的资产重组行为并没有在提出恢复上市申请时完成,这就造成经常出现受理恢复上市申请后交易所不能及时审核恢复上市申请,而是"等重组",这个过程经常长达数月,甚至需跨年度审核。针对这种现象,本文建议应继续完善《股票上市规则》中的有关条款,明确审核恢复上市应以提出恢复上市申请时点上市公司提供的相关材料作为判断依据,上市公司补充审核材料应该有明确的期限,且期限不宜过长,比如不超过 1 个月;交易所作出是否同意恢复上市申请的决定与受理申请的间隔时间应确定,且不宜过长,比如 2 个月,从而进一步提高规则的可操作性及监管的规范化。

五、后续进展

此后，公司重组各方根据重组委的审核意见，对重组方案进行了修改，修改方案得到了重组委的审核通过。目前，公司已经完成重组工作，公司的日常经营已经步入正轨。

（执笔人：李　平）

ST兴业：二级市场收购案例分析

2008年11月至2009年5月，厦门大洲房地产集团有限公司及其一致行动人（以下简称厦门大洲）通过二级市场收购，成为上海兴业房地产股份有限公司（ST兴业，600603）的第一大股东；随后，以公司第一大股东身份促使ST兴业提前进行董事会、监事会换届选举，进而实际控制公司，完成收购行为。这是股改后我国证券市场发生的第一个二级市场收购成功案例。该收购事项进行过程遇到的一些问题，也值得总结和深入探讨。

一、相关主体情况

1. 被收购主体——ST兴业

ST兴业是沪市"老八股"之一。2000年以后，公司业绩逐年下降；到2008年，公司房地产主业已无任何经营收入；公司主要依靠债务重组收益保持报表盈利，从而维持上市地位。

同时，经过多年的清理，公司历史遗留问题（担保、逾期银行负债等）逐步暴露，暴露出来的问题大部分也已逐步得到解决。公司因此成为一个相对干净的壳，成为市场上比较引人注目的壳资源。近年来，不断有外部机构试图对公司进行重组、重新注入经营资产。

ST兴业总股本约1.95亿股，全部为流通股；公司股权非常分散，截至2008年三季度末（厦门大洲举牌前），公司最大股东持股比例不超过2%。股东情况详见表1所示。

2. 原控制方——上海北孚（秦少秋）

公司实际控制人为秦少秋，其直接持有ST兴业股份160.09万股；同时通过其控制的机构上海北孚（集团）有限公司间接持有ST兴业股份353.75万股，合计持股比例约 2.64%，其持股比例很低。

表 1　截至 2008 年 9 月 30 日，ST 兴业前十大股东情况

股东名称(全称)	期末持股数量(万股)	持股比例(%)
上海北孚(集团)有限公司	353.75	1.82
上海熔鑫铜业有限公司	296.02	1.52
上海长扬投资有限公司	295.14	1.52
徐永珍	288.92	1.48
秦少秋	160.09	0.82
高　波	124.73	0.64
上海福辽投资管理有限公司	116.77	0.60
陈　燕	102.07	0.52
张　青	100.63	0.52
袁　磊	94.22	0.48

注：摘自 ST 兴业 2008 年三季度报告。

秦少秋为 ST 兴业董事长。ST 兴业董事会、监事会成员(分别为 9 人、3 人)，绝大多数与上海北孚(秦少秋)有关联。但上海北孚(秦少秋)实力较弱，成为 ST 兴业控制人多年，既未能对 ST 兴业进行实质性重组，也未增持公司股份以巩固控制权。

3. 收购方——厦门大洲(陈铁铭)

厦门大洲房地产集团有限公司成立于 1997 年，注册资本 6 159 万元。2007 年，厦门大洲资产总额为 9.2 亿元，主营业务收入为 6 559.73 万元，净利润为 1 129.25万元。从上述指标来看，厦门大洲实力并不太强，即使在区域性房地产开发商中也只能算是中等规模。厦门大洲的实际控制人为陈铁铭。此次收购，陈铁铭共动用了包括其本人、厦门大洲在内的 7 个账户(作为一致行动人)。

二、收购过程及结局

1. 厦门大洲首次举牌

2008 年 11 月 16 日起，厦门大洲及其一致行动人开始在二级市场购买 ST

兴业股份;至 2008 年 12 月 23 日,厦门大洲共持有股份 974.6 万股,占总股本比例为 5%,成为第一大股东;其平均购买价为每股 3.79 元。2008 年 12 月 25 日,厦门大洲公告权益变动报告书。

2. 厦门大洲再次举牌

公告后,厦门大洲继续增持;至 2009 年 1 月 16 日,厦门大洲共持有股份 1 946.4万股,占总股本比例为 10%;其平均购买价为每股 4.50 元。2009 年 1 月 20 日,厦门大洲公告权益变动报告书。

3. 上海北孚反收购

在厦门大洲意图明朗之后,上海北孚(秦少秋)开始了反收购,在二级市场抢购公司股票;2009 年 4 月 14 日,上海北孚公告权益变动报告书,其持有 ST 兴业股份占公司总股本的比例达到 5%。

4. 厦门大洲实现控制

在二次举牌之后,厦门大洲以公司股东身份于 2009 年 3 月 10 日和 4 月 7 日两次书面向 ST 兴业董事会提议召开临时股东大会,进行换届选举。经过厦门大洲的多次争取、监管部门的协调,ST 兴业董事会决定于 4 月 26 日召开临时股东大会,进行董、监事会换届选举。双方各自提出了董、监事会成员的候选人名单。4 月 17 日和 23 日,厦门大洲和董事长秦少秋分别发表致全体股东的公开信,公开征集投票权。

4 月 26 日临时股东大会选举结果:厦门大洲提名的 4 名董事候选人顺利当选;由于厦门大洲的投票支持,4 名原董事会提名的候选人(与秦少秋关系不密切)也顺利当选;而秦少秋及与其关系密切的候选人无一当选。在新一届董事会第一次会议上,厦门大洲实际控制人陈铁铭当选为董事长。在随后召开的年度股东大会上,厦门大洲提名的另一名董事候选人顺利当选。至此,厦门大洲提名之董事超过董事会成员的半数,从而实际控制 ST 兴业。同样,厦门大洲也实现了对公司监事会的控制。

5. 厦门大洲拟通过认购股份巩固控制权

在获得公司控制权后不久,厦门大洲于 2009 年 5 月即启动对 ST 兴业的资产重组:厦门大洲拟以其持有的房地产资产认购 ST 兴业定向发行的股份。此举在改善 ST 兴业资产状况、盈利能力的同时,将增大厦门大洲持股比例,巩固其对 ST 兴业的控制权。

该资产重组方案因受国家房地产宏观调控政策限制，目前公司已主动撤回方案。

三、监管思考与建议

作为股改后我国证券市场发生的第一个类似案例，厦门大洲收购 ST 兴业为二级市场收购树立了一个成功典范，值得市场研究；同时，该收购事项进行过程遇到的一些问题，也值得监管部门总结经验、深入探讨，明确相关制度、规定，以提高市场效率。

（一）收购成功的因素简析

1. 目标公司的选择

在二级市场"举牌"收购中，目标公司的选择至关重要。目标公司的选择至少考虑以下因素：首先，股权要分散。ST 兴业股权高度分散，这为收购方迅速超越原控制方成为第一股东提供了便利。其次，股本规模不能太小。否则在第一次举牌后，股价可能上涨过快，从而导致继续收购成本过高而使计划流产；厦门大洲在第二次举牌时付出的成本比第一次高约 20%。再次，应对原控制方的实力及控股意愿作出恰当的评估。ST 兴业原控制方上海北孚（秦少秋）虽然也试图采取措施来保卫控股地位，但鉴于其实力较弱，其能够采取的反制措施非常有限，并不足于吸引其他"中立投资者"的支持；ST 兴业审议重大资产重组方案的股东大会前夕，原本可以继续对抗的上海北孚选择卖股退出，认输出局，由此也可以看出 ST 兴业原控制方控股意愿也不够坚决（重大资产重组方案需出席股东会代表 2/3 以上表决权的股东通过；在收购方因关联交易回避的情况下，上海北孚的态度对表决结果影响重大）。

2. 收购时机的选择

全球金融危机的蔓延使得 2008 年下半年国内的资本市场也出现了大幅度的下滑，这为本次收购提供了最佳时机。厦门大洲对 ST 兴业的首次增持正是发生在市场最低迷的 2008 年 11 月份，大大降低了整个收购成本。虽然厦门大洲第一次举牌后，ST 兴业股价迅速提高，导致厦门大洲第二次举牌成本提高了 20%，但厦门大洲总体收购成本还是非常低：收购 ST 兴业 10%股份总投入仅

8 046万元，平均股价仅 4.15 元。低廉的持股成本，使厦门大洲立于不败之地。同时，厦门大洲的举牌和市场的整体回暖迅速抬高了 ST 兴业的股价，从而也增大了原控制方反收购的成本。

3. 收购方与反收购方的博弈

在二级市场争夺股权的同时，反收购方利用“执政”优势，采取了一系列反制措施：① 通过频发利好公告，来抬高股价，增加厦门大洲进一步收购股份的成本。如在 3 月 23 日公告取得债务重组收益，4 月 16 日股票交易异常波动公告中提出拟考察新投资项目，董事会公告和年报中提出新发展方向等；② 吸引“白衣骑士”加盟，提名具有创投、新能源、生态农业、商业地产等实业背景的企业家薛兴伟、李东、任泉、卢治勋为董事会候选人；③ 利用媒体进行广泛宣传董事会提出的发展新思路，创投、地产、生态农业等概念，同时对厦门大洲的实力提出质疑；④ 在临时股东大会的投票方式上不设网络投票、委托投票要求委托方必须将账户卡原件交给被委托人，这些使得非上海本地的中小股东很难参与投票，从而最大程度地限制中小股东对收购方的支持；等等。

与此同时，厦门大洲也进行了积极、有效地应对：① 厦门大洲两次刊登致全体股东公开信并且开设股东热线，与 ST 兴业的公众股东进行了良好的沟通，取得了较好的效果。通过公开征集投票权等方式，收购方成功获得了超过 1 300 万股份的委托支持，是此次成功改选董事、监事会的关键。② 利用媒体的力量，向投资者宣传了解厦门大洲、实际控制人陈铁铭以及收购 ST 兴业的真正意图；同时由专业机构对原董事会提出设想的可行性进行分析。③ 收购方对上海北孚的“盟友”进行了区别对待，成功瓦解了其联盟；正是在厦门大洲的支持下，任泉等上海北孚提名的候选人才得以顺利当选，这为厦门大洲的后续工作提供了较好的基础。④ 通过直接向 ST 兴业发函、法律顾问向上市公司发函和现场沟通等方式，积极争取大股东权利，保证临时股东大会的股权登记、选票统计、监票、股东发言等环节的公平、公正。⑤ 通过对临时股东大会表现的精心准备，成功地赢得了现场参会的大多数“中立”选票的支持。当收购方与反收购方势均力敌的时候，现场参会的“中立”表决权就显得非常重要，他们会根据双方的现场表现来决定投向。据公司事后分析，在这次 ST 兴业换届选举的临时股东大会上，“中立”的表决权大概 600 万左右，最后其中的 400 万投向了厦门大洲方面，正是在这些股份的支持下才有厦门大洲的顺利入主。

（二）监管与规则

本次收购持续时间约半年，在厦门大洲首次举牌后，上海证监局与上海证券交易所都高度关注公司，并互相协调，促使此次收购战合法、有序地进行。交易所多次发函、约见竞争双方，就其二级市场交易、信息披露、媒体接触等问题，对双方保持监管压力，确保其所有行为、措施必须保持在规则框架内。上海证监局介入了公司临时股东大会的安排，与 ST 兴业董事会秘书、股东大会见证律师、厦门大洲代表及其法律顾问等，就临时股东大会具体事宜进行了协商，以促使双方进行合法合规的竞争，保护普通投资者的利益。另外，上海证监局监管人员列席了 ST 兴业在 4 月 26 日举行的临时股东大会。

在此过程中，我们也发现相关制度法规上的一些不足、模糊之处。

1. 股东公开征集投票权

2009 年 4 月 14 日，厦门大洲以股东名义公开征集股东投票权。《上市公司治理准则》、《关于加强社会公众股股东权益保护的若干规定》均规定：符合一定（有关）条件的股东可以向上市公司股东征集其在股东大会上的投票权。但目前尚未有法规明确该等条件的内容。

从本案例的实际投票结果来看，由于对立双方获得的股东支持非常接近，大洲集团通过公开征集获得的投票权对选举结果产生了重要影响。鉴于公开征集投票权在敌意收购中的重要影响，也有必要对相关事项予以明确，以免产生争议；同时，应对征集过程中的信息披露进行监管，对信息披露的文件、内容与格式都应当进行规范。

为控制监管成本，有必要对相关股东设置一定的持股比例门槛。根据现行股东大会规则，持股 10%的股东有权请求召开临时股东大会，持股 3%的股东有权向股东大会提出临时提案。股东公开征集投票权门槛可以在此两者中选择一个。如本案例，在敌意收购中，现任董事会（实际控制人）“执政”优势明显：可以董事会名义公开征集投票权；以有利于己的方式安排股东大会会议时间、地点（ST 兴业原董事会将股东大会安排在周日，以规避收购方提出的提供网络表决的请求，不利于外地股东投票）；等等。而收购方相对处于不利地位。为平衡敌意收购双方，鼓励公平竞争，规则设置应对收购方给予一定支持。因此，对收购方以股东名义公开征集投票权不能限制太严。以此而论,3%比较适宜。

2. 股东要求召开股东大会

《公司法》第101条规定,“单独或者合计持有公司百分之十以上股份的股东请求时”,应当在2个月内召开临时股东大会。从字面上理解,对于合乎规定的股东召开股东大会的请求,董事会并无权力拒绝。而《上市公司股东大会规则》第9条则规定,“在收到请求后10日内提出同意或不同意召开临时股东大会的书面反馈意见”。两者之间的要求不一致。鉴于两者效力层次的高低,有必要对《股东大会规则》的要求进行修改。

另外,有权股东向董事会请求召开临时股东大会,如何认定董事会是否同意?本案例中,公司董事会同意按股东请求召开股东大会,但召开日期不符合股东的请求。是否可以认定董事会不同意股东的请求?根据《股东大会准则》第9条,“(董事会)对原请求的变更,应当征得相关股东的同意”。该“变更”是否指董事会对股东请求的任何改变?如不是,包括哪些方面?对此有必要在《股东大会准则》中明确。

3. 上市公司董事(监事、高级管理人员)短线交易

《证券法》第47条对短线交易行为进行了界定,“上市公司董事、监事、高级管理人员、持有上市公司股份百分之五以上的股东,将其持有的该公司的股票在买入后6个月内卖出,或者在卖出后6个月内又买入,由此所得收益归该公司所有,公司董事会应当收回其所得收益”。从其立法精神上来讲,应当包括上市公司董事(监事、高级管理人员)的所有交易,包括以本人名义进行的直接交易和以其他名义进行的间接交易,但《证券法》及其他相关法规并未明确。本次收购中,原控制方秦少秋通过其实际控制的上海北孚短线买卖公司股票(2009年2月买入689 967股,同期卖出956 550股)。对此,有必要予以明确。

(执笔人:程建宏)

XS 公司：重组信息披露规范案例分析

国贸三期项目注入 XS 公司事项经一波三折，最终以 XS 公司“发行股份购买资产暨重大资产重组(关联交易)”的模式得以实现。应该说，国贸三期项目注入 XS 公司是符合各方利益最合理的博弈结果，总体效果不错。通过定向增发，XS 公司的大股东 B 市国资公司取得绝对控股地位，解决了原来控股比例较低的问题，避免了同业竞争；XS 公司通过本次资产注入更加确保其在当地市场中的主导地位，有效降低了负债率，就市场规模而言，相当于“再造”一个 XS 公司，同时更重要的是当地政府与上市公司利益更趋于一致，有利于上市公司的长远发展。但回顾 XS 公司重大资产重组的整个过程，笔者以为公司应保证信息披露的前后一致，加强内幕信息管理，政府部门作为上市公司的控股股东或实际控制人应切实履行信息披露的配合义务和保密责任。

一、案情介绍

(一) 相关当事人

资产购买方——XS 公司：1993 年 12 月，XS 公司(以下简称“XS 公司”)由 B 市市场开发总公司(以下简称“开发总公司”)、A 省财务开发公司和 B 市财务开发公司等 6 家单位作为发起人以定向募集方式设立，定向增发前注册资本 124 968 637 元，控股股东开发总公司持股比例为 34.58%。

资产出售方——B 市国资公司：B 市国有资产投资控股有限公司(以下简称“B 市国资公司”)为 B 市国资委全资子公司，于 2001 年 10 月成立，是经 B 市政府批准，并由 B 市国资委授权，对 B 市政府所属国有资产统一进行管理和经营的国有独资有限责任公司。B 市国资公司主要从事市政府管理权限范围内的国有资产经营管理、投资，其投资范围为市场、基础产业、基础设施等。B 市国资公司为XS公司控股股东开发总公司的控股股东，其持有开发总公司91.7%的股份。

（二）重大资产重组的背景和原因

本次定向增发之前，XS公司拥有B市国际商贸城一期及二期的所有权及经营权。近几年，全国及B市周边城市兴建市场日盛，且采取低价竞争手段，为应对竞争，B市政府决定兴建国际商贸城三期项目(以下简称“国贸三期项目”)，在未来的竞争中，可能采取灵活的竞争策略，如较低的租金价格等。但是，B市政府决定由B市国资公司而不是XS公司取得国贸三期项目的土地使用权并承建该项目。

但从长期来看，国贸三期项目必将注入上市公司。因为从客观角度分析，假使短期不注入对地方利益有益，但从长期发展看，弊多利少：一是多头管理市场带来成本增加、效率低下，不利于地方经济长期持续发展；二是多头管理必将导致同业竞争，不合法律法规；三是重伤投资者，失信于民，这对于B市和上市公司形象都是极大的伤害。从各方面分析，国贸三期项目注入XS公司是符合各方利益最合理的博弈结果。

国贸三期项目Ⅰ阶段项目于2008年10月完工并投入使用，该项目投入使用后将和XS公司构成同业竞争。随着竞争态势的明朗，即周边城市新建市场竞争能力的削弱，并考虑国贸三期项目运营后可能存在的同业竞争问题，于是B市政府又决定将国贸三期项目注入上市公司。

（三）重大资产重组方案的主要内容及实施情况

目标资产的基本情况：国贸三期项目由B市国资公司拥有，建设总投资约234 741.79万元，土地使用权面积488 553平方米。截至2007年12月31日，国贸三期项目经审计的账面价值1 295 370 615.31元(包括土地使用权账面价值)。目标资产的评估结果：以2007年12月31日为评估基准日，国贸三期项目在建工程账面价值1 295 370 615.31元。调整后账面值为1 295 370 615.31元，评估值为3 407 000 000元，增值2 111 629 384.69元，增值率163.01%。

方案的主要内容：采用发行股份购买资产暨重大资产重组(关联交易)的模式，根据目标资产的评估结果，本次向B市国资公司非公开发行的股份确定为45 131 806股。发行定价及定价原则：XS公司就本次非公开发行事宜决议的董事局会议决议公告日(2008年3月5日)前20个交易日公司股票交易均价，即75.49元/股。

方案的实施效果：

(1) 市场规模效果。B市国贸一期项目总建筑面积34万平方米，二期项目总建筑面积约106万平方米。一期、二期商位已经全部租出，市场营运情况良好。由于一期、二期商位一直处于供不应求的状态，市场迫切需要三期项目为B市国内外贸易的快速发展提供支撑。国贸三期项目建设规模宏大，国贸三期项目合计建筑面积近150万平方米，是XS公司前期所有市场的面积之和，相当于"再造"一个XS公司。国贸三期项目功能更完善，布局更合理，一旦建成，B市国际商贸城将成为全球单体面积最大的小商品批发市场，并形成三位一体的巨型市场格局。

(2) 财务效果。XS公司增发前的负债率较高，通过本次发行，可以有效降低公司的负债比率，降低公司的财务风险，同时也提高公司债务性融资能力。本次非公开发行股票完成后，公司的营业收入和净利润有明显提高，相应增厚了每股收益。根据预测，国贸三期项目第Ⅰ阶段于2008年10月开始产生效益，2009年后收益进入稳定期，2009年后的几年内，每年产生的净利润都在14 000万元左右。XS公司2007年营业收入、净利润实际实现数分别为290 618.86万元和37 444.84万元，目标资产第Ⅰ阶段2009年营业收入、净利润的预测实现数就分别相当于2007年的24.45%、38.31%，盈利可观。

(3) 避免同业竞争，使政府与XS公司利益更趋于一致。B市政府对于XS公司的发展一直给予积极政策支持，当地的经济也主要依托XS公司市场的繁荣而发展。国贸三期项目注入不仅符合XS公司控股股东提高控股比例的意愿，政府实现了对XS公司的绝对控股，而且将使国际商贸城一期、二期、三期形成一个整体，有效避免了同业竞争，有利于B市经济的发展，有利于B市市场的建设，有利于市场的统一管理布局，有利于当地政府、上市公司各方利益。随着XS公司非公开发行股票认购国贸三期项目资产暨重大资产重组事项的实施完毕，政府支持XS公司发展的利益基础更加牢固，并为政府未来借助资本市场平台，盘活存量国有资产、使国有资产保值增值、XS公司发展壮大夯实了基础。

二、交易所采取的监管措施

(1) 紧急停牌,避免股价继续异动。2007 年 12 月 10 日,XS 公司董秘突然电话通知交易所:B 市政府决定将国贸三期项目注入 XS 公司。鉴于 XS 公司股价在开盘后不久即涨停,为避免公司股价继续异动,交易所决定对 XS 公司股票实施紧急停牌,同时要求 XS 公司依据证监会《关于规范上市公司信息披露及相关各方行为的通知》(证监公司字[2007]128 号)及交易所《关于重大事项停牌通知》等有关规定,在次日刊登重大事项停牌公告,并及时向证监会报告并履行预沟通等相应程序。

(2) 交易所核查是否存在内幕交易等异常行为。由于 XS 公司股价在交易所实施紧急停牌当日开盘不久即涨停,同时剔除大盘因素和同行业板块因素影响,在该重大资产重组信息公布前 20 个交易日内累计涨跌幅超过 20%,因此交易所对该重大资产重组信息公布前是否存在内幕交易等异常行为进行核查,并将"核查结果"上报证监会,提请证监会关注。

(3) 交易所每周督促公司尽快推进重大资产重组事项。对 XS 公司股票实施长期停牌后,为了让 XS 公司股票早日复牌交易,交易所每周向证监会有关部门和 XS 公司了解公司重大资产重组进展情况,督促 XS 公司尽快推进重组暨定向增发工作,以便早日复牌交易,并要求 XS 公司刊登每周长期停牌期间的重大事项进展公告,以便投资者了解 XS 公司重大资产重组进展情况。

三、思考与建议

虽然此次 XS 公司非公开发行股票认购国贸三期项目资产暨重大资产重组顺利完成,相关各方各取所需,基本实现了原定目标,但在事后回顾整个过程,仍存在一些值得思考的问题,仍存在值得改进的不完善之处。

(一) 信息披露前后反复,不利于树立和维护上市公司的诚信形象

关于 B 市国贸三期项目是否注入 XS 公司的事项,可谓一波三折。首先是,XS 公司在其 2006 年年度报告"年度经营计划及主要工作"中表示,要积极参与 B 市国贸三期项目建设。但是随后,在 2007 年 8 月 23 日,XS 公司却刊登公告称,公司不符合 B 市国土部门规定的国贸三期项目 I 号、II 号地块国有土地使用

权受让对象的条件，虽经争取，但已无法取得国贸三期项目的产权份额，公司正在研究作适当的战略调整，尽量使由此而导致的市场经营收入减收对业绩的影响降至最低程度，以实现可持续发展。国贸三期项目由公司控股股东开发总公司的控股股东 B 市国资公司取得并建设。然而，到了 2007 年 12 月 10 日，XS 公司又突然以 B 市国资公司决定将国贸三期项目注入公司为由申请紧急停牌。

国贸三期项目是否注入 XS 公司一直是市场十分关注的重大事项，从 2006 年年底开始，XS 公司股价的大幅上涨或下跌基本上都与国贸三期项目是否注入有关。由于有关方面为了自身利益(比如 B 市国资公司为取得较低的增发价格)在此事项上前后出现反复，直接引起了 XS 公司股价的异动。这给市场造成了不良影响：对普通投资者而言，他们完全有理由合理怀疑部分“内幕消息灵通人士”可以乘机实施内幕交易和进行市场炒作，而且前后有好多次机会；对上市公司而言，则损害了自己应有的独立地位和诚信形象，有沦为大股东操纵的“棋子”之嫌；对大股东和实际控制人而言，则未尽到自觉维护上市公司形象的义务和责任，“出尔反尔”不是一种负责任的做法。因此，针对这种情况，以后应要求公司在相关信息披露中明确相关重大事项，不能模棱两可，应保持信息披露的前后一致性，让上市公司作出相应具体明确的承诺，如存在有关方面为达自身利益而有意在信息披露中前后反复的，则按规定坚决予以处置。如此，方能树立和维护上市公司的诚信，取信于投资者，维护诚信股市。

(二) 停牌不及时，亟待强化管理重大内幕信息，提升作为控股股东或实际控制人的政府部门对信息披露义务和责任的重视度

此次非公开发行股票暨国贸三期项目注入重大事项，除了存在前述信息披露前后不一造成股价异动的情况外，还存在内幕信息泄露的嫌疑。2007 年 12 月 10 日，XS 公司在被交易所紧急停牌前股价已经不正常地突然涨停，且重大资产重组预案公告前 20 个交易日的股价在剔除大盘和同行业因素后涨幅超过 20%。这是事出有因的，B 市政府有关部门是先开会讨论并决定将国贸三期项目注入 XS 公司，之后 XS 公司再申请紧急停牌，而非先申请停牌，由此导致信息很可能已被泄露，进而引起股价异动。事实上，按照交易所《股票上市规则》的有关规定，对于股价敏感重大事项信息应做好保密工作，在重大事项难以保密或已经泄露或市场出现传闻时，相关信息披露义务人应及时申请紧急停牌，之后及时

披露相关信息。B市政府有关部门在决定讨论国贸三期项目是否注入XS公司之前,就有义务让XS公司申请紧急停牌,而不应等到开会讨论作出决定后再由XS公司申请停牌,因为这时该重大敏感信息的知情人早已扩散开,难以控制,内幕交易时刻有发生的可能。出现这种情况的根本性原因在于,当前有些决策部门由于种种原因,没有摆正自己的位置,往往不甚重视信息披露,对其作为上市公司大股东或实际控制人的信息披露义务和责任视为"鸡肋",甚至根本没有信息披露的观念,而以强势的姿态出现,我行我素,置市场反应和上市公司形象于不顾。基于此,应加强信息披露观念的培养,同时更需要出台强有力的措施保障信息披露规则真正得以贯彻实施,以使信息披露规定不是只约束"小公司",而是也能促使大公司和作为上市公司大股东或实际控制人的政府部门能带头重视并做好信息披露工作,维护证券市场的诚信和健康。

(执笔人:吴建忠)

雅砻藏药：新发股份偿还担保债务案例分析

西藏雅砻在进行重大资产重组时，与相关各方签订了《保证担保责任解除及债务偿还协议书》，有效地解决公司历史形成的连带担保责任。该案例可为解决公司承担连带担保责任提供示范作用。

一、案情简介

公司自 1996 年 10 月成立并于同年 11 月在上海证券交易所上市以来，先后投资对外贸易、环保、藏药等多个行业，但都未能形成行业主导或领先地位，加之国家优惠政策调整、管理理念落后等诸多原因，公司业绩逐年下滑，并于 2004 年起陷入经营困境。由于公司 2004 年、2005 年连续两年亏损，公司股票于 2006 年 5 月被上海证券交易所作出退市风险警示的特别处理。2007 年 5 月，上海证券交易所批准公司撤销退市风险警示，但仍予以其他特别处理。2007 年公司再度陷入亏损。

由于受到历史遗留的巨额担保、逾期贷款等问题的影响，公司至今仍面临资产质量差及盈利能力差等诸多问题。公司股票已因 2007 年、2008 年连续两年亏损而于 2009 年 3 月 4 日起再次被上海证券交易所实行退市风险警示处理（即 *ST 雅砻），面临暂停上市乃至退市风险。

为彻底改善公司经营状况，提高公司资产质量，实现可持续发展，公司实施本次重大资产重组。

通过重大资产出售，公司将现有持续盈利能力差的资产、负债全部出售，并妥善处理雅砻藏药目前承担的或有负债，为优质资产的注入创造条件。同时，通过向新的投资者定向发行股份购买资产，可以使公司向持续盈利强的行业发展，迅速扩大公司经营规模,提高盈利能力,为公司未来经营业绩的可持续增长奠定坚实基础。

公司在向深圳市同成投资有限公司转让所有资产及负债并妥善处理或有负债的同时,以向上海市闸北区国有资产监督管理委员会发行新增股份的方式购买其持有的上海北方城市发展投资有限公司100%的股权。通过本次交易,公司将由一家从事藏药生产经营的公司成功转型为以旧区改造、配套商品房、普通商品房和保障性住房建设为重点的房地产开发公司。公司经营规模迅速扩大,核心竞争力大大增强,将成为一家资产优良、主营业务突出,具有可持续发展能力的上市公司。

本次出售资产经广东大华德律会计师事务所审计的账面价值为－1 761.38万元;经四川华衡资产评估有限公司评估(评估基准日为2009年1月31日)的评估价值为－991.31万元。经公司和同成投资协商一致,本次交易拟出售资产最终作价为1元。

本次转让为概括性一次转让,公司、同成投资就雅砻藏药持有西藏金珠雅砻藏药有限责任公司70%的出资的处理方式作如下特别约定:依据四川华衡资产评估有限公司出具的(川华衡评报[2009]37号)《西藏雅砻藏药股份有限公司向深圳市同成投资有限公司转让所有资产及负债项目评估报告》,以2009年1月31日为评估基准日,上述股权的评估价值约为1 765.45万元。同成投资同意,在本次重组方案经中国证监会核准后10日内,由雅砻藏药办理应由同成投资持有的金珠雅砻藏药70%的股权以1 765.45万元为起拍价进行公开拍卖的手续:如果拍卖成功,则成交价中的1 765.45万元由同成投资安排用于偿还其受让的雅砻藏药债务,剩余高出起拍价部分归雅砻藏药所有;如果流拍,则由同成投资以起拍价1 765.45万元受让金珠雅砻藏药70%的股权。

本次购买上海北方城市发展投资有限公司100%的股权经立信会计师事务所有限公司审计的2009年1月31日净资产账面价值为562 095 286.61元;经上海东洲资产评估有限公司评估(评估基准日为2009年1月31日)的评估价值为1 012 777 633.42元。经公司与闸北区国资委协商一致,本次交易拟购买上海北方城市发展投资有限公司100%的股权最终作价为1 012 777 633.42元。

本次非公开发行股份的价格将不低于本次发行股份购买资产的首次董事会

决议公告日前20个交易日公司股票交易均价2.92元/股，据此本次非公开发行股份的价格为2.92元/股。发行的总股数为346 841 655股，闸北区国资委以其持有的北方城投100%的股权认购346 841 655股。

本次交易中，西藏雅砻藏药股份有限公司拟在向深圳市同成投资有限公司转让所有资产及负债并妥善处理或有负债的同时，以向上海市闸北区国有资产监督管理委员会发行新增股份的方式购买其持有的上海北方城市发展投资有限公司100%的股权。按照中国证监会《上市公司重大资产重组管理办法》(证监会第53号令)第27条第(二)款"上市公司出售全部经营性资产，同时购买其他资产"应当提交并购重组委审核，以及第44条"上市公司申请发行股份购买资产应当提交并购重组委审核"。本次交易是在妥善处理或有负债的同时出售上市公司全部资产，并发行股份购买北方城投100%股权资产，符合上述规定，提交中国证监会并购重组委审核。2009年9月25日，中国证监会重组委员会有条件通过公司并购重组委方案。2009年11月23日取得证监会核准批文。公司公告于2009年12月4日完成验资，于2009年12月10日办理完资产过户相关手续。

二、连带担保责任及解决

(一) 连带担保具体情况

根据广东大华德律会计师事务所出具的华德审字[2009]403号《西藏雅砻藏药股份有限公司审计报告》显示，雅砻藏药存在对合营公司深圳市金珠南方贸易有限公司逾期借款担保。截至2009年1月31日，担保借款及本息折合人民币为519 480 610.98元，具体明细如表1所示。

表1　担保借款及本息数据

六家债权金融机构	担保本金金额(元)	本金占本金债权总金额的比例(%)	备　注
中国华融资产管理公司深圳办事处	167 354 589.79	32.22	
东富资产管理有限公司	122 526 887.33	23.59	

(续表)

六家债权金融机构	担保本金金额(元)	本金占本金债权总金额的比例(%)	备　注
中国建设银行股份有限公司深圳市分行上步支行	101 216 977.40	19.48	其中：美元 11 877 300 元，人民币 2 000 万元
中国信达资产管理公司深圳办事处	58 033 169.65	11.17	其中：美元 2 665 220.63 元，人民币 39 808 390.98 元
中国民生银行股份有限公司深圳振业支行	35 970 575.81	6.92	美元 5 260 394.24 元
上海东兴投资控股发展公司	34 378 411.00	6.62	其中：港币 3 447 万元，人民币 400 万元
合计	519 480 610.98	100.00	

注：六家金融机构各单位债权本金结算以 2009 年 1 月 31 日为准，其中外币按中国人民银行公布的外汇中间价结算(2009 年 1 月 31 日，人民币汇率的中间价为：1 美元对人民币 6.838 元，1 港元对人民币 0.8813 元)。

(二) 连带担保的解决方案

2009 年 5 月 14 日，中国华融资产管理公司深圳办事处等六家债权金融机构与金珠南方、雅砻藏药、闸北区国资委、新联金达签署了《保证担保责任解除及债务偿还协议书》。

(1) 根据该协议内容，全体债权人同意，同时满足以下条件时，雅砻藏药对金珠南方逾期借款担保责任将得以解除：

第一，根据《保证担保责任解除及债务偿还协议书》的约定，此协议生效。

第二，《保证担保责任解除及债务偿还协议书》生效后 20 日内，新联金达将其持有的雅砻藏药 2 900 万股股份质押给华融深圳办等六家债权金融机构，为金珠南方的相关债务本金及其利息等支付义务提供质押担保。

(2) 闸北区国资委同意在其获得雅砻藏药股份之日起 36 个月后的 90 日内，将其中的 3 000 万股依法支付给华融深圳办等 6 家债权金融机构，作为其解除雅砻藏药保证担保责任的对价。各单位按其债权本金所占全体债权银行债权本金总额的比例获得闸北区国资委支付的股份，相关税费由各方依法承担。同时闸北区国资委向华融深圳办等6家债权金融机构承诺：在本次重组完成、闸北区国资委成为雅砻藏药控股股东后的第三年（重组完成当年为第一年），如经会计师事务所出具的无保留意见审计报告所确认的雅砻藏药的每股税后净利润低于0.5元，则闸北区国资委将依法再支付1 000万股雅砻藏药股份给华融深圳办等6家债权金融机构，作为其解除雅砻藏药保证担保责任的补充对价。

（3）闸北区国资委同意在获得雅砻藏药股份之日起60日内，将获得雅砻藏药股份中的3 000万股，质押给华融深圳办等6家债权金融机构，作为闸北区国资委履行上述约定的依法支付股份义务的担保。

（三）连带担保的解除

2009年12月4日，公司发布公告称，关于西藏雅砻藏药股份有限公司为深圳市金珠南方贸易有限公司欠中国华融资产管理公司深圳办事处等6家金融债权人债务本金折合人民币共计519 480 610.98元及相应利息提供连带责任保证担保事宜，公司于日前接第一大股东北京新联金达投资有限公司通知，新联金达已依照中国证券监督管理委员会核准的公司重大资产重组方案及相关各方于2009年5月签署、且已经生效的《保证担保责任解除及债务偿还协议书》的有关约定，新联金达将其持有的公司2 900万股股份按照各金融债权人本金占上述本金债权总金额的比例质押给各金融债权人，并已于2009年12月2日在中国证券登记结算有限责任公司上海分公司办理完毕相关质押手续。至此，公司上述担保责任已即时自动解除。

关于公司与招商银行股份有限公司成都营门口支行（下称：招行）其他担保合同纠纷一案，公司已根据重组方案，于日前会同深圳市同成投资有限公司、招行签署了《执行和解协议》。公司目前已收到招行出具的《到账通知书》，同成投资已依照《执行和解协议》一次性代公司向招行支付了还款义务，招行已即行解除了公司对四川方向光电股份有限公司的商业汇票担保责任。至此，该案执行终结。

三、思考与建议

公司资产重组过程中要解决的问题多种多样、形态各异，而或有事项是其中最重要、最关键的问题之一。破产重整是公司解决现有和或有负债问题的有效办法之一。本案例表明,通过大股东受让公司部分新发股份解决公司连带担保责任,也是公司解决连带担保责任的有效方法之一。具体操作时,应注意以下几个方面。

(一) 协议主体

连带担保责任解除协议主要涉及三方。债权方:中国华融资产管理公司深圳办事处、东富资产管理有限公司、中国建设银行股份有限公司深圳市分行上步支行、中国信达资产管理公司深圳办事处、中国民生银行股份有限公司深圳振业支行、上海东兴投资控股发展公司;新股发行前的担保方:北京新联金达投资有限公司;债务偿还方:上海市闸北区国有资产监督管理委员会。

(二) 过程中担保

在协议生效后 20 日内,公司重组前大股东新联金达应将其持有的雅砻藏药 2 900 万股股份质押给华融深圳办等 6 家债权金融机构,为金珠南方的上述债务本金及其利息等支付义务提供质押担保,有关质押费用全部由新联金达承担。

(三) 连带担保责任解除

闸北区国资委将获得雅砻藏药新发股份的 3 000 万股依法支付给华融深圳办等 6 家债权金融机构,作为解除雅砻藏药保证担保责任的对价。

(执笔人:沈振宇)

CC公司：定向增发资产质量和承诺案例分析

定向增发是上市公司扩大公司规模、改善资产质量的一个重要途径，但是由于定向增发方案涉及资产定价、资产质量、股东承诺等众多实质性要素，方案的合规性、合理性往往成为市场关注的焦点。本案例中，CC公司拟向控股股东ZJ公司发行股份用以购买控股股东持有的4家公司股权，却由于众多媒体和投资者对4家目标公司的资产状况和经营业绩存在较大疑问，方案公布后股价连续下跌，并直接影响到审议相关发行方案的股东大会投票结果。

一、案情介绍

CC公司于2008年12月24日发布公告，称拟向控股股东ZJ公司发行股份，用于收购ZJ公司持有的4家下属公司的全部100%股权，目标资产预估值为18亿元。具体发行股份购买资产的方案将于完成相应的评估、审计和盈利预测审核等工作后提交股东大会审议通过。

ZJ公司在初步方案公布的同时承诺对方案实施后的利润预测予以保证，即本次交易实施完毕当年度起的3年内，若标的资产的实际盈利小于预测净利润，则由ZJ公司负责向CC公司以现金补偿净利润差额，若实际盈利超过预测净利润，则ZJ公司无需向CC公司补偿差额。利润预测的具体补偿约定将在交易各方确定标的资产定价依据后另行签署协议，并提交董事会和股东大会审议。

经过半年的准备工作，2009年6月5日，CC公司发布董事会决议公告，宣布拟以2.68元/股的价格向ZJ公司发行64 678.13万股股份，购买价款以截至2008年12月31日经审计的4家目标公司的净资产为计算依据，具体确定为17.33亿元。在最终确定的发行预案中，ZJ公司的利润补偿承诺表述为：如本次发行股份购买资产在2009年度实施完毕，CC公司2009年实现的合并报表归属于母公司所有者的净利润不低于12 806万元，如未实现承诺业绩，ZJ公司将就实际净利润与承诺业绩的差额款在CC公司年报公告之日起15个工作日内，以现金形式向CC公司补足。

在公布方案的同时，CC公司发出了召开2008年度股东大会的通知，会议议程包括审议本次发行股份购买资产方案。

公告披露后，一些证券媒体即对此方案提出了异议，投资者对此也有种种猜疑。市场各方对方案的质疑直接反映到了公司股价上，公司股价连续多日下跌。

由于外界质疑声不断，CC公司于6月19日披露澄清公告，针对媒体质疑一一作出相应解释，但市场对此并未给予充分的认可。

CC公司于2009年6月25日召开了2008年度股东大会，审议包括发行股份购买资产方案等在内的一系列议题。由于种种原因，计票过程一波三折，计票结果难以出炉，直至6月29日，CC公司方披露股东大会决议公告，宣告相关方案获得审议通过。

二、监管思考

CC公司发行股份购买资产方案自提出之日起，市场各方便质疑不断。2009年6月5日公司公告后，媒体很快对此提出了一系列的疑问，质疑声主要集中在：2008年12月24日公告的控股股东ZJ公司利润承诺期限为3年，2009年6月5日的方案中降至1年，是否意味着拟购买的目标资产盈利能力下滑，经营状况恶化；目标资产账面上存在的大额原因不明的其他应收款，债务人情况无法通过正常渠道查询到，其债权债务关系是否真实存在，与ZJ公司之间是否存在关联关系；6月5日披露的目标资产业绩数据与12月24日公告的内容差异巨大等。

由于媒体和投资者的质疑声不断，公司股价也呈现连续下挫的态势，证券监管部门对此高度关注，及时向公司了解有关情况，并发出监管要求，督促其对市场的质疑尽快作出回应。

CC公司于6月19日披露澄清公告，针对媒体质疑作出相应解释。在澄清公告中，CC公司对媒体的诸多疑问解释道：2008年12月24日披露的利润承诺仅仅是一个意向，双方未签订正式补偿协议，基于《上市公司重大资产重组管理办法》中未要求按净资产定价的重组方案需做利润补偿承诺，而《公开发行证券的公司信息披露内容与格式准则第 26 号——上市公司重大资产重组申请文件》中也仅规定上半年保送申请文件的，应当提供交易当年的盈利预测报告，因此 ZJ 公司与上市公司签订的《业绩补偿协议》仅针对 2009 年业绩补偿事宜进行了规定，并非由于目标资产的业绩变化；两次公告的目标资产业绩存在差异系由于按照企业会计准则追溯调整以及会计师在审计过程中进行了审计调整；其他应收款的债务方单位债权债务关系均真实存在，ZJ 公司已补充承诺在 2009 年年底之前对所有往来款项进行清理，如不能如期清收，对上市公司造成损失，ZJ 公司将以现金补偿上市公司。

由于 CC 公司所列举的方案改变原因中不存在现有法律法规禁止的情形，因此在澄清公告披露后，公司的发行方案仍依照既定的步骤进入股东大会审议。

CC 公司于 6 月 25 日召开股东大会，依据有关规定提供了网络投票方式。当日收盘后的初步投票统计显示，现场参与投票股东 1 人（即 ZJ 公司），代表股份 3 025.005 1 万股，参与网络投票股东 395 人，代表股份 4 438.660 7 万股。投票结果显示，对于发行方案相关的各议题，网络投票中仅有 900 多万股股份表示同意，有近 3 000 万股股份表示反对，另有 500 多万股股份弃权。由于 ZJ 公司须在与其相关的议案审议中回避表决，以现有统计结果来看，议案无法获得通过。

在初步计票后，CC 公司以现场统计票数上传有误为由，要求重新进行合并计票。由于重新计票可能导致议案审议结果的改变，交易所在获知公司的要求后，提出如下监管要求：公司必须依法作出决议，并充分披露在表决过程中各环节发生的状况和原因；公司法律顾问必须对投票和计票的过程进行全程监督，提交法律意见书，充分说明表决过程各环节状况，并对表决过程和结果提出明确的法律意见。

历经数日周折，CC 公司最终于 6 月 29 日披露股东大会决议公告和法律意见书。根据最终统计的结果，出席现场投票的股东及股东代表 422 人，代表股份 9 324.127 9万股，其中因第一次统计上传失误遗漏的 473 人，代表股数 3 025.005 1 万股（包括同时进行网络投票 51 人，代表股份 1 064.699 7 万股，该部分股份表决结果以第一次投票为准），参与网络投票的股东 395 人，代表股份 4 438.660 7 万股。依据重新计票的结果,相关发行方案以占出席会议的有表决权股份总数67%左右的票数得以通过。CC公司新聘任的律师事务所对此出具了法律意见书,认为本次股东大会的召集、召开、表决程序符合法律法规等规定,表决结果合法有效。值得注意的是,该律师事务所不是CC公司的常年法律顾问。

公告披露后,CC公司股价再次下跌。

三、完善建议

CC公司定向发行股份收购资产方案的拟订和审议过程中引发了诸多的疑问和波折,对监管部门的监管工作提出了一些具有代表性的问题。解决好这些问题,将有利于监管工作的进一步完善,有利于维护市场参与各方的利益。

(1) 如何监管股东和上市公司的远期承诺行为的问题。随着定向增发、并购重组、股权转让、股改限售期满等事件的日趋增多,股东及上市公司承诺的兑现问题也越来越频繁地进入我们的视线。在实践中,由于远期承诺时间跨度较长,常常受到各种主客观因素的影响,屡屡发生股东或上市公司承诺难以兑现的情况。其中,既有因为当初承诺的基础条件发生变化、承诺期满时实际已不具备兑现可能性的客观意外状况,也有承诺方缺乏诚信、蓄意违反承诺的主观恶意行为。

针对这一现象,监管部门应从源头监管开始,从方案的制订之初即充分考虑各种可能因素,要求承诺方作出的具体承诺方案必须意思表达明确、方式切实可行,杜绝空头支票式的承诺,做到最终承诺的执行步骤可落实,意外风险可控制,将承诺无法兑现的可能性降到最低,防止承诺方或其他相关利益方以承诺的形式炒作股价、误导投资行为。同时,应要求承诺方提供后备解决计划,即当原承诺确实无法落实时,有其他可执行的替代方案,或提供相应担保,充分化解远期风险。对于承诺的改变,则应从严控制。如因客观原因,使得原承诺的履行丧失操作性或实际意义,承诺方必须充分披露承诺改变的客观原因和影响。如因承诺的改变对相关方造成损失的,应提供相应的赔偿。与此同时,监管部门对存在违规行为的相关方应给予及时的处理,提高承诺方的违约成本,给予市场正面明确的信号。

(2) 如何加强落实中介机构在上市公司规范运作过程中承担的责任问题。

随着证券市场的发展、证券法律法规及监管架构的完善，中介机构在上市公司规范运作中起到越来越大的作用，越来越为市场参与各方所倚重。然而在实务工作中，一些中介机构受利益驱动的影响，并未切实地履行好应尽的责任，未能像市场和监管部门期望的那样起到良好的鉴证、辅导等各项作用，相反却为上市公司的违规行为大开方便之门，导致市场非正常波动，中小股东利益因此受损。对于中介机构的监管，目前虽已在上市规则等一系列监管法规中加强了相关的法规要求，并正在逐步形成行业主管部门、自律协会等各管理机构间的联合监管态势，但仍存在某些环节联系松散，反应速度不够及时，监管措施不够到位的缺憾，仍需进一步加强各部门、各层面的联动，建立高效率的反应机制。对于有违规嫌疑的中介机构，各负有监管职责的部门应及时作出反应，予以适当处理，将责任落到实处，促使中介机构真正担负起应承担的责任，变上市公司手中的橡皮图章为证券市场的尽职守门人。

（执笔人：吴菁华）

LX公司：资产重组停牌信息披露案例分析

重大事项停牌前的股价异动和信息外泄已经成为证券市场的一种较为普遍的现象，但内幕信息的传递却有着隐蔽性的特征，对该方面的信息披露监管往往只能从事后着手，对于正式披露前的信息披露违规行为却缺乏较为行之有效的防范和监管手段。因此，如何促使上市公司在信息出现泄露迹象和股价出现异动时及时、充分、公平地披露重大事项的进展信息是该方面信息披露监管的重点和难点。本文以LX公司为例，提出相关的监管建议。

一、案情介绍

2009年5月8日，LX公司公告，因筹划非公开发行事项，并就募投项目、战略投资者等进行研究，公司股票当日开始停牌。公司的股价和成交量从4月7日起开始出现异常，换手率平时一般维持在2%的成交量，7～10日突然放大到4.01%、9.95%、15%和15.87%，之后一般都平均维持在10%左右或以上，随后股价也开始一路攀升，由4月7日的开盘价6.88元涨到重大重组停牌前一天涨停收盘价的11.24元。期间公司股价的涨幅为63.37%，而大盘同期的涨幅为6.48%，强于大盘56.89%。

5月15日，公司的股票复牌并披露了非公开发行预案，公司拟向A公司发行3 000万股，全部用于特种关节轴承技术改造项目，拟募集的资金为2.388亿元。公司披露非公开发行预案后，公司的股价大部分时间在11～12元之间振荡，换手率略有收缩。5月15日至6月4日期间公司的股价涨幅为4.35%，基本同步于大盘的涨幅4.61%。

6月4日，公司宣布因本次非公开发行对象A公司认购公司非公开发行

3 000万股股份的方案未获有权部门的批准，A 公司决定自 2009 年 6 月 3 日起终止本次认购，故公司拟停止本次非公开发行，为避免股价异常波动，申请当日紧急停牌。6 月 5 日，公司股票复牌后股价当即跌停，随后大幅下挫。

二、监管思考

公司重大资产重组停牌前的股价异动和突然终止非公开发行方案的行为引起了监管机构的高度关注。主要采取了以下监管措施：① 在 4 月上旬股价和成交量开始异动时，即两次通过电话的形式进行关注，但公司称无重大的应披露而未披露事项。② 在公司股价继续出现异动并于 5 月 8 日拟进行非公开发行停牌后，要求公司提交相关内幕知情人及其他相关人员的账户资料，并启动联合监管程序，要求协助调查是否存在内幕交易及市场操纵行为。③ 在 6 月 15 日公司因拟终止非公开发行方案而申请停牌后，要求公司提交策划本次非公开发行的整个过程，包括但不限于历次接触的时间、地点、双方（或多方）参与人员及知情人员、会谈内容及会谈记录、初步及最终达成认购意向的时间、获知对方拟终止认购股份的时间等与本次非公开发行有关的所有相关证据或资料，详细说明终止本次非公开发行的原因，并自查公司在本次非公开发行的信息披露方面是否存在违反相关规定的行为。

从公司事后提交的相关文件可知，公司事实上于 2009 年 3 月 16 日即向 B 集团（A 公司的实际控制人）提交了公司基本情况和合作意向。根据公司的回复，公司本次非公开发行预案经过两轮洽谈形成：4 月 20～21 日双方进行了第一轮洽谈，双方达成合作的初步意向；4 月 27 日，公司召开董事长办公会议对与 B 集团的合作意向进行了讨论。5 月 7 日，双方又进行了第二轮洽谈，达成了非公开发行的意向，包括 B 集团入股成为公司第二大股东以及停牌及认购价的确定等。可以推断的是，在公司向 B 集团提交合作意向后双方应该一直保持着持续的沟通，而 4 月上旬公司股价的异动和成交量的急剧放大就发生在该时点和双方 4 月 20～21 日第一次洽谈的期间里，该现象无法排除该重大内幕信息已经提前泄露并有先知先觉的资金提前入驻的嫌疑。而随着双方进行第二次洽谈及 27 日公司召开董事长办公会议讨论与 B 集团合作意向，该期间略作整理后的公司股价又出现第二波快速上涨，由 4 月 18 日的 7.77 元迅速上涨至 5 月 7 日的

11.24元。

结合前述本次非公开发行策划过程和公司的股价走势进行分析，可以发现股价走势与本次非公开发行事项在接洽和决策过程相契合的痕迹，显示本次非公开发行事项存在明显的信息外泄的嫌疑以及上市公司在该事项信息披露方面上的不到位。根据上市规则的规定，在拟披露的信息尚未泄露、有关内幕人士已书面承诺保密、公司的股价未发生异常波动等暂缓披露的原因已经消除的，公司应当及时披露相关信息。因此，从信息披露的角度看，尽管公司的股价异动明显，而且该重大事项信息也已经存在明显的泄露迹象，但上市公司并未根据上市规则规定的分阶段披露原则，及时披露该重大事项的进展情况。

本案例的另外一个特点是非公开发行方案是在公司披露预案并且股票于5月15日复牌交易后，然后才在6月5日突然终止，而非在进入1个月的重大资产重组停牌程序后因方案论证不成熟而终止的。根据公司提交的材料，5月13日，公司被告知B集团在审议认股协议书时提出应与当地C市政府同时签订C市政府支持B集团未来对LX公司实现控股的协议书，并要求立即与C市政府签订该协议。公司回复本次只能签订认股协议书，控股之事以后再由B集团与C市政府谈。奇怪的是，尽管存在分歧，B公司还是在13日下午同意签订了认购协议。5月31日，B集团在与C市政府洽谈战略合作时正式向C市政府提出支持其未来实现对LX公司控股的要求，C市未能满足B集团的条件，于是6月3日B公司通知因其认购公司非公开发行3 000万股股份的方案未获批准，B公司决定自2009年6月3日起终止本次认购。

三、完善建议

重大事项停牌前的股价异动和信息外泄已经成为证券市场的一种普遍现象，但内幕信息的传递却有着隐蔽性的特征，普遍表现是在重大事项停牌前股价已先知先觉地走出惊人涨幅，信息的传递却以非媒体式的小道消息方式蔓延。虽然参与重组各方都签署了保密协议，但因重大重组事项涉及的方面和程序太多，无法确定在哪个环节出现信息泄露，保密协议经常发挥不了作用。而交易所处于信息传递链条的末端，对该方面的信息披露监管往往只能从事后着手，对于正式披露前的信息披露违规行为缺乏较为行之有效的防范和监管手段。由于该方面信息披露问题的核心首先集中在如何督促上市公司如何及时、充分、公平地披露重大事项的进展信息。因此在日常监管中，首先有必要多关注公司股价的波动情况，对于股价波动明显异常于大盘与同行业股票的公司应重点予以关注。同时加强对小道消息的监管，对于股吧、市场传闻、投资者来电等渠道传递的信息应多予以关注，当股价异动并出现这些非媒体式的传言时，可以尽量地以澄清公告的方式督促上市公司披露相关的信息。其次，有必要强化上市公司的内幕知情人登记制度，以便于事后了解重大事项的关键时点并区分责任。再次，有必要加强该方面违规行为的处罚力度，以便维护上市公司应按规定履行信息披露义务的严肃性。

（执笔人：周长青）

BL公司：司法裁定与控制权“空转”案例评析

2006年颁布的《上市公司收购管理办法》对规范上市公司收购及相关股份权益变动活动，保护上市公司和投资者的合法利益，维护证券市场秩序和社会公共利益，促进证券市场资源的优化配置发挥了重大作用。但是，在日常监管中，我们发现了一些公司试图通过司法裁定方式来逃避《上市公司收购管理办法》的相关规定，这给监管带来了难题和挑战，BL公司通过司法裁定方式实现控制权“空转”就是一个典型的案例，梳理该案例对于进一步完善司法裁定和行政审批的衔接有着重要意义。

一、案情介绍

1. 公司大股东股权司法裁定情况

2010年1月15日，BL公司公告称：根据湖北省随州市中级人民法院(2009)随执字第2-3号民事裁定书，原股东杨某在广东省金安汽车工业制造有限公司(以下简称“金安汽车”)所持95%的股权被执行过户到湖北阳源科技投资有限公司(以下简称“阳源科技”)名下，并于2009年12月30日在广州市工商行政管理局增城分局办理了变更手续。公司的实际控制人已经发生变更。变更前后的股权控制关系如图1所示。

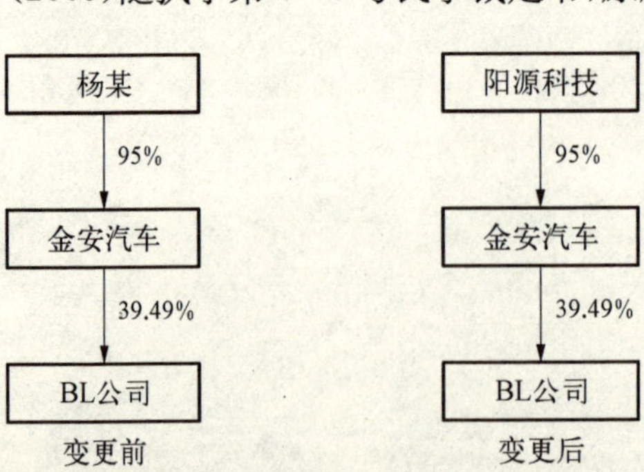

图1 BL公司实际控制人变更情况对照图

公司同时公告称①：阳源科技确认，根据广东黄河实业集团有限公司（以下简称“黄河实业”）、杨某、阳源科技投资有限公司所签订的《债权转让协议》约定，在黄河实业受让阳源科技对杨某的全部债权并付清全部价款后，阳源科技有责任协助黄河实业将金安汽车 95%的股权转让给黄河实业指定的公司。根据《债权转让协议》的约定，金安汽车 95%的股权实际上归黄河实业所有，湖北阳源科技投资有限公司无意取得金安汽车 95%的股权。

2009 年 1 月 12 日，黄河实业有限公司指定自然人吴某与阳源科技有限公司签署关于《广东省金安汽车工业制造有限公司股权转让协议》，阳源科技将所持有的金安汽车 95%的股权转让给自然人吴某。目前，金安汽车 95%的股权尚未办理过户手续。

2. 公司股权变更情况

2010 年 1 月 21 日，公司公告称，广州市中级人民法院通过司法裁定方式，将金安汽车持有的公司 996.378 万股（占公司总股本 10%）分两次、分别于 2010 年 1 月 15 日、2010 年 1 月 18 日划转给中国光大银行广州分行，且光大银行在未履行信息披露义务的情况下于 2010 年 1 月 19 日通过本所竞价系统出售 60 万股。

二、监管思考

在现有的制度框架下，BL 公司此次通过司法裁定的方式使得公司实际控制人发生变更，给上市公司监管带来了挑战，主要包括：

（1）此次公司实际控制人发生变更，应由谁来披露收购报告书并申请要约收购豁免？

（2）在阳源科技没有履行完要约收购豁免的情况下，将金安汽车 95%的股权转让给吴某是否有效？阳源科技是否应在收购行为完成后的 12 个月以后才能转让公司的控制权？

（3）在相关信息披露义务人未履行收购报告书和要约收购豁免的情况下，

---

① 根据公司 2009 年 1 月 21 日的公告，阳源科技已将对杨某的债权转让给黄河实业，三方约定，在 2009 年 12 月 30 日黄河实业代杨某偿还债务后，阳源科技协助金安汽车 95%的股权转让给黄河实业或黄河实业制定的公司。根据交易所约见阳源科技了解，黄河实业已于 2009 年 12 月 31 日偿还了全部债务。

此次通过司法裁定方式将公司股权划转给光大银行广州分行是否有效?光大银行是否应遵守5%以上股东6个月之内不能买卖公司股票的规定?

(4)在没有履行收购报告书和要约收购豁免的情况下,阳源科技、黄河实业或者吴某间接或潜在持有的上市公司股权有没有表决权?

三、完善建议

(一)如何确定信息披露主体以避免控制权"空转"

根据《上市公司收购管理办法》第86条的规定:投资者因行政划转、执行法院裁决、继承、赠与等方式取得上市公司控制权的,应当按照本办法第四章的规定履行报告、披露义务。

在本案例中,阳源科技在没有履行披露收购报告书和要约收购豁免的情况下,将金安汽车95%的股权转让给吴某,给上市公司信息披露监管带来了挑战。

根据约见阳源科技谈话和公司公告的情况来看,阳源科技坚称其无意取得公司的控制权,并主张根据阳源科技、杨某、黄河实业签订的三方协议,应由黄河集团履行披露收购报告书和申请要约收购豁免的义务。黄河实业认为,在其已出具《指定股权受让人函》及在吴某与阳源科技签署关于《广东省金安汽车工业制造有限公司股权转让协议》后,其相关权利及义务已全部转让予吴某,黄河实业不是金安汽车及BL公司的实际控制人和权益拥有人。我们认为:如果直接由吴某履行披露收购报告书和申请要约收购豁免的义务,公司的控制权可能会出现继续转让而无人履行收购报告书和申请要约收购豁免的情形,公司的控制权可能会继续"空转"下去,这样非常不利于上市公司的稳定和正常发展,也不利于在现行法规下进行监管。建议有权部门加强与司法机关的沟通,进一步提高《上市公司收购管理办法》在法律体系中的地位,有效避免有法不依现象的发生。

(二)如何应对司法裁定给信息披露带来的新难题

根据《证券法》规定:在上市公司收购中,收购人持有的被上市公司的股票,在收购行为完成后的12个月内不得转让。在本案例中,在相关信息披露义务人未履行披露收购报告书和申请要约收购豁免的情况下,广州市中级人民法院通过司法裁定方式将公司股权划转给光大银行广州分行的行为是否合法值得商榷。一方面，湖北省随州市中级人民法院通过司法裁定方式将上市公司大股东95%的股权裁定给阳源科技；另一方面，广州市中级人民法院通过司法裁定将上市公司的股权（占总股本的 10%）裁定给光大银行广州分行。这样一方面造成了上市公司控制权和上市公司股权分离的情况（见图 2），一种极端的情况是，在阳源科技、黄河实业或吴某未履行任何信息披露的情况下，金安汽车持有的上市公司股权已被法院强行“分割”，最终金安汽车不再持有上市公司股权。另一方面，通过两地法院的操作，金安汽车实际持有的上市公司股权比例降到了 30%以下，从而达到避免要约收购豁免的目的，即通过司法裁定方式逃避了行政审批。建议证监会加强与最高人民法院或相关有权部门的协调与沟通，加强相关法律法规的完善。

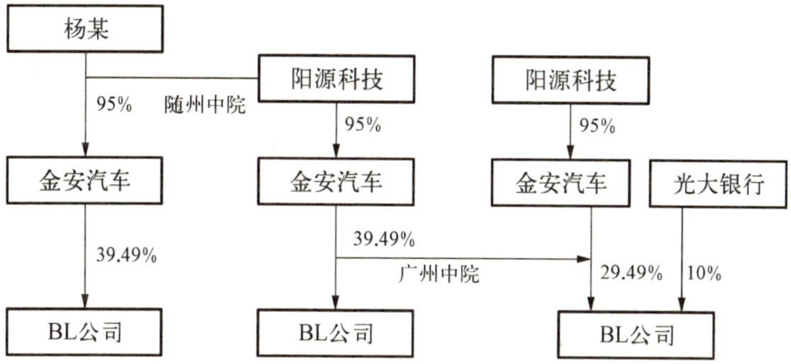

图 2　控制权与上市公司股权的分离

（三）如何对失控的公司董事会进行监管

在本案例中，目前上市公司共有 5 位董事，分别为万某、金某、杨某、罗某、刘某。万某为公司代行董事长并代行公司董事会秘书职务，代行期间至 2010 年 1月 31 日。董事金某已辞去公司董事职务，因公司目前董事低于公司章程规定的人数（5 人），金某在新的董事当选之前仍履行董事义务。公司曾召开两次董事会提名新的董事人选，均被杨某、金某、刘某反对。由于该公司《公司章程》规定，公司如需召开股东大会，必须提交董事会先行审议后由董事会提交股东大会。公司目前已无法形成正常的董事会决议，导致无法直接召开股东大会。由于公司章程是经过公司股东大会特别决议审议通过的，公司如何正常召开股东大会也是值得探讨的一个问题。建议相关部门制定相关制度,加强对失控的公司董事会进行监管,如采取直接暂停上市的方法促使公司规范公司治理,有效保护投资者利益。

(执笔人:孙 锋)

中油化建：煤炭企业借壳上市案例分析

中油吉林化建工程股份有限公司（“中油化建”）是中国石油天然气集团公司（“中石油集团”）旗下的上市公司，与控股股东吉化集团公司（“吉化集团”）、实际控制人存在大量关联交易，且公司主营业务盈利水平低，利润逐年下降。山西煤炭进出口集团公司（“山煤集团”）是一家以煤炭开采和煤炭贸易为主业的国有大型综合性煤炭企业。本次交易包括股份转让和重大资产重组两部分，具体为吉化集团将其持有的中油化建全部股份转让给山煤集团、中油化建与吉化集团进行资产置换并向山煤集团非公开发行股票购买资产。其中，山煤集团因受让股份而履行要约收购义务。重组完成后，中油化建的主营业务变更为煤炭开采与贸易。

一、相关当事人基本情况

（一）上市公司——中油吉林化建工程股份有限公司

公司成立于2000年11月20日，2003年7月31日在上海证券交易所上市。目前注册资本30 000万元，注册地址吉林省吉林市龙潭区遵义东路31号，法定代表人范喜哲。经营范围：化工石油工程、市政公用工程、机电安装工程、房屋建筑工程、冶炼工程、电力工程施工总承包；境外工程及境内国际招标工程承包等。主要财务数据如表1所示。

表1　最近三年的主要财务数据　　单位：元

项　　目	2009年6月30日	2008年12月31日	2007年12月31日
资产总计	1 633 335 897.59	1 737 410 592.71	1 756 946 664.49
负债总计	998 266 478.56	1 109 264 079.55	1 131 094 950.55

(续表)

项　目	2009年6月30日	2008年12月31日	2007年12月31日
归属于母公司所有者权益合计	635 069 419.03	628 146 513.16	625 851 713.94
	2009年1～6月	2008年度	2007年度
营业收入	1 140 179 542.96	2 768 033 289.54	2 927 030 278.03
利润总额	8 103 943.22	8 105 882.16	14 667 334.20
归属于母公司所有者的净利润	6 800 527.77	3 594 005.79	6 926 335.48
基本每股收益	0.02	0.012	0.023

（二）上市公司控股股东——吉化集团公司

吉化集团为中石油集团的全资子公司，成立于1957年12月，目前注册资本245 700万元，注册地址吉林市龙潭区龙潭大街9号，法定代表人王光军。经营范围：对所属企业生产经营管理；生产、经营、采购、销售化学原料、化学制品及高分子材料、橡胶制品、塑料制品、铝粉、铝银浆、食品添加剂、农药、环境工程设备、蒸汽、电力；三废综合利用；化工及环境工程技术研究、开发、成果转让、技术服务咨询等。主要财务数据如表2所示。

表2　最近三年的主要财务数据　　单位：元

项　目	2008年12月31日	2007年12月31日	2006年12月31日
总资产	11 032 960 308.61	12 128 014 825.19	11 143 567 344.63
总负债	3 765 114 623.04	4 129 297 875.22	5 076 696 868.51
归属于母公司所有者权益合计	6 829 566 947.83	7 548 512 944.08	5 631 043 415.35
资产负债率(%)	34.13	34.05	45.56
	2008年度	2007年度	2006年度
营业收入	9 803 053 120.62	10 963 197 630.51	9 329 934 901.72
利润总额	−1 910 949 371.81	336 123 738.20	−1 271 666 553.44
净利润	−1 919 688 339.94	322 449 870.11	−1 279 552 624.11
归属于母公司所有者的净利润	−1 912 955 843.74	289 447 787.69	−1 260 913 865.72

（三）重组方——山西煤炭进出口集团有限公司

山煤集团为山西省国资委的全资子公司，成立于1981年5月9日。目前公司注册资本69 826.70万元，注册地址太原市府西街36号，法定代表人杜建华。经营范围：煤炭、焦炭及副产品的出口业务，自营和代理除国家组织统一经营以外的商品和技术进出口业务；开展“三来一补”、进料加工业务；经营对销贸易和转口贸易，投资兴办煤炭、焦炭生产企业；煤炭、焦炭的储运、销售；外事咨询服务；房地产开发；批发零售日用百货、建材。主要财务数据如表3所示。

表3　最近三年的主要财务数据　　单位：元

项　目	2008年12月31日	2007年12月31日	2006年12月31日
总资产	13 671 273 615.98	10 368 224 747.72	9 181 374 211.70
总负债	10 291 861 063.68	7 884 313 033.55	7 364 047 094.79
归属于母公司所有者权益合计	2 614 767 875.74	1 996 911 363.92	1 491 677 056.30
资产负债率(%)	75.28	76.04	80.21
	2008年度	2007年度	2006年度
营业收入	21 902 921 652.65	13 286 286 285.32	10 052 071 183.09
利润总额	1 037 863 546.61	673 891 744.85	370 501 482.02
净利润	727 770 408.54	439 614 098.57	230 834 258.36
归属于母公司所有者的净利润	417 950 845.74	380 790 174.56	171 869 536.03

二、本次交易背景

（一）中油化建存在大量关联交易，不利于其持续经营和发展

中油化建作为化工石油领域的施工企业，一方面与控股股东吉化集团、实际控制人中石油集团下属的从事工程设计、施工、工程建设承包业务的企业，存在一定的业务重叠。另一方面，中油化建承建的工程施工项目有相当大的部分来自吉化集团、中石油集团及其关联方。2006年、2007年和2008年，中油化建在

销售商品、承揽工程方面完成的关联收入为12.10亿元、21.94亿元和14.29亿元，分别占当年销售收入总额的61.11%、78.04%和52.56%。大量关联交易的存在使上市公司缺乏经营独立性，不利于公司的持续经营和发展。

(二) 中油化建主营业务盈利水平低，利润逐年下降，未能有效利用和发挥上市公司资本市场窗口功能

在中油化建营业收入从2006年的19.81亿元上升到2008年的27.68亿元的同时，其净利润却从1 347.22万元下降到了359.40万元。2006—2008年，中油化建的年均净资产收益率为1.22%，年均每股收益为0.025元。由于盈利能力弱，股东回报低，资本市场窗口功能无法有效利用和发挥。

(三) 山煤集团实力雄厚，需要借助资本市场取得进一步发展

山煤集团是一家以煤炭开采和煤炭贸易为主业，高铁轮对制造、化工、房地产等非煤产业并举的国有大型综合性煤炭企业，拥有中国煤炭自营出口权(中国四家之一、山西省唯一一家)、中国内销煤经销资格和山西省内铁路运输计划单列，是中国最大的煤炭经销企业之一。2009年，集团被山西省政府确定为全省煤炭资源整合的七家主体之一，具备了兼并、重组、整合地方中小煤矿、建立煤源基地的资格。山煤集团1991起跻身于中国进出口额最大的500家企业，2002年起步入全国最大的500家大企业集团行列，2007年，位列全国企业500强第299位，并曾获得"全国最具影响力企业"的称号，集团资产质量、经营业绩在山西省省属企业中名列前茅。为抓住煤炭资源整合契机，继续做大做强煤炭主业，提升核心竞争力，同时实现企业成功转型发展，山煤集团需要借力资本市场，为企业发展获得强大动力。

三、本次交易方案

(一) 方案内容

1. 股份转让

本次重组前，吉化集团持有中油化建119 266 015股限售流通股，占公司总股本的39.75%。通过公开征集，吉化集团选择山煤集团作为本次股份转让的受让方，交易价格为5.2元/股，交易总价格为62 018.33万元。由于山煤集团通过协议方式收购的股份超过中油化建已发行股份总数的30%，依据相关规

定，山煤集团需履行全面要约收购义务。山煤集团于2009年4月28日发出收购要约，要约有效期为4月30日至5月29日，收购价格为5.3元/股，中油化建流通股股东有1人、200股接受了收购要约。

2. 资产置换

中油化建以原有全部资产和负债作为置出资产，吉化集团以在国有股转让完成后从山煤集团过户至其名下且同时托管给山煤集团的7家煤炭贸易公司股权作为置入资产，两者进行置换。以评估值为基础，各方确定置出资产作价67 220.77万元，置入资产作价62 020.10万元，置入资产与置出资产价值的差额部分5 200.67万元，由吉化集团在交割日当天以现金方式向中油化建补足。

3. 发行股份购买资产

中油化建以发行股份购买资产方式，向山煤集团购买其持有的3家煤炭开采公司、18家煤炭贸易公司的股权及其本部涉及煤炭销售业务的资产和负债。以评估值为基础，各方确定注入资产作价311 955.90万元。

发行价格为本次发行股份购买资产的董事会决议公告日（2008年12月22日）前20个交易日公司股票交易均价5.94元，发行数量为4.5亿股。

注入资产的购买总价款与依据发行价格所确定的新增股份总价之间的差额44 655.90万元，作为中油化建对山煤集团的负债。就该项债务的偿还，山煤集团本着支持上市公司发展的原则，特别作出了《关于中油化建重组所负债务偿还的承诺》，具体内容如下：① 上述44 655.90万元负债上市公司可在重组完成后5年内偿还，重组完成后2年内可仅向山煤集团偿还当年度发生之利息，第3年至第5年可每年归还14 885.30万元本金及当年度发生之利息；② 在未偿还期间，对于上述负债山煤集团将按照资产交割日中国人民银行颁布的1年期银行贷款基准利率下浮10%的标准向上市公司收取利息；③ 如上市公司因归还上述债务对其正常生产经营产生重大不利影响，则山煤集团将采取减免利息、减少每期归还数额、顺延还款期限等方式支持上市公司。

（二）本次交易方案的设计：突破与创新

（1）一般重组往往是股份转让、要约豁免和重大资产重组同时实施，互为生效条件。但因本次交易需要实施全面要约收购，存在“股份转让”、“要约收购”和

“重大资产重组”的实施顺序问题。经论证,如果“重大资产重组”实施在前,而“要约收购”实施在后,考虑到重大资产重组审核时间较长,当时的市场价格与已锁定的要约价格差距较大,存在监管部门要求调整要约价格的风险,因此,“要约收购”应实施在前。对本次交易而言,“重大资产重组事项”以“股份转让事项”为前提条件,而不再是互为生效条件。

(2) 根据国资委19号令以及《企业国有产权转让管理暂行办法》(3号令)的规定,上市公司国有股份转让,受让方应当以现金或有价证券作为支付方式,并需要在过户前支付全部股份转让价款。

但经过各方详细论证,本次交易采用以资产作为对价支付股权转让价款。一方面,因不需要动用大量现金,仅对差额部分以少量现金补足,能够降低受让方的资金压力。另一方面,以资产作为股份转让对价,并以该资产与中油化建进行置换以回购其全部资产和负债,可以避免多环节重复征税,降低吉化集团和中油化建的纳税成本。

四、本次交易过程

第一阶段:公开征集受让方,确定重组方,并公告重组预案。

因股份转让和重大资产重组事项,中油化建股票自2008年11月20日起停牌。

通过公开征集,吉化集团选择山煤集团作为本次股份转让的受让方。2008年12月19日,吉化集团与山煤集团签署了《股份转让协议》。

2008年12月19日,中油化建召开第三届董事会第十二次会议,审议通过了重组预案。同日,中油化建与山煤集团、吉化集团签署了附生效条件的《重组框架协议》。2008年12月22日,中油化建公告了重组预案、山煤集团要约收购报告书摘要并复牌。

第二阶段:山煤集团实施要约收购。

在相继获得国务院国资委、山西省国资委和中国证监会的同意批复后,2009年4月28日,山煤集团公告了要约收购报告书,在2009年4月30日至2009年5月29日的期间内履行了全面要约收购义务。

2009年6月5日,山煤集团通过协议受让的中油化建119 266 015股股份和通过要约收购受让的200股股份完成过户登记手续。

第三阶段：完成审计评估工作，确定最终重组方案，中油化建董事会和股东大会履行相关审议程序。

2009年6月9日，中油化建召开第三届董事会第十五次会议，审议通过了重组报告书等议案。同日，中油化建与吉化集团、山煤集团签订《资产置换协议》，与山煤集团签订《发行股份购买资产协议》。

期间，中石油集团和山西省国资委先后出具相关批复，同意中油化建重大资产重组方案。2009年6月25日，中油化建召开2009年度第一次临时股东大会，审议并通过了重大资产重组相关议案。

第四阶段：中国证监会审核。

2009年6月26日，中油化建重大资产重组申请材料报送中国证监会，中国证监会出具了接收函。

经过多次补正和反馈，2009年9月7日，中国证监会并购重组审核委员会审议中油化建重大资产重组方案，该方案获得有条件通过。

2009年9月27日，中国证监会出具核准文件，核准中油化建本次重大资产重组，并核准豁免山煤集团因以资产认购中油化建本次发行股份而应履行的要约收购义务。

五、方案点评

(1) 本次并购重组能够提高上市公司质量、有利于公司持续发展。

根据审计报告，按本次发行后的总股本75 000万股计算，备考中油化建2008年、2009年1～6月的基本每股收益分别为0.51元、0.39元，比本次交易前中油化建2008年、2009年1～6月的基本每股收益0.012元、0.02元分别增加0.498元、0.37元，极大地提高了公司的持续经营能力和未来盈利能力。此外，盈利预测报告显示：标的资产2010年度实现的净利润不低于75 000万元，2011年度实现的净利润不低于90 000万元，实际数低于预测数的差额将由山煤集团以现金补足。

(2) 符合国家产业政策，具有市场影响力，交易金额较大。

本次重组中，置入资产作价62 020.10万元，注入资产作价311 955.90万元,两者合计 373 976 万元,交易金额较大。

(3) 筹划过程严格保密,重组预案对外披露前上市公司股票交易未出现异常波动。

(4) 涉及多个业务环节。本次重组涉及上市公司股份转让、全面要约收购、资产置换、发行股份购买资产等。

(执笔人:王汉卿)

鲁信高新：沪深创投第一股案例分析

随着创业板在证券市场火爆登场，“创投”概念股在股市也大受追捧。然而主板上市公司在涉足风险创业投资过程中，尤其是公司主业已经发生改变的情况下，如何规范公司的信息披露及风险评估，成为当前证券市场需要解决的一大重要问题。鲁信高新通过重组将创投公司“高新投”注入上市公司，为上市公司涉足风险创业投资提供了一些的经验和启示。

一、重组各方的基本情况

2008 年 2 月 1 日，山东鲁信高新技术产业股份有限公司（简称“鲁信高新”，股票代码 600783。公司 2011 年 3 月 21 日更名为鲁信创业投资集团股份有限公司，简称“鲁信创投”）因拟策划重大资产重组，公司股票申请停牌。时隔 7 个月后，2008 年 9 月 1 日，公司第六届董事会第六次审议通过了《关于山东鲁信高新技术产业股份有限公司发行股份购买资产方案的议案》，并于当日和山东省鲁信投资控股集团有限公司（简称“鲁信集团”）签署了《发行股份购买资产协议书》，公司股票复牌。方案的主要内容为：公司拟向实际控制人鲁信集团发行 1.7 亿股股份，购买公司大股东山东高新技术投资有限公司（下称“高新投”）100%的股权。交易完成后，以创投业务为主的高新投将成为鲁信高新的全资子公司，公司主营业务也变更为以创业投资业务为主，兼顾磨料磨具的生产销售业务，且公司未来的利润将主要来自创业投资业务。2010 年 1 月 11 日，中国证监会以证监许可[2010]3 号文核准本次交易，同时豁免了鲁信集团因本次重大资产重组而触发的要约收购义务。随后，高新投的股权过户和鲁信高新的股份变更工作也全部完成。由此，沪深两市第一只真正意义的创投股正式诞生。

本次重组是在鲁信高新、鲁信集团和高新投三方间完成的。本次重组前三方的关系为：高新投为鲁信高新第一大股东，持有公司25.46%的股份，二股东鲁信集团持有24.92%的股份，而高新投又为鲁信集团的全资子公司。

（一）鲁信高新

鲁信高新成立于1993年11月20日，主营磨具、磨料、硅碳棒、耐火材料及制品的生产与销售。1996年12月公司在上海证券交易所上市，股票代码为600783。

2008年9月1日，高新投与鲁信集团签署了《股权转让协议》，高新投将其所持有的鲁信高新25.46%股份全部转让给鲁信集团，转让总价款为8 504.97万元。股权转让完成后，鲁信集团持有公司的股份将由5 040.54万股增加到1.02亿股，以持股50.38%的比例成为公司的控股股东，高新投不再持有公司股份。本次股份转让后，公司的股权结构如图1所示，主要财务指标如表1所示。

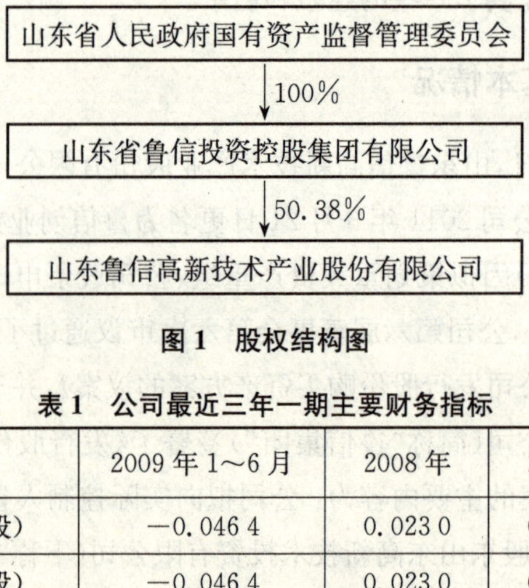

图1 股权结构图

表1 公司最近三年一期主要财务指标

项　目	2009年1～6月	2008年	2007年	2006年
基本每股收益(元/股)	−0.046 4	0.023 0	0.027 6	0.028 0
稀释每股收益(元/股)	−0.046 4	0.023 0	0.027 6	0.028 0
每股净资产(元)	1.492 4	1.538 8	1.528 9	1.557 3
资产负债率(%)	59.84	51.72	68.43	67.22
净资产收益率(%)	−3.110	1.50	1.79	1.86

（二）鲁信集团

鲁信集团为国有独资公司，成立于2002年1月31日，设立时公司名称“山东省鲁信投资控股有限公司”。2005年8月，经山东省国资委鲁国资企改函

[2005]67 号文批准公司更名为山东省鲁信投资控股集团有限公司。鲁信集团自设立以来注册资本一直未发生变化。

鲁信集团为以投资、金融和资本经营为主营业务的大型国有投资控股公司，经营国有资产和国有股权，进行对外融资、投资及管理、投资咨询、资产管理、托管经营和资本运营等，受托经营管理山东省基本建设基金。其投资经营范围涉足信托、投行、证券、基金管理、担保、实业投资、创业投资、文化投资、产权交易等。

鲁信集团的控股股东暨实际控制人为山东省国资委。鲁信集团拥有控股公司共 11 家。目前鲁信集团及其控股公司的股权结构、控制关系如图 2 所示。

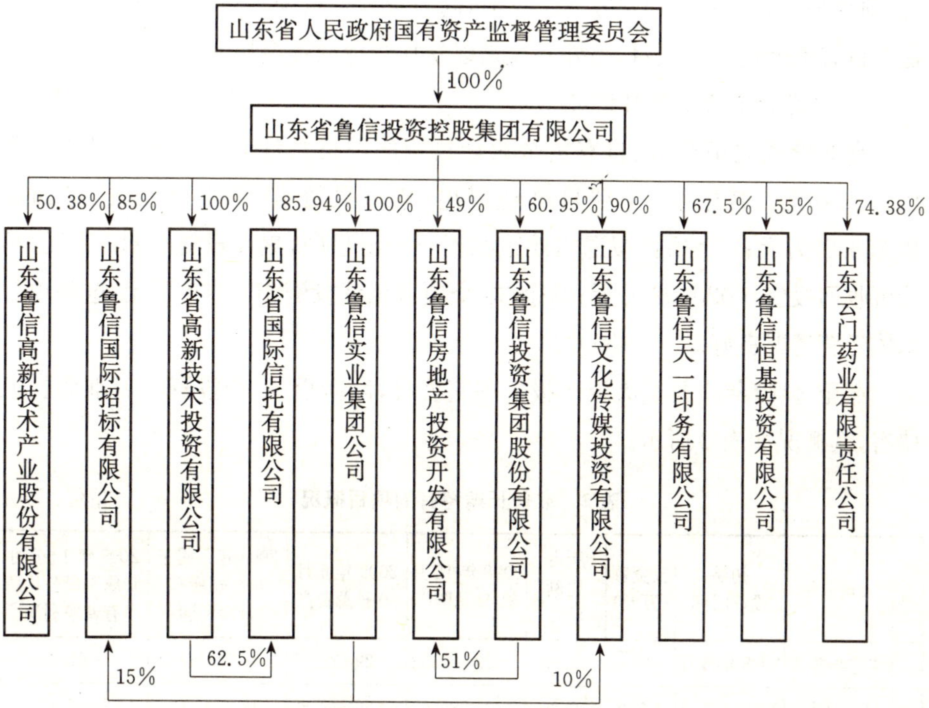

图 2　鲁信集团及其控股公司的股权结构、控制关系图

2006—2008 年，鲁信集团总资产由 2 389 822.35 万元上升至 3 621 754.26 万元，所有者权益由 446 721.27 万元上升至 501 521.22 万元，净利润由 21 115.85 万元上升至 36 072.12 万元；净资产收益率由 4.73%上升至 7.19%。

(三) 交易标的基本情况

交易标的高新投是公司控股股东鲁信集团的全资子公司，注册资本116 572万元，经营范围为对外投资及资本运营(不含金融业务)，投资管理及咨询，上市公司策划。

高新投成立于2000年6月，系山东省发展计划委员会出资设立的国有独资企业。2002年1月31日，高新投股东变更为鲁信集团。2002年7月，鲁信集团向高新投增资56 572万元，增资后高新投注册资本变更为116 572万元。

高新投作为专业的创业投资企业，其主要业务是以自有资金或受托管理资金对外投资，其收益主要来源于项目公司按权益法核算的投资收益、项目退出收益、项目公司分红及管理费收入。目前，高新投的投资项目可以分为两类：一类是以自有资金投资的项目，另外一类是以受托管理的资金投资的项目。

1. 自有资金投资项目概况

高新投成立至今，以自有资金累计投资的项目共计51个，累计投资额为155 722万元。其中13个项目已经退出，累计投资37 500万元，已经回收40 658.22万元；8个项目拟退出或正在履行退出程序，累计投资9 112万元，预计可收回投资5 020.02万元；其余30个项目累计投资109 109万元，这些项目总体经营情况良好。

截至2010年1月重大资产报告书签署日，高新投30个投资项目准备长期持有，其概况如表2所示。

表2　准备长期持有的项目概况　　单位：万元

序号	公司名称	初始投资时间	投资额(万元)	所占比例(%)	2008年12月31日总资产	2009年6月30日总资产	2008年归属于母公司所有者净利润	2009年1～6月归属于母公司所有者净利润
1	华芯半导体	2008年5月	10 000	33.33	29 780.52	29 723.27	−233.18	−67.47
2	山东国托	2002年8月	8 000	6.25	3 231 885.67	4 666 848.80	18 863.18	8 237.16
3	星华氨纶	2008年5月	5 052	20	33 909.60	33 305.61	1 718.25	475.43
4	东岳氟硅	2004年3月	5 000	16.78	156 083.02	169 296.16	1 757.73	−5 108.30
5	金宝电子	2001年6月	4 788	20	164 056.45	180 024.53	−5 149.36	−344.10
6	青湖电子	2001年5月	4 385	35.50	14 871.64	13 733.60	−218.56	−544.61

（续表）

序号	公司名称	初始投资时间	投资额（万元）	所占比例（%）	2008 年 12 月 31 日总资产	2009 年 6 月 30 日总资产	2008 年归属于母公司所有者净利润	2009 年 1～6 月归属于母公司所有者净利润
7	华东数控	2003 年 5 月	2 763	26.32	84 878.44	119 326.94	5 071.96	4 043.22
8	天一化学	2008 年 3 月	2 500	25.34	24 425.93	25 298.20	−847.22	54.41
9	如意科技	2005 年 7 月	3 000	20	591 173.65	651 300.19	473.60	246.32
10	龙力科技	2003 年 5 月	2 450	24.11	108 745.30	109 125.29	7 182.07	4 509.70
11	通裕集团	2003 年 7 月	10 800	21.03	195 483.92	226 446.28	17 870.37	6 365.37
12	淄博高新投	2007 年 7 月	2 000	40	5 232.27	5 415.00	12.38	187.78
13	新北洋	2004 年 12 月	2 558	16.98	33 651.78	40 511.58	6 036.20	2 055.32
14	鲁信投管	2007 年 9 月	2 361	100	2 056.74	2 052.06	47.36	52.31
15	宝莫生物	2001 年 9 月	1 600	17.78	37 709.06	36 936.49	3 468.20	2 532.92
16	新风光电子	2008 年 10 月	1 216	20	13 357.87	14 249.54	573.68	−344.83
17	中食都庆	2005 年 10 月	1 100	32.59	4 366.48	4 202.72	171.00	61.78
18	中创中间件	2002 年 12 月	1 050	35	7 602.41	6 465.03	551.58	−311.56
19	鲁信投资	2008 年 12 月	150	100	11 972.69	13 903.55	2 310.57	376.58
20	金鼎机械	2003 年 12 月	1 000	34.72	8 236.40	8 146.32	−569.89	−484.50
21	科汇电力	2008 年 12 月	1 000	9.63	14 258.13	15 524.68	1 282.03	2.52
22	欧华蛋业	2006 年 7 月	900	40.14	1 908.61	1 794.27	−320.41	−128.62
23	泰华电讯	2005 年 6 月	900	22.50	11 883.74	11 294.04	22.93	−746.16
24	兴亚新材	2005 年 4 月	850	28.33	14 399.93	14 307.66	−97.55	−34.89
25	鲁信药业	2003 年 8 月	800	57.14	1 632.62	1 725.88	59.58	82.33
26	汇丰电子	2005 年 9 月	750	31.25	8 339.90	7 841.30	−27.07	−387.50
27	民生证券	2002 年 3 月	20 771	16.20	594 103.37	583 659.82	14 666.37	30 771.06
28	山大华天	2000 年 12 月	450	8.18	21 652.31	23 444.02	908.59	361.84
29	创新担保	2004 年 9 月	600	10.71	5 925.91	5 939.33	−261.26	13.42
30	山东科创	2009 年 7 月	5 000	50	—	—	—	—

2. 受托管理资金情况

目前高新投受托管理的资金有两项，为山东省科技风险投资资金和山东省科技厅、财政厅的专项资金。不过受托管理资金占公司业务的比重较小。

二、重大资产重组的方案

根据鲁信高新与鲁信集团签署的《发行股份购买资产协议书》及其补充协议,鲁信高新拟向鲁信集团发行股份购买其合法持有的山东高新投100%股权。标的资产以评估基准日2008年12月31日的评估值200 652.78万元作价,鲁信高新向鲁信集团发行169 900 747股股份。

本次非公开发行股份的价格为鲁信高新第六届董事会第六次会议决议公告日前20个交易日(2008年2月1日公司股票停牌日前20个交易日)公司股票交易均价确定,即11.81元/股。

本次发行后,鲁信集团拥有鲁信高新股份的数量为271 800 869股,占本次发行后公司总股本的73.03%(表3)。

表3　本次发行股份前后上市公司的股权结构

股东名称	发行前		发行后	
	股数(万股)	持股比例(%)	股数(万股)	持股比例(%)
鲁信集团	10 190.01	50.38	27 180.09	73.03
社会公众投资者	10 037.88	49.62	10 037.88	26.97
股本总额	20 227.89	100	37 217.96	100

2010年1月11日,中国证监会以证监许可[2010]3号文核准本次交易。同日,中国证监会以证监许可[2009]4号文豁免鲁信集团因本次重大资产重组而触发的要约收购鲁信高新的义务。2010年1月14日,鲁信高新在中国登记结算有限责任公司上海分公司办理了向鲁信集团发行169 900 747股股份的证券变更登记事项,鲁信高新总股本变更为372 179 647股。

三、重大资产重组的主要特点和启示

1. 方案需分"两步走"

重组前高新投原是鲁信高新的第一大股东,持有公司25.46%的股份(二股东鲁信集团持有24.92%的股份)。如果高新投成为鲁信集团的全资子公司,先要完成控股股东身份的转换。因此,该方案需分"两步走":高新投首先要将其持有的鲁信高新 25.46%的股份转让给鲁信集团，随后由鲁信高新向鲁信集团发行股份，收购高新投 100%股权。

2. 公司主营业务也变更为以创业投资业务

本次交易完成后，以创投业务为主的高新投将成为鲁信高新的全资子公司，公司主营业务也变更为以创业投资业务为主，且公司未来的利润将主要来自创业投资业务。

3. 存在较大的评估、审计风险和收益确认风险

高新投为专业的创业投资企业，其主要业务是以自有资金或受托管理资金对外投资。重大资产重组报告中披露的山东高新投资项目有 42 个(2009 年 7 月底，高新投以自有资金累计投资的项目共计 50 个)，对投资项目公司的持股比例一般在 15%～40%，其收益主要来源于项目公司按权益法核算的投资收益、项目退出收益、项目公司分红及管理费收入。高新投业务的独特性不仅增加了评估和审计的工作难度，而且也存在重大的评估、审计风险，尤其是收益确认风险。

4. 存在较大的价值判断风险

由于高新投为创业投资企业，其收益主要来源于项目公司按权益法核算的投资收益、项目退出收益，而创业板当时又处于紧锣密鼓的阶段，这使得投资者对鲁信高新的价值判断容易产生较大的分歧，也孕育了较大的投资风险。2008 年 2 月 1 日停牌前一交易日公司股票收盘价为 11.63 元。自 2008 年 9 月 3 日复牌至 2008 年 11 月 7 日短短 2 个月内，公司股票最低跌至 3.58 元(跌幅近 70%)，而随后公司股票有一路上扬，至 2009 年 2 月 10 日飙升到最高 19.99 元(上涨 4.58 倍)。后随着创业板的推出，公司股票最高上涨到 30.18 元。创下了沪深第一牛股的神话。

(执笔人：王建春)

＊ST 源发：债务重组“保壳”案例评析

2006 年新的《企业会计准则》的颁布，特别是债务重组准则的修订，为一些绩差的上市公司提供了“保壳”的机会，＊ST 源发在 2007 年 12 月 31 日召开股东大会，审议通过了公司债务重组方案，成功避免了暂停上市，梳理该案例对于其他试图通过非经常性损益避免暂停上市的公司来说，具有重要的借鉴意义。

一、案情介绍

上海华源企业发展股份有限公司(以下简称：＊ST 源发)因 2005 年、2006 年巨额亏损，公司股票交易被我所实行退市风险警示。2007 年前三季度公司累计亏损近 6 亿元，如果 2007 年继续亏损，根据《上海证券交易所股票上市规则》，公司股票将被暂停上市。＊ST 源发股票 2007 年 10 月 15 日因债务重组事项停牌，2007 年 11 月 14 日，公司因涉及重大资产重组、定向增发事项进入证监会预沟通程序。

2007 年 12 月 22 日，公司披露债务重组公告。公告称：12 月 12 日，＊ST 源发、债权人、担保人、承债人、出质人、代理行经友好协商，达成了《上海华源企业发展股份有限公司债务代偿协议之一》(以下简称“协议”)，该协议明确了各方的权利义务关系。

(一) 交易各方介绍

债权人：＊ST 源发 12 家金融债权人，具体指中国工商银行、中国银行、中国农业银行、中国建设银行、上海浦东发展银行、广东发展银行、上海银行、招商银行、民生银行、交通银行、深圳发展银行、中信银行。

原债务人：＊ST 源发及其公司下属子公司。

担保人：华源集团、华源投发和华源家纺。3 家公司为原债务人向债权人就标的债务提供担保。华源集团系＊ST 源发控股股东，持有＊ST 源发 190 127 100 股，持股比例 34.43％。华源投发亦为＊ST 源发股东，持有＊ST 源发 7 120 200 股，持股比例 1.29％，华源集团持有华源投发 57.91％股份。华源集团持有华源家纺 99.31％股份。

承债人：华源生命。该公司成立于 2004 年 7 月 7 日，注册资本为人民币 4 亿元。该公司控股股东为中国华源生命产业有限公司，持股比例为 97.875％；公司控股股东为华源集团，持股比例为 99％。

出质人：傅克辉、山东鲁信实业集团公司、山东长源信投资股份有限公司。三方共同持有山东鲁信置业有限公司（以下简称“鲁信置业”）100％的股权。

＊ST 源发已因资产重组、非公开发行事项进入预沟通程序，鲁信置业即为公司重组方。

代理行：中国工商银行上海分行。

（二）债务重组协议的主要内容

1. 标的债务

标的债务是指＊ST 源发与债权人签署的部分借款合同项下的应付本金及其利息，截至 2007 年 9 月 30 日，其本金余额为 59 052 万元；以及原债务人与债权人签署的其他借款合同项下截至 2007 年 11 月 20 日的应付利息；该等标的债务金额合计约 77 271 万元。

2. 标的债务的代偿

（1）债权人、＊ST 源发、承债人及担保人同意，由承债人代为＊ST 源发履行偿还应付的标的债务。

（2）担保人同意就承债人代偿应付标的债务的责任在其原担保范围内继续向债权人承担担保责任。

（3）债权人同意＊ST 源发就标的债务所提供的担保责任在本协议生效后即解除。

（4）出质人同意就承债人在本协议项下的代偿标的债务的责任向债权人提供股权质押担保，即将其所持有的鲁信置业的 100％股权质押予标的债务的相关债权人作为担保，标的债务的相关债权人特此共同授权中国工商银行作为其担保代理人，办理该等股权质押手续。

3. 关于标的债务代偿的其他安排

承债人承诺，其不会就代偿标的债务而向＊ST源发提出任何的主张，并放弃任何因代偿标的债务而依法对＊ST源发享有的追索权，承债人全额豁免因代偿标的债务而形成的对＊ST源发的应收账款。

＊ST源发债务重组路径如图1所示。

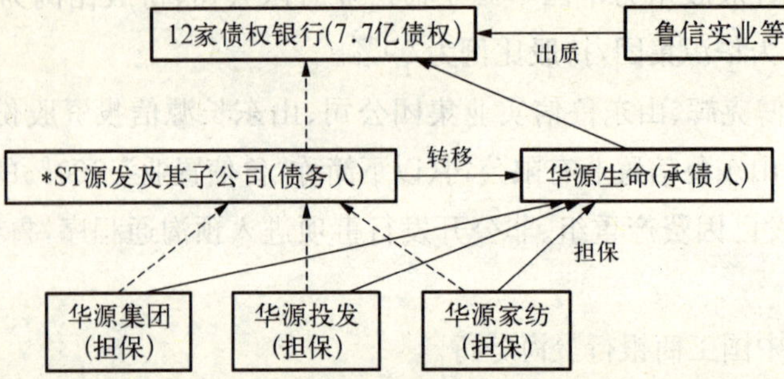

图1　＊ST源发债务重组路径图

4. 协议的生效条件

该协议由＊ST源发、担保人、承债人、出质人、代理行以及债权人中持有2/3以上债权的银行加盖公章并由各方法定代表人或由法定代表人授权的代理人签字，并在出质人所持有的鲁信置业100%的股权质押予代理行的股权质押文件签署并向鲁信置业的工商登记机关办理登记后生效。

本协议生效之日起，＊ST源发即获得承债人因代偿标的债务而形成的对＊ST源发的应收款项的全额豁免。

2007年12月31日，＊ST源发临时股东大会通过该债务重组议案。

二、监管思考

(一) 股东大会临时提案的运用

由于协议方涉及华源集团、华源投发、华源家纺、华源生命，这些企业均为＊ST源发的关联企业，因此前述事宜构成关联交易。同时，根据《上海证券交易所股票上市规则》9.1、9.3等相关要求，该事项需要提交公司股东大会进行审议。如果按照常规程序走，公司将不能在 2007 年 12 月 31 日之前召开股东大会。为此，在公司提前沟通的情况下，公司于 2007 年 12 月 16 日发布股东大会召开通知，审议修改公司《监事会议事规则》，于 2007 年 12 月 22 日通过大股东增加临时提案的方式，将债务重组事项提交 12 月 31 日的临时股东大会进行审议，从而保证公司能够在 2007 年审议该事项。

（二）如何避免停牌时间过长

公司此前试图将债务重组与重大资产重组相结合，由于资产重组涉及预沟通事项，期间需要一段比较长的时间。为了保护广大投资者的利益，避免跨年度停牌，公司必须在先避免暂停上市的情况下再进行资产重组，这样连续停牌才不至于损害股民利益。在公司停牌期间，由于公司存在暂停上市风险，我们也建议相关部门加快预沟通材料审核进度。

（三）中介机构在“保壳”中的作用

公司在利用非经常性损益“保壳”过程中应加强与会计师事务所进行沟通，如果会计师能够确认公司盈利，公司必须在 1 月 31 日之前，披露公司扭亏为盈公告；同时，公司协议生效的前提条件必须成立，即相关各方签字盖章，鲁信置业的股权办理了出质手续，公司会计师书面确认公司能够盈利的前提下公司才能披露业绩预盈公告。如果公司 2007 年继续亏损，公司须在 1 月底之前披露暂停上市风险提示公告，同时在年报披露之前，发布不少于 3 次风险提示公告，公司必须给予投资者充分的交易时间。

三、完善建议

（一）明确债务重组准则边界

新会计准则的实施，特别是新的债务重组准则的实施（根据 2002 年的企业会计准则，＊ST 源发债务评议所获得的债务豁免应当计入公司“资本公积”项目，而不能确认利润），给处于困境中的上市公司避免亏损甚至暂停上市带来了一定的空间，可以预见，在未来几年，ST 公司的数量将会减少。相关有权部门须明确以债务重组方式确认盈利的边界，如大股东、关联方对上市公司的债务重组不能计入损益，这样可以有效避免一些无业务的绩差公司通过人为债务重组成为“不死鸟”。

(二)“保壳”行动需提早准备

在＊ST源发的债务重组过程中,各方关注的问题是,＊ST源发贷款凭证的负债是否最终消除。到2007年年底,公司债务尚未消除,公司的盈利尚存在很大的不确定性,会计师尚没有对公司最终盈利与否发表任何结论。面临暂停上市的公司,如果想获得盈利,通过合法途径“保壳”,维持上市地位,一定要提早准备,认识“保壳”工作中面临的困难,临阵磨枪往往不能取得最佳效果。

华源系3家上市公司(＊ST源发、＊ST源药、＊ST华源)在这个过程中走了很多弯路,相信会对其他公司的“保壳”行动起到借鉴作用。

(执笔人:孙 锋)

GG 公司：股改承诺资产注入案例评析

GG 公司（以下简称“公司”）股改时，股东 DT 集团承诺争取在 2007 年完成 YT 公司注入公司的工作。2007 年 9 月，该承诺被“明确”为争取在 2007 年、确保 2008 年三季度以前完成注入工作。2007 年 12 月公司董事会首次公告增发方案，其后公司以重组方案未得到相关部门批复为由，未及时发出股东大会通知，DT 集团最终未按期履行股改承诺；2009 年 5 月，公司召开董事会重新提出增发方案，并于 2010 年 3 月完成 YT 公司的注入工作。第二次方案使 DT 集团多获得 8.34 亿元的对价。但值得深思的是，DT 集团以诚信为代价取得 8.34 亿元，是否值得？

一、基本情况

YT 水力发电有限责任公司（以下简称“YT 公司”）是 GG 公司股改时控股股东承诺拟注入的资产。YT 公司的主营业务为水电开发与销售，其控股股东中国 DT 集团公司（以下简称“DT 集团”）持有 70%股权。YT 公司拥有 4 台单机容量 30.25 万千瓦混流式水轮发电机组，总装机容量 121 万千瓦，年设计平均发电量为 56.60 亿千瓦时。YT 公司 2006 年、2007 年发电量分别为 46.88 亿千瓦时、58.75 亿千瓦时，实现营业收入分别为 52 028.99 万元、65 395.47 万元。以 2007 年 12 月 31 日为评估基准日，YT 公司评估值为 52.11 亿元，DT 集团持有其 70%的股权评估值为 36.47 亿元。GG 公司 2007 年总资产 134.81 亿元，净资产 44.68 亿元。

二、资产注入过程

GG 公司（以下简称“公司”）2006 年进行股权分置改革时，公司控股股东 DT

集团公开承诺：DT集团支持公司股权分制改革完成后，经国家有关部门批准，2006年下半年启动通过定向增发将YT公司注入GG公司的工作，并争取在2007年完成。

2007年9月，公告披露“目前YT公司注入GG公司的有关技术工作尚在进行中，争取在2007年，确保2008年三季度以前完成注入工作。”

2008年1月3日，公司董事会公告《关于公司非公开发行股票购买资产的预案》等文件，3月14日公告了《公司向特定对象发行股份购买资产暨关联交易报告书(草案)》、《公司2008年度盈利预测审核报告》及拟于4月8日召开股东大会的通知。后股东大会延期至5月8日，但因未能及时获得相关批文导致无法发出股东大会通知审议相关事项。

2008年9月18日，公司公告因汶川地震严重影响公司全资子公司天龙湖水电站和金龙潭水电站2008年的盈利能力，导致已经披露的《公司2008年盈利预测报告》中的“基本假设”和“编制基础”条件发生重大变化；同时因重组方案尚未得到相关部门批复，公司无法确定召开股东大会的具体日期和无法发布召开股东大会的通知，预计公司已无法在9月30日前完成重大资产重组。

2008年9月26日，公司董事会决定终止重大资产重组，并自决议公告之日起3个月内不再筹划重大资产重组事项。

2009年5月6日，公司停牌，再次启动收购DT集团持有的YT公司70%股权工作。2009年6月5日，公司公告第二次增发预案。复牌当日，公司股票大跌6.92%。

2009年9月15日公告，第二次定向增发方案获得国务院国资委(以下简称“国资委”)的批复。2009年9月22日，股东大会通过了公司第二次定向增发方案。2010年3月10日，公司公告股份变动情况报告书，完成YT公司注入GG公司的工作。

三、监管的思考

在本次YT公司注入GG公司的过程中，有两点值得关注。

(一) 2007年9月28日公告是否涉及对股改承诺的变更

公司保荐机构中信证券股份有限公司(以下简称“中信证券”)和中信建投证

券有限责任公司(以下简称“中信建投”)认为:“经核查,DT集团在GG公司股改中的承诺正在履行过程之中,GG公司2007年9月28日发布的关于DT集团股改承诺履行进展的公告,不仅未对DT集团的股改承诺进行实质性变动,而且还完全明确了完成股改承诺的最后期限。”

（二）DT集团未按时履行股该承诺的原因

公司在2008年9月18日公告中披露了无法按期履行股改承诺的主要原因：

(1) 汶川地震严重影响公司所属的天龙湖水电站和金龙潭水电站2008年的盈利能力,导致已经披露的《公司2008年盈利预测报告》中的“基本假设”和“编制基础”条件发生重大变化。

(2) 重组方案尚未得到相关部门批复,公司无法确定召开股东大会的具体日期和无法发布召开股东大会的通知。

将汶川地震作为股改承诺无法履行的原因是不充分的,理由如下：

(1) 股改承诺是将YT公司注入GG公司,汶川地震并未影响本次重组的交易标的YT公司的盈利预测数。《公司2008年盈利预测报告》发生变化但非交易标的导致,公司可以通过补充公告的方式进行修正。

(2) 汶川地震发生于5月12日,依据公司2008年5月20日《关于在川水电站受地震影响情况的公告(二)》的公告,公司对地震的负面影响作出了快速反应,公司完全有时间对公司2008年度的盈利预测进行重新修正。

(3) 依据公司《关于在川水电站受地震影响情况的公告(二)》的公告,汶川地震导致公司全资子公司天龙湖水电站和金龙潭水电站的直接经济损失为3 000万元,《公司2008年盈利预测报告》中公司备考盈利预数为4.14亿元,仅占7.25%,因此,天龙湖水电站和金龙潭水电站2008年的盈利能力的下降无法充分说明《公司2008年盈利预测报告》中的“基本假设”和“编制基础”条件发生了“重大”变化。

(4) 公司2008年盈利预测下降有可能通过影响公司股价走势进而影响大股东的利益,但并不必然导致股改承诺无法履行。

以未获得“相关部门批复”作为股改承诺无法履行的原因也不充分。DT集团于2008年5月6日已获得国资委对YT公司评估结果的备案。在2008年9

月前,并未发现相关法律规定在股东大会审议增发议案前需取得国资委的批复文件。此外,作为股改时大股东作出的承诺,YT注入公司事项在承诺作出时就可以认为国资委已经原则同意将YT注入公司了。

DT集团无法按时履行股改承诺的真实原因很可能是DT集团想重新提出增发方案,最大化地保护自身经济利益。2008年受经济危机影响,GG公司股价大幅下降,如果DT集团按照第一次增发方案实施,DT集团利益受到极大的损失。首次增发价格为GG公司第五届董事会第十三次会议决议公告日(2008年1月3日)前20个交易日公司股票交易均价12.30元/股,2008年股市暴跌,至2008年9月下旬公司股价已跌至5元以下,若仍按首次披露的方案执行,将严重影响股东DT集团的利益。而根据中国证监会发布的《关于规范上市公司重大资产重组若干问题的规定》,发行股份购买资产的首次董事会决议公告后,董事会在6个月内未发布召开股东大会通知的,上市公司应当重新召开董事会审议发行股份购买资产事项,并以该次董事会决议公告日作为发行股份的定价基准日。公司因上述"原因"不发出股东大会的通知,目的很可能在于重新召开董事会确定增发价格。如果以2009年12月31日公司股票收盘价7.87元计算,比较两次增发方案,第二次增发方案可以使DT集团多获得约8.34亿元的对价[计算方法为:(24.39+1.49×7.87)-(12.19+1.98×7.87)]。表1列示了两次增发方案的差异。

表1 两次增发方案比较

	第一次增发方案	第二次增发方案
标的物	YT公司70%股权以及相关股东权益(约为36.58[①]亿)	YT公司70%股权以及相关股东权益(约为36.58亿)
对价支付方案	公司购买目标资产采取GG公司向DT集团非公开发行股票与支付现金相结合的方式,其中支付现金的金额约为目标资产评估价值的1/3(约为12.19亿元);GG公司向DT集团非公开发行股份方式购买目标资产2/3(按发行价12.30元/股,约为1.98亿股)	公司购买目标资产采取GG公司向DT集团非公开发行股票与支付现金相结合的方式,其中支付现金的金额约为目标资产评估价值的2/3(约为24.39亿元);GG公司向DT集团非公开发行股份方式购买目标资产1/3(按发行价8.18元/股,约为1.49亿股)

① 该数据是最后获得国资委正式批复的评估值。

四、建议

通过前述案例分析，我们认为，有必要进一步完善制度，指导国有股东与上市公司资产重组行为，细化国有股东对资产重组批准程序。本次重组过程中，DT集团以未获得有关部门批复为由，迟迟未发出股东大会通知审议重组事项，导致股改承诺未按期履行，相关法规的缺失给了DT集团一定操作的空间。2009年6月，国资委颁布《关于规范国有股东与上市公司进行资产重组有关事项的通知》，明确规定国有股东与上市公司进行资产重组的方案经上市公司董事会审议通过后，国有股东应当在上市公司股东大会召开日前不少于20个工作日，按规定程序将相关方案报省级或省级以上国有资产监督管理机构审核。国有资产监督管理机构在上市公司股东大会召开前5个工作日出具批复文件。上述规定对国有股东对资产重组批准程序进行细化，从制度上防止类似情况再次出现。

（执笔人：朱家安）

鲁润股份：股权转让推动股改案例分析

股权分置改革开展以来，大部分具备条件的公司都顺利完成了此项工作。然而，部分因种种原因而难以正常推进股改的公司不得不选择特殊的股改途径。本案例中泰安鲁润股份有限公司选择了股权转让与股权分置改革结合的股改方案，并以潜在股东的名义发布股权分置改革方案及承诺履行股改对价的支付。该方案解决问题的方式为指导上市公司股权转让及股权分置股改积累了宝贵经验。

一、案情介绍

泰安鲁润股份有限公司(简称“鲁润股份”，股票代码600157。公司2010年10月29日更名为永泰能源股份有限公司，简称“永泰能源”)于1998年5月在交易所上市，主营成品油经营、润滑油生产与销售、房地产业务开发及金矿开采、装饰装潢业务兼营水泥生产销售等。公司总股本17 044.62万股，流通股6 355.84万股(占总股本37.29%)。

公司前两大非流通股股东分别为中国石化泰山石油股份有限公司(以下简称“泰山石油”)和泰安鲁浩贸易公司(以下简称“泰安鲁浩”)。泰山石油持有鲁润股份5 028万股法人股(占总股本的29.5%)，为上市公司并列第一大股东。泰山石油的控股股东为中国石油化工股份有限公司。泰安鲁浩持有鲁润股份43 761.73万股法人股(占总股本的25.68%)，为上市公司并列第二大股东。

由于中国石油化工股份有限公司旗下有多家上市公司，全面实施股权分置改革存在一定的难度，因此决定将其控股子公司泰山石油持有的鲁润股份的5 028万股法人股(占总股本的29.5%)转让给江苏永泰地产集团有限公司(以下简称“永泰地产”)。同时公司第二大股东也将其持有的鲁润股份43 761.73万股法人股(占总股本的25.68%)转让给永泰地产，并由永泰地产实施股权分置改革。

永泰地产成立于2002年4月，注册资本10 002万元，主要从事房地产信息咨询、房地产经纪中介、房地产投资。其股东为永泰投资控股有限公司(持股90%)、郭天舒(持股10%)。实际控制人为自然人王广西。王广西持有永泰投资控股有限公司80%的股权，郭天舒为王广西的夫人，持有永泰投资控股有限公司20%的股权。截至2006年12月底，永泰地产总资产为74 345万元，净资产26 585万元，2004—2006年分别实现利润－568万元、1 518万元、1 546万元。永泰地产是一家较为有实力的民营企业。

2007年1月30日，永泰地产分别与泰山石油及泰安鲁浩签订《股份转让协议》，永泰地产分别受让泰山石油持有的鲁润股份29.5%的法人股及泰安鲁浩持有的鲁润股份25.68%的法人股。本次股权转让完成后永泰地产将持有鲁润股份55.18%的股权，成为鲁润股份控股股东。转让价格以鲁润股份2006年第三季度报告披露的截至2006年9月30日调整后的每股净资产1.992元为参考，确认为每股1.992元。

作为鲁润股份的潜在控股股东，永泰地产与鲁润股份其他非流通股东协商确定了股权分置改革方案，并于2007年4月17日公布了股权分置改革相关文件。基本方案为：流通股股东每10股获得由非流通股股东支付2.3股的股份。并承诺在2007年度进行高送派(10送5)。永泰地产同时披露，在鲁润股份股权收购获得中国证监会豁免要约收购批准后，将对鲁润股份实施重大资产置换方案，通过注入优质资产，以提高公司盈利能力、改善公司资产质量、实现公司可持续发展。

2007年4月17日，公司公布股改方案后，经过近5个月后，公司于9月7日发出相关股东大会召开通知。9月28日，相关股东大会审议通过股改方案。12月17日，公司股权转让工作完成，永泰地产由潜在股东成为实际股东。12月20

日,公司股改工作实施完毕。

二、监管思考

1. 以潜在股东的名义发布股权分置改革方案并履行未来股改对价的支付

本次股权分置改革最主要的特点是由公司潜在控股股东永泰地产承诺在股权转让后实施股权分置方案,并履行股权分置改革方案中的有关承诺事项。

2. 股权转让与股权分置改革互为条件

本次股权分置改革与股权转让互为条件。如果潜在股东不推出股权分置股改方案并履行未来股改对价的支付,中国证监会不会同意其豁免要约收购的申请以及核准其股权转让事项。反之,本次股权转让如果不能实现,永泰地产则无法履行股改的对价支付及股权分置改革方案中的有关承诺事项。

3. 有关承诺事项的披露问题

在最初公司起草的股权分置改革方案中,潜在控股股东永泰地产承诺未来将向鲁润股份注入优质资产。由于对流通股股东支付的对价比例不是很高,永泰地产特别看重此项承诺对流通股股东的吸引力。

然而,永泰地产只是公司的潜在股东,就其未来注入何类"优质资产"、如何注入以及何时注入等事项,公司在股权分置股改方案中都无法进行详细披露。

4. 泰山石油流通股股东诉讼事项的影响问题

2007 年 5 月,泰山石油一流通股股东起诉泰山石油在其股东大会表决上述股权转让事项时,股东大会程序不合法。如果流通股股东胜诉,就意味着泰山石油与永泰地产签订的股权转让协议可能无效,考虑到该诉讼事项的影响,公司的股权分置改革工作被迫暂停,即暂缓发布相关股东大会的召开通知。直至 2007 年 9 月 7 日,流通股股东诉讼案件经法院判决生效后,鲁润股份的股权分置改革工作才重新启动。公司相关股东会议于 2007 年 9 月 27 日召开并审议通过了股权分置改革方案。

三、完善建议

该案例需要思考的问题主要有两方面:一是在股权转让与股权分置改革互为条件的情况下,如何规范公司的信息披露及履行相关的审议程序问题。二是存在诸多不确定性的前提下如何披露资产注入等承诺事项的问题。

对于股权转让与股权分置改革互为条件问题，目前的规则对此缺乏明确的规范，导致实务中可能产生两方面的问题：一是对监管部门而言存在较大的审核难度，如果公司的相关股东会议审核通过了股权分置股改方案，就会倒逼监管部门批准公司的股权转让；二是如果监管部门批准了公司的股权转让，而由于某种原因公司的股权分置股改方案未能实施，对监管部门来说意味着较大的审批风险。为此，监管部门在审核此类股改方案时需谨慎把关，同时要求公司鲁润股份在公布股权分置改革方案时，需充分披露和提示风险。

对存在诸多不确定性的前提下如何披露资产注入等承诺事项的问题，目前多数公司作为非流通股股东的一项承诺事项而予以披露。对于鲁润股份而言，潜在股东注入优质资产只是未来的一种打算，如果作为股改的一项承诺，不仅标的资产和注入时间等难以明确，而且还存在一定的行政审批的风险。为此，公司将注入优质资产的承诺作为股权分置改革说明书中的“其他事项”进行披露，而不是作为“承诺事项”披露。

（执笔人：王建春）

LH公司：以资抵债解决清欠后续监管案例分析

大股东非经营性占用上市公司资金（以下简称“资金占用”），一直以来都是影响上市公司资产质量和可持续发展的一个重大问题。对此，各级政府及有关监管部门给予了高度的重视，连续出台了多项强有力的法规和政策，各方协作配合，全力推进资金占用的清欠工作。以股改为契机，通过现金清偿、红利抵债、以股抵债、以资抵债等方式，绝大多数的资金占用都得到了全面清理和偿还。但近2年来，前清后欠的问题又有所发生，其中的新增占用固然应引起各方的重视，而通过以资抵债方式清欠潜藏的后续问题我们也不能忽视。以下通过LH公司案例，对以资抵债解决清欠问题的后续监管加以分析探讨。

一、案例简介

（一）资金占用情况概述

LH公司（或称“公司”）大股东LH集团对公司的资金占用主要形成于2002年至2004年。作为公司的独家发起人，大股东在公司设立时将优质的经营性资产投入公司，留给大股东的都是盈利性较差的资产和非经营性资产。随着市场变化，大股东存续资产经营发生了困难，自2002年以来在历史包袱沉重及经营效益恶化的情况下，为筹集运营周转资金、运营费用及对外投资资金，大股东在维持日常生产经营中直接或间接占用了公司大量资金。

根据2006年4月底披露的会计师事务所出具的《关于关联方资金往来情况的专项说明》，截至2003年8月31日，大股东占用公司资金8.58亿元，2003年年底占用6.89亿元，2004年年底占用10.73亿元，2005年年底占用10.57亿元。

（二）通过以资抵债等方式解决资金占用

2006 年 4 月，公司进入股改程序，6 月，股改提示公告称股改方案拟解决资金占用问题。

1. 以资抵债

2006 年 7 月，公司发布董事会决议公告，推出大股东以资抵债解决资金占用问题的方案。大股东抵债的资产为土地、固定资产以及 LHYT 药业有限公司等 7 家公司的股权，以评估值 5.88 亿元作价抵偿 2003 年 8 月 31 日前占用的 5.88亿元，其中 7 家公司的股权以原账面投资 2.88 亿元为评估值。方案称，抵债的资产较为优良，且公司又在使用中，也利于减少关联交易，提升公司持续发展能力。本次以资抵债后，尚有资金占用 4.69 亿元。大股东特别承诺，为保护中小股东利益，抵债的 7 家公司如果存在跌价准备，则大股东予以现金补偿。8 月以资抵债方案通过股东大会审核，并很快实施完毕，公司公告称双方已办理了资产交割过户、变更登记、应收应付账款冲抵等手续。

2006 年半年报披露，截至 2006 年上半年底，资金占用 10.50 亿元，以资抵债后占用余额 4.62 亿元。

2. 以转增权抵债及以股抵债

2006 年 9 月，公司董事会推出转增暨大股东以转增权抵债及以股抵债方案，该方案于 10 月通过股东大会审核，11 月，大股东以 2.64 亿股抵偿资金占用 4.07 亿元，至此资金占用余额为 0.56 亿元。公司随后又公告，剩下的 0.56 亿元由大股东代为偿还公司债务解决。

根据 2007 年 4 月底披露的会计师事务所出具的《关于关联方往来情况专项说明》，截至 2006 年年底，大股东非经营性资金占用问题得到全部清理，余额为零。

（三）以资抵债无法落实导致已经完成清欠的资金占用再次浮出水面

尽管公司公告称以资抵债于 2006 年 8 月已经实施完毕，双方已办理了抵债的资产交割过户、变更登记、应收应付账款冲抵等手续，但当年的年报及随后的 2007 年半年报却并未把上述 7 家公司纳入公司合并报表范围。

就 2007 年半年报披露的 5.84 亿元其他应收款问题，公司于 2007 年 9 月解释称，正在与大股东对以资抵债的 7 家公司进行过户工作，如果最终过户存在障碍,大股东将以资产置换或替公司承担债务的形式回购上述7家公司,在此之前,公司作了2.83亿元的其他应收款处理。根据2008年4月底披露的2007年报,其他应收款有5.09亿元,其中2.26亿元系以资抵债形成。

2008年7月14日,证券市场周刊刊登题为“LH公司十余亿元去向何处?”的记者报道,对包括巨额其他应收款在内的有关问题进行了报道和质疑。公司对此作出解释称,由于2007年原材料市场价格大涨,大股东2006年8月以资抵债的7家公司盈利能力大降,为保护广大投资者利益,公司要求大股东履行以资抵债时的承诺(即抵债的7家公司如果存在跌价准备,则大股东予以现金补偿),同时考虑到该7家公司过户手续尚未办完,故作了2.83亿元的其他应收款处理。当年年底,大股东以替公司承担债务方式解决了2.83亿元中的0.58亿元。至此,公司对大股东尚有2.26亿元的其他应收款。

2008年9月,交易所发函督促公司尽快解决对大股东的其他应收款2.26亿元。证监局也于8月初就相关情况向证监会作了书面报告。

2008年11月底,市政府下发关于彻底解决LH公司大股东占用资金的批复。批复称,尽快办理LHYT药业有限公司的过户手续,抵偿占用资金8 018万元,另外,市财政及下属的经济开发公司免除公司借款本息6 500万元,抵偿大股东占用6 500万元,余下的8 000万元由大股东年底前自行解决。该批复有两点值得关注:一是YT药业的资产质量和盈利能力如何?是否也存在所谓的跌价准备?二是如今的大股东早已资不抵债,如何有能力自行解决8 000万元的占用?是否还可以采用政府协调下的替公司承担银行债务方式?

截至2008年年底,经交易所与相关监管机构多方协调,积极督促,LH公司大股东及相关方已经以债务转出、股权置入等形式彻底解决了前述资金占用的遗留问题。

二、监管思考及完善建议

在现金清偿、红利抵债、以股抵债、以资抵债等清欠方式中,以资抵债的隐患及后续问题最多。以下几方面应该引起我们的监管关注。

(一)以资抵债资产的质量

很多情况下,尤其是存在大股东巨额资金占用的情况下,大股东手头往往缺乏较优质的资产。如果采用以资抵债方式，大股东抵进来的往往只是盈利能力较差或者是非经营性资产，或者与公司主营关系不大的资产。公司被占用的是流动资金，换回来的却是流动性和盈利能力差的资产，很可能会对公司的可持续发展带来较大的副作用。

（二）资产的权利瑕疵及过户瑕疵

大股东占用公司资金，也可能同样占用了其他人的资金，在这样的情况下，应该关注大股东对以资抵债的资产是否拥有完全、无限制的产权及完整的权属证明，该资产是否被冻结、抵押或质押，这些都可能导致日后无法确权过户的困难。

（三）评估机构等中介机构的职业操守

以资抵债一般以资产的评估价格作价抵偿占用资金的本息，因此资产评估价格的高低，就成为以资抵债的最关键问题。由于大股东占用公司资金，他就天然具有高估抵债资产的冲动。资产评估机构能否顶住大股东的压力，坚持自身的职业操守，采用合理的评估方法、程序，准确公允评估资产的价值就显得尤为重要，可以说，资产评估是公司免遭资不抵债风险的最后一道屏障，投资者在股东大会投票也就依赖资产评估报告。大股东以资抵债的资产评估过程中，要关注以下几种情况：一是评估大幅升值，尤其是土地、无形资产等大幅升值，甚至在机器设备等本应考虑减值、折旧等冲抵因素情况下，也评估升值；二是无账面价值，只有评估价值，无法判断到底是升值还是贬值；三是更有甚者纯属玩数字游戏，往往不是资产评估，而是先看债务多少，依占有资金多少来定资产评估价值。以上情况下以资抵债的实质就是公司高价收购大股东资产，如果还在以资抵债后冲回坏账准备记作利润，那就更加具有欺骗性了。与资产评估机构一样，独立财务顾问以及公司审计机构、律师、独立董事等都应该独立勤勉尽责，不光在以资抵债过程中要尽责，在所谓的实施完毕后更要尽责，要跟踪关注抵债资产的过户及后续盈利情况，并及时予以披露。

（执笔人：黄勋云）

太行水泥：股东涉嫌违反前期承诺案例评析

伴随着国有企业的产业整合，上市公司或其控股股东股权在同一实际控制人下无偿划转的情况时有发生。同时，伴随着股权的划转，上市公司所面对的同业竞争状况也同样发生着变化。为了有效地防范可能损害上市公司利益的同业竞争，有关监管部门在对股权划转进行行政审批时，通常会要求上市公司新的控股股东或实际控制人对股权划转以后上市公司所面临的同业竞争情况作出承诺。但由于此类承诺多数情况下为"定性"承诺，客观上对上市公司新的控制方履行承诺及监管部门的后续监管造成了一定的困难，这些都亟待相关法律法规的进一步完善。

一、案情介绍

河北太行水泥股份有限公司(以下称"太行水泥"或"公司")原实际控制人为邯郸市国有资产管理委员会。2007年10月18日，公司实际控制人邯郸市国有资产管理委员会与北京金隅集团有限责任公司(以下称"金隅集团")签署框架协议书，拟将其持有太行水泥母公司河北太行华信建材有限公司(持有公司50.98%的国家股)50.84%的股权转让给北京金隅集团。金隅集团于2007年10月公告了《河北太行水泥股份有限公司收购报告书》，并对太行水泥的全体股东作出承诺，将在时机成熟时通过资产重组和整合将与水泥相关的资产和业务全部注入太行水泥以解决同业竞争问题；凡金隅集团有商业机会可从事、参与或入股可能与太行水泥生产经营构成竞争的业务，应于发现该商业机会后立即书面通知太行水泥，并将上述商业机会按不劣于提供给金隅集团及其关联方或任何独立第三方的条款和条件首先向太行水泥提供。

金隅集团完成收购后，并未对有关同业竞争的承诺作出实质性安排。而后，由于北京市国资委决定金隅集团控股子公司北京金隅股份有限责任公司（以下称“金隅股份”）拟赴H股上市，金隅股份于2008年6月受让了中国华融资产管理公司石家庄办事处所持有的河北太行水泥股份有限公司第一大股东河北太行华信建材有限责任公司（以下称“太行华信”）33.16%的股权。此外，金隅股份表示在未来12个月内，拟通过受让或托管金隅集团持有太行华信等方式最终取得对太行华信的控制权。

2008年10月10日，太行水泥董事会作出相关决议称：太行水泥接到实际控制人——金隅集团控股子公司金隅股份的“关于北京金隅股份有限公司未来水泥业务发展的通知函”，主要包括以下内容：

（1）根据金隅股份与河北天塔山建材有限公司于2007年12月11日签署的《北京金隅股份有限公司与河北天塔山建材有限责任公司关于共同合作设立赞皇金隅水泥有限公司之合同书》，双方拟在河北赞皇共同投资设立赞皇金隅水泥有限责任公司。其中金隅股份出资约6亿元人民币。

（2）金隅股份拟择机投资约10亿元整合北京小水泥业务。

（3）除上述外，金隅股份拟考虑在资产整合前在金隅股份（包括自身及其下属公司）与太行水泥（包括自身及其下属公司）现有的水泥业务及地区市场（主要包括河北、天津、北京地区、保定、衡水、沧州、邢台以及黑龙江地区，以下称“原市场”，下同）以及原市场以外的境内外市场（以下称“新市场”）寻求新的相关商业机会并进一步发展水泥业务（包括水泥生产及销售等相关业务）。

由于上述事项涉嫌违反金隅集团的前期承诺，太行水泥董事会以董事会决议的形式许可了金隅集团的上述计划，并同意：

（1）追认金隅股份对赞皇金隅水泥的投资及根据北京市人民政府授权主管部门批准拟进行的小水泥整合业务。

（2）确认在资产整合前将不会在除邯郸地区以外的原市场以及新市场考虑进一步发展水泥业务。

（3）在资产整合前，若金隅集团和金隅股份在除邯郸地区以外的原市场以及新市场发现与公司主营业务（即水泥业务）相关的商业机会，无需书面通知公司，金隅股份可自行发展。

(4) 如金隅股份上述业务涉及水泥销售事项时,应按照与公司签署的《水泥产品代销合作协议》相关条款执行。

公司的独立董事对上述事项发表了同意的独立意见。

二、监管过程

交易所采取的监管措施如下:

(1) 约见金隅集团及太行水泥的相关管理人员谈话。

(2) 要求太行水泥律师就上述事项发表法律意见。

(3) 要求太行水泥董事会就公司下一步发展规划发表意见。

(4) 要求太行水泥就上述决议提交股东大会,相关关联股东予以回避并提供网络投票。

(5) 要求金隅集团对收购太行水泥的动机及今后的安排作出说明。

(6) 启动与港交所的沟通机制,了解金隅股份赴港上市的详细情况。

三、后续进展

在监管机构的督促和金隅股份及太行水泥的共同努力下,金隅股份于2010年4月(其在香港联交所成功上市后)宣布以吸收合并的方式对太行水泥进行整合,并最终以金隅股份吸收合并太行水泥并在A股上市的方式解决了上述承诺的履行问题。

四、监管思考

(一) 港交所与上交所信息披露的协同

从上述案例中不难发现,如上交所上市公司实际控制人、控股股东或其他相关法人拟赴港交所上市,该事项将可能对上交所上市公司产生重大影响,因此相关信息应予以及时完整披露,但由于港交所在上市审核过程中有“静默期”的规定,因此如何做好在上述期间上交所上市公司的信息披露工作,仍有待两所的进一步协商讨论。

(二) 上市公司承诺应包含的具体内容

在实际工作中,上市公司越来越频繁在涉及收购等事项中出现相关承诺,但承诺究竟应该包含哪些要素，是定性描述还是定量保证？承诺责任由谁来承担等，应有明确的规定，如上述案例中就由于相关承诺未说明具体的时间期限，因而给后续监管带来了一定的困难。

（三）修改承诺应履行怎样的程序

上述案例中，相关方面曾经争论焦点之一即为“如需对承诺进行修改该履行怎样的程序”。有的认为只需经过董事会审议即可，有的认为还需提交股东大会审议，相关关联股东回避并提供网络投票。由于在以往的法律法规中，对此没有明确的规定，因此建议今后可考虑完善相关规定。

（执笔人：徐明磊）

CX公司：短线交易主体范围的探讨

我国《证券法》第47条对上市公司董事、监事、高级管理人员和持有上市公司股份5%以上的股东，在6个月内反向交易上市公司股票的短线交易行为进行了规制。但在实际操作中，对其他相关人员，如公司股东(或实际控制人)及其一致行动人之间、上市公司董、监事、高管的亲属、(控股)股东和重组方的董、监事、高管及其他相关人员的该类交易行为一直缺乏直接的规定，这导致在日常监管中对于上述各方在重大信息披露前的敏感期内频繁短线交易公司股票缺乏处罚依据，从而无法对其行为进行规制。本文以CX公司相关股东涉嫌短线交易为例，对该类交易所存在的问题进行分析，并提出了相关的政策建议。

一、案情介绍

2007年4月25日，CX公司(或简称“公司”)实际控制人个人买入了公司股份78 800股，其妻于2007年4月23日和27日合计买入15 400股。因前述股票买入行为触及了要约收购的条件，2007年5月25日，公司实际控制人向证监会提交了要约收购豁免申请，申请豁免要约收购。同时，自2007年5月25日起，其控制的A公司、B公司、C公司合计减持了18 251 207股，占比10.824%。公司律师认为，公司实际控制人及其一致行动人前述买入股票的行为不再属于《上市公司收购管理办法》第24条规定的继续增持股份情形。此后，根据证监会向公司出具的行政许可申请中止审查通知书，公司实际控制人撤回了豁免要约收购的申请，并于2008年11月20日予以公告。

值得注意的是，2007年5月10日，公司因涨幅偏离值超过20%，披露股价异常波动公告后申请停牌，并称实际控制人拟将其持有的资产注入上市公司。2007年5月24日，公司披露，取消资产注入计划并复牌。经查，在该资产注入重大信息披露之前，存在较多的相关人员频繁买卖公司股票的情况。除了前述实际控制人本人及其妻子买卖公司股票外，公司股东C公司（实际控制人的一致行动人）的某执行董事（实际控制人母亲）于2007年4月19日和30日合计买入公司股票37 300股，于5月24日全部卖出。2007年4月23日，将正式成为公司副总经理的某高管于2007年3月28日和30日分两次买入2万股，于4月5日全部卖出，4月25日和30日又买入20 360股。公司另一高管于2007年4月4日买入公司股票2 000股，4月30日买入3 000股。

此外，公司的大股东D公司、B公司和A公司在减持过程中也都存在短线反向交易公司股票的情况。前述三者分别于2007年3月6日、7月30日和8月6日买入公司股票15万股、1万股和11万股。

在对该事项的审核过程中，主要采取了三方面的监管措施：

（1）对公司实际控制人与一致行动人之间在6个月内进行反向交易是否属于短线交易进行了关注，要求律师对该事项发表补充意见并予以披露。公司律师认为，公司实际控制人及其一致行动人在本次股权买入、卖出过程中，以及在本次申请撤回过程中不存在证券违法行为。

（2）启动联合监管程序，请求协助核查公司前述大股东在减持过程中是否存在相关的违法违规行为，并获取了前述相关各方及人员买卖公司股票的事实。

（3）要求公司董事会对前述买卖公司股票行为是否属于内幕交易或短线交易进行核查。公司董事会随后就前述事项的核查结果及已采取的处理措施出具了专项说明。

二、监管思考

本案例凸显了目前的法律法规存在着监管漏洞和上市公司保密制度建设薄弱两个方面的问题。在法律法规方面，《证券法》第47条只规定了上市公司董事、监事、高级管理人员和持有上市公司股份5%以上的股东，将其持有的公司的股票在买入后6个月内卖出，或者在卖出后6个月内又买入，由此所得收益归公司所有，公司董事会应当收回其所得收益，而对于公司股东（或实际控制人）及其一致行动人之间、上市公司董、监事、高管的亲属、（控股）股东和重组方的董、监事、高管及其他相关人员6个月内买卖公司股票的行为并未进行规范。由于内幕信息传递的隐秘性,导致内幕交易行为往往难以认定和查处,前述各方往往可以利用内幕信息的优势牟利。而该种交易又不受《证券法》第47条的规范,前述各方的交易在买卖时间上不受限制,就可以利用内幕信息进行短线获利。这就导致我们在日常监管工作中对一些明显属于不正常的行为或交易无法进行认定和查处。在实际工作中也确实发现较多的未受规范的前述各方在重大信息披露前的敏感期内频繁买卖公司股票,却因无处罚依据从而无法对其行为进行处罚的情况。

本案例凸显了的另一个问题是上市公司保密制度建设方面的薄弱。在公司重大事项披露前,实际控制人本人及其妻子、母亲、公司的高管都出现买卖公司股票的情况是极为不正常的。对于实际控制人本人及其妻子买卖公司股票行为,公司董事会称实际控制人的股票账户乃由其妻管理,在实际控制人不知情的情况下其妻买入了公司股票,随后实际控制人即向证监会提交了豁免要约收购的申请。而对于上述其他人买卖公司股票的行为,公司董事会认为都不属于内幕交易,上述人员都未参与重大事项的筹划,不属于内幕知情人范围,其买卖行为都属于正常的市场交易行为,从而将其排除在内幕交易的范围之外。虽然公司董事会未将上述人员买卖公司股票的行为界定为内幕交易,但鉴于上述人员与实际控制人及公司关系的特殊性,即上述人员分别为实际控制人的妻子、母亲(同时也为实际控制人一致行动人、公司股东的执行董事)、公司的高管及即将成为公司高管的人员,公司董事会简单地以上述人员未参与重大事项的筹划为理由,从而将其排除在公司内幕信息知情人范围外的解释令人难以信服。在公司披露重大信息之前发生如此多不正常的买卖公司股票行为,显示了公司重大信息保密制度有效性的欠缺,同时也显示了目前相关法规制度对该类买卖公司股票行为的约束力和威慑力较弱,以及董事会该方面职能的弱化。

三、完善建议

针对上述反映出来的问题,笔者认为以下问题值得思考。

(一)扩大短线交易主体范围的必要性

本案例中反映出来的短线交易有两种:一种是实际控制人及其一致行动人之间的短线交易;另一种是其他相关人员的短线交易。由于A公司、B公司、C

公司3家上市公司的股东同属实际控制人控制，属于一致行动人，其合计持有的股份超过上市公司总股本的30%并对上市公司实施控制，从控制的角度来说与单个股东的持股并无差异。由于股东，尤其是控股股东或实际控制人在掌握上市公司重大信息方面拥有别人无可比拟的优势，如果与其一致行动人之间的交易在时间上未受限制，其就可以在一致行动人之间通过一方买一方卖的方法进行短线交易并牟利，而这将严重地侵害市场的公平性交易原则。因此，为避免存在监管漏洞，相关的法律法规有必要进一步明确短线交易股东及其一致行动人的概念，将股东(或实际控制人)及其一致行动人买卖公司股票行为纳入短线交易的主体。

而对于其他人员，如上市公司董、监事、高管的亲属、(控股)股东和重组方的董、监事、高管及其他相关人员买卖公司股票的行为，需加强对内幕交易的监管力度，对于严重的内幕交易行为需坚决查处，决不姑息。但鉴于内幕信息传播具有隐秘性以及内幕交易行为难以认定和查处，也可考虑将重大信息披露前买卖公司股票的前述人员纳入短线交易监管范围，其买卖受短线交易时间的限制，并参照短线交易的标准进行处罚。

若将上述买卖公司股票的行为纳入短线交易监管范围，则尚有两个问题需进一步明确：

(1) 短线交易收益的计算。由于相关法规没有规定短线交易收益的计算方法，实际操作中采用的方法各不相同，但通常由公司或违规人员自行选择标准来计算收益，且一般计算出来的违规收益均比较低或没有收益。如本案例中公司董事会对股东短线交易的违规收益就以其第一次卖出的价格为标准。这容易使得违规方的违规成本较低，相关的规定对其约束力不强。因此，有必要统一制定短线交易违规收益的计算标准，而且该标准需从重从严，使得对短线交易的惩处具有威慑力。

(2) 股东(或实际控制人)及其一致行动人之间短线交易违规收益由谁交纳的问题。由于股东(或实际控制人)及其一致行动人之间的短线交易往往以一方买入另一方卖出的方式出现，从单方来看各一致行动人都不存在短线交易问题，但由于各一致行动人之间总有一方控制或存在终极的控制人，因此，该类短线交易收益应由实施控制的股东或实施最终控制的实际控制人缴纳为宜。

(二)强化上市公司的保密制度和董事会的职能

为防止该类内幕交易和短线交易成为一种普遍现象，在要求上市公司严格实施内幕信息知情人登记制度的同时，可要求上市公司董事会有义务在重大信息披露前后或采取定期的方式对前述目前未受限制的相关各方买卖公司股票的行为进行检查，若发现上述各方在重大信息披露前有买卖公司股票的行为，上市公司董事会则有义务核实发生的交易是否属于内幕交易和短线交易，向监管机构出具核查结果的专项说明，并按相关的规定进行处理。

另外，为防止董事会对该类事项的处理采取消极的态度，可以要求公司的律师对该类事项明确发表意见，并辅之以信息披露措施，将前述各方买卖公司股票的事实、公司董事会的核查及处理结果连同公司律师的法律意见一并披露，使之接受公众和媒体的监督，以便加强前述各方的自我约束力，强化上市公司董事会该方面的职能。

(执笔人：周长青)

ST 建通：首例短线交易裁判案例分析

2009 年 10 月 21 日，上海市卢湾区人民法院对 ST 建通诉股东短线交易一案作出一审判决，成为我国法院对于短线交易收益归入制度的第一例裁判案例。笔者认为，“ST 建通案”对于短线交易的主体认定等有关问题进行了有益的探讨，对于我国制定与短线交易相关的司法解释和相关监管规则，具有一定的借鉴意义。

一、概述

短线交易(“Short-Swing”)行为，系内幕交易的一种典型形态。我国 1993 年《股票发行与交易管理暂行条例》和修订前后的《证券法》均规定了短线交易收益归入制度。现行《证券法》第 47 条规定，“上市公司董事、监事、高级管理人员、持有上市公司股份百分之五以上的股东，将其持有的该公司的股票在买入后六个月内卖出，或者在卖出后六个月内又买入，由此所得收益归该公司所有，公司董事会应当收回其所得收益”；第 195 条规定，“上市公司的董事、监事、高级管理人员、持有上市公司股份百分之五以上的股东，违反本法第四十七条的规定买卖公司股票的，给予警告，可以并处三万元以上十万元以下的罚款”。参考其他国家和地区立法例，除我国之外，还有美国、日本、韩国和我国台湾等规定有短线交易收益归入制度——实际上各国和地区有关短线交易的规范，基本上都源于美国 1934 年《证券交易法》第 16 条(b)款有关将内部人 6 个月内反向交易行为所得收益归入发行者即公司之规定[①]。按照短线交易收

---

① ［日］河本一郎：《证券交易法概论》，法律出版社 2001 年 3 月，第 283 页；刘连煜：《现行内部人短线交易规范之检讨与规范新趋势之研究》，载《公司法理论与判决研究》，台湾元照出版公司 2000 年 9 月，第 189 页。我国 1993 年《股票发行与交易管理暂行条例》有关短线交易的规定亦几乎就是美国 1934 年《证券交易法》第 16 条(b)款的翻版。

益归入制度,原告(上市公司或其股东)无需举证证明内部人确有利用内幕信息买卖股票图利,只要其反向交易行为相隔不超过6个月,其利益即得被请求归属于公司,并辅以严格之利益计算,从而剥夺公司内部人因短线交易可能获得之任何利益。一般认为,短线交易收益归入制度属于禁止内幕交易的衍生规定,源于因证明内幕交易较难而采取的一种弥补手段,因而在立法技术上运用一种粗略而实际的方法(crude rule of thumb)以使内部人承担民事责任,其基本立法精神在于事前吓阻,至于内部人是否曾经利用未公开的信息则在所不问。正是由于短线交易收益归入制度可以带来举证、法庭调查的简化和诉讼成本的降低,加之严格的归责原则,间接禁止了内部人对所属公司股票从事频繁短线交易的行为,从而可以在一定程度上减少、防止内幕交易的发生。

我国2005年《证券法》和《公司法》修订以后,尤其是随着上市公司董事、监事、高级管理人员任职期间转让股份限制的放宽和证券市场的发展,上市公司董事、监事、高级管理人员和股东的短线交易行为大有抬头之势①。如中国证监会仅于2009年9月4日一天内即公告了三起有关董事、监事和高级管理人员短线交易行为的行政处罚案件(实际上,中国证监会至今亦仅处罚了此三例短线交易行为),证券交易所亦根据《上市规则》对上市公司董事、监事、高级管理人员和股东的短线交易行为采取了相关纪律处分措施②。但是,由于《证券法》相关条文较为概括和粗略,加之缺乏相应的司法解释和行政解释(如证监会处罚的前述三例短线交易案件,其情节均较为简单,认定上并无争议),实务中,短线交易收益归入制度在法律解释和适用上存在一定的分歧。

2009年10月21日,上海市卢湾区人民法院于对ST建通诉股东短线交易一案(以下简称“ST建通案”)作出一审判决,成为我国法院对于短线交易收益归

① 参见深圳证券交易所研究报告:《2007年证券市场主体违法违规情况报告》,载深圳证券交易所网站www.szse.cn。

② 参见中国证监会网站www.csrc.gov.cn。如根据新闻报道,截至2009年10月,上海证券交易所2009年度共查处了上市公司董事、监事及高级管理人员包括短线交易在内的各项违规股份交易行为45人次,并根据有关责任人的违规交易数额和情节,对19人次予以监管关注,对26人次予以通报批评纪律处分。参见王璐:《交易所严查董事监事高管违规交易》,《上海证券报》2009年11月9日。

入制度的第一例裁判案例[①]。该案基本情况为：2009 年 7 月 3 日，原告沪市上市公司 ST 建通向上海市卢湾区人民法院提起诉讼，诉称公司股东自然人严琳于 2009 年 4 月 17 日通过竞买取得上海市第一中级人民法院公开拍卖的 ST 建通 3 000 万股有限售条件流通股股份，在该部分股份在上海证券交易所办理解除限售手续后，严琳于 2009 年 6 月 1 日通过上海证券交易所竞价交易系统减持其中的 1 900 万股，获得账面收益 2 109 万元。原告 ST 建通遂以严琳违反《证券法》第 47 条为由诉至法院。法院判决认为，“由于被告的身份尚不符合短线交易的构成要件，同时客观上被告也缺乏利用内幕信息进行证券交易的条件，故本案不能适用证券法第 47 条的规定，对原告的诉请本院不应支持”，故依照《中华人民共和国证券法》第 47 条第 1 款的规定，判决“驳回原告华夏建通科技开发股份有限公司的诉讼请求”。目前，由于判决后原告未上诉，该判决已经生效。

二、关于短线交易主体的认定：“一端说”抑或“两端说”

如前文所述，短线交易之构成，需以行为人具有公司内部人之身份为前提，如我国《证券法》第 47 条即将短线交易的行为主体确定为“上市公司的董事、监事、高级管理人员、持有上市公司股份百分之五以上的股东”[②]，如其在 6 个月内有 2 次以上相反买卖交易行为即构成短线交易。但是，是否行为人在 6 个月内从事相反买卖交易行为时都必须具备短线交易主体之资格，则在实务上存有一定的争议。以“ST 建通案”为例，认定该股东自然人严琳是否构成短线交易，是否要求该股东在“买入”和“卖出”股票这两个时点上都要满足“持有上市公司股份百分之五以上”的条件，或是仅仅在“卖出”行为时“持有上市公司股份百分之五以上”即可？

对于短线交易主体资格的认定，《证券法》第 47 条并没有给出答案，美国和我国台湾地区司法理论和实践上有“一端说”与“两端说”两种观点：“一端说”认为，只

---

① 需要说明的是，“ST 建通案”仅是短线交易收益归入纠纷法院予以判决的第一案。实践中，深市上市公司南宁糖业于 2008 年 6 月向广西南宁市中级人民法院立案起诉 QFII 马丁居里投资管理有限公司等三公司短线交易一案，但该案在“ST 建通案”裁判之前尚未裁判。2010 年 7 月 12 日，南宁糖业与马丁居里投资管理有限公司等三公司达成庭外和解并签署《和解协议》，约定由马丁公司一次性向南宁糖业支付人民币 4 000 万元的等值美元作为和解款项。

② 我国 1999 年《证券法》第 42 条则将短线交易主体限定为持股一定比例的股东，与当时《公司法》限制上市公司董事、监事和高级管理人员在任职期间转让股票相配套，故未将董事、监事、高级管理人员纳入规制主体范围。

要"买入"和"卖出"时当事人具有上述特定身份均可以认定为构成短线交易,而"两端说"则认为,只有在"买入"和"卖出"时当事人均具有上述特定身份的才可以认定为构成短线交易,并且,对于股东和公司的董事、监事、高级管理人员(以下简称"高管")的认定而有所不同。对于股东从事短线交易行为的认定,美国和中国台湾地区实际上均采用了"两端说",只有"买入"和"卖出"时均同时为持股10%以上的股东(区别于我国《证券法》第47条规定为"持有上市公司股份百分之五以上的股东"),始受短线交易之规范[①]。尤其是美国联邦最高法院对于股东短线交易之规范,采取了较为宽松的态度。如联邦最高法院在"弗莫斯特—麦克森公司诉普劳威顿证券公司"(Foremost McKesson, Inc v Provident Securities Co.)一案中,认为如买进股份之行为,使其成为持股超过10%以上的股东,则该笔买入行为不得与其后之卖出行为相配以计算短线交易之差价利益[②]。此外,联邦最高法院在"瑞恩电气有限公司诉美国艾默生电气有限公司"(Reliance Electric Co. v Emerson Electric Co.)一案中,进一步认为,如果持股10%以上的股东第一次卖出股份,使之持股低于10%,其后的卖出行为,即使这些卖出行为是事先设计的单一计划,该股东亦无需对第二次交易行为之获利而负责[③]。对于高管从事短线交易行为的认定,美国则采用较为严格的"一端说",只要"买入"或"卖出"时具有高管身份即可认定为短线交易,而台湾地区则亦采取"两端说"。美国之所以对于高管采用"一端说",并将其与持股10%以上的股东做差别对待,系因为高管直接参与公司事务,更易于取得内幕信息并滥用之,股东身份不如高管身份容易获取内幕信息,而且股东只有在其所持股份多得足以获得内幕信息时才有滥用内幕信息的可能。目前,我国对于"持有上市公司股份百分之五以上的股东"和高管的短线交易行为的认定,究竟系采用"一端说"抑或"两端说"尚存有争议。

"ST建通案"判决中,法院认为,"本案被告在实施买入及卖出原告股份之反

---

① 我国台湾地区《证券交易法》第157条对此虽未在条文中明确,但其证券监管机构明确采纳"两端说"。台湾地区财政部证管会84.3.2.(84)台财证(三)第〇〇四六一号函称,"发行股票公司董事、监察人、经理人或持有公司股份超过10%股东违反本条文(证交法第一五七条)之规定者,于计算差价利益时,其于未具前述身份前及丧失身份后买进或卖出之股票,不列入计算范围"。

② 刘连煜:《现行内部人短线交易规范之检讨与规范新趋势之研究》,第201页以下。

③ 刘连煜:《现行内部人短线交易规范之检讨与规范新趋势之研究》,第202页。该案中,被告于6月16日买进上市公司13.2%的普通股,8月28日卖出3.24%股份,再于9月11日卖出其他股份。联邦最高法院认为被告仅对其6月16日和8月28日的买卖构成短线交易。

向交易之前，并不具备原告内幕人员身份”，并认为 ST 建通主张被告买入其股份 3 000 万股即具备了内幕人员之身份“有违法学基本原理”。法院在判决书中陈述了其判决理由：第一，《证券法》第 47 条的立法宗旨是减少内幕交易，则该项立法所规定的对象应限定为具备特定的身份，且凭借其身份可获得公司内幕消息之人，因此，短线交易之构成应以行为人具有上述人员之身份为前提；第二，《证券法》第 47 条将“短线交易”定义为行为人在 6 个月内有“先买后卖”或“先卖后买”之 2 次以上相反买卖交易行为。因此，《证券法》对短线交易收益归入制度所演绎的逻辑过程显然为，行为人首先应获得公司董事、监事、高级管理人员或持有上市公司股份 5%以上股份的股东之身份，然后在 6 个月内有一组以上买卖反向交易行为。基于此，法院认为，“本案被告在实施买入及卖出原告股份之反向交易之前，并不具备原告内幕人员身份”。笔者认为，“ST 建通案”判决中，法院对于被告股东是否构成短线交易，显系认可了“两端说”，可资认同；但是，法院在该案判决理由中，亦提出对于高管的短线交易行为认定亦采用“两端说”，则值得探讨。笔者的理由是：第一，由于短线交易收益归入制度采取了一种类似于“严格责任”的手段来规范和控制公司内部人的交易行为，因而适用时应该从贯彻该制度的规范目的出发，采取相对谨慎的立场；第二，对于股东短线交易的认定，考虑到我国《证券法》将持股 5%作为认定大股东的标准，如果采用“一端说”，则将那些事实上可能未有机会接触到内幕信息的投资者（如初次买进某公司股票者）纳入短线交易的规制对象，势必抑制或挫伤投资者的投资热情，不利于公司股份交易的活跃和流动性，亦会产生将规制范围扩及于取得或丧失此种股东地位之前或之后的股票交易，显然将增加制度执行上的困难与复杂性，不符合短线交易制度的规范目的；第三，考虑到高管直接参与公司经营运作，比一般股东更容易了解上市公司的内幕信息，也更容易利用内幕信息进行内幕交易，因此，对于高管短线交易的认定，其标准应当较之于股东更高，因而采用美国实务上的“一端说”，规定只要“买入”或“卖出”时具有高管身份的，即足以认定为短线交易，较为符合短线交易制度的规范目的①。值得注意，我国台湾地区亦有学者认为，台湾地区主管部门行政解释对于认定高管短线交易采用“两端说”，不利于

① 邱永红：《上市公司监管中的若干法律问题研究》，载北大法律信息网 www.chinalawinfo.com。

其《证券交易法》第157条规范功能的发挥,值得细加检讨[①]。

三、关于短线交易"买入"和"卖出"行为的认定

我国1993年《股票发行与交易管理暂行条例》和修订前后的《证券法》有关短线交易的规范内容,均将"交易"表述为"将其持有的该公司的股票在买入后6个月内卖出,或者在卖出后6个月内又买入",但是,对于如何界定其中的"买入"和"卖出"则一直未予明确。显然,此处所谓"买入"和"卖出"行为包括在证券交易所进行的场内竞价交易应无疑问,但是,对于场内竞价交易以外的方式买卖股票(如公司股东减持股份以筹集资金在6个月内参与公司配股、公司股东减持股份并拟在6个月内以该公司发行的认购权证行权、公司股东受让限售流通股股份之后并于6个月内将该限售流通股转让给第三人等),或者在6个月内非因买卖行为而取得或丧失股票(如因质权的行使、离婚分割夫妻共同财产、赠与而取得或丧失股票,因公司增资配股、可转换债券转股以及因公司合并换发新股、受遗赠或依继承而取得股票等),是否可以认定为短线交易并适用短线交易归入制度,则在实践中不无疑问。

从美国法观之,1934年《证券交易法》第16条(b)款对于"买(purchase)"、"卖(sell)"亦无具体规定,同在1934年《证券交易法》第3条第13、第14款则对于"买"和"卖"有所谓法定定义:其第13款规定,"'买入'和'购买'均包括用于买进、购买或以其他方式收购的合同。对于证券期货产品,则包括任何合约、协议或未来交割之交易";第14款规定,"'销售'和'卖出'均包括用于卖出或以其他方式进行处置的合同。对于证券期货产品,则包括任何合约、协议或未来交割之交易"。但是,仅凭此定义,亦无法认定短线交易中的"买入"和"卖出"行为。对此,美国法院采取了"实用主义(pragmatic)"的态度:联邦最高法院在1973年"克恩县国土公司诉西方石油公司"(Kern County Land Co. v. Occidental Petroleum Corp.)一案中,确定了法院何时应介入对特定事实情况下存在的投机滥用机会的主观性调查,指出这种调查一般不会发生在普通、标准的购买和出售中,而是发生在"非正统交易(unorthodox transactions)"以及交易不会被法院

① 刘连煜:《现行内部人短线交易规范之检讨与规范新趋势之研究》,第200页。

认为是具有投机滥用可能性的情况[①]。所谓非正统交易，系与主要针对现金购买股份交易行为的正统交易(garden-variety transactions)相对，主要包括包含了“股票转换(stock conversions)、根据合并或其他公司重组产生的换股(exchanges pursuant to mergers or other corporate reorganizations)、股票结构重组(stock reclassifications)、期权(options)、认购权(warrants)、配售权(rights)的交易”等[②]。美国司法实务上，判断系争交易行为是否属于短线交易规范下的买卖行为一般会考虑如下因素：(1) 该行为是否为自发的行为(whether the transaction is voluntary)，意指行为人由于超出其所能控制的时间而被迫执行一项交易，则此项交易将无法成为行为人滥用内幕信息的工具；(2) 时间上的控制(control of timing)，意指如果行为人无法控制系争交易的时间，则该行为人将无法确定其所完成之交易，会精确地与其根据内幕信息所预期的股价变动行为相配合(即使该项交易系其自发的行为亦然)；(3) 行为人是否已获利了结(whether the insider cashes out)，意指如果行为人通过系争交易实现获利并将利益转化为现金(cash)等无风险的形式(a risk-free form)，则该项交易即有可能存在短线交易归入权制度所欲防范的弊端[③]。

“ST 建通案”中，鉴于被告股东系通过法院委托的司法拍卖而竞买取得尚未获得流通权的限售流通股股票，法院判决认为，“由于(被告)参加拍卖取得股票与通过证券交易所购入股票，在交易场所、时间、程序、风险及成本等方面具有质的区别。对于司法拍卖，整个交易时间及价格被告无法控制，无法利用内幕消息与司法拍卖进行配合”，“被告竞买取得的股票系限售股，根据相关规定，限售股在卖出的时间上有严格的限制，至少在禁售期内不得买卖。而本案限售股解禁的时间完全取决于原告，对此被告无法控制和预料”[④]，因此，“被告不仅在取得

---

① [美] 大卫·L·拉特那：《证券管理法》，法律出版社 1999 年版，第 120 页以下；[美] 莱瑞·D·索德奎斯特：《美国证券法解读》，法律出版社 2004 年版，第 297 页。

② American Bar Association, Report of the Task Force on Regulation of Insider Trading By The ABA Committee on Federal Regulation of Securities, 42 Bus. Law 1087 (1987). pp. 1114 - 1115. 转引自杨莹：《证券短线交易中“买入”、“卖出”的界定》，载北大法律信息网 www. chinalawinfo. com。

③ 刘连煜：《现行内部人短线交易规范之检讨与规范新趋势之研究》，第 202—204 页。

④ 实务中，上市公司有限售条件的流通股(不论是通过股权分置改革还是发行股份所形成)，其解除限售时间和条件，通过上市公司的信息披露，市场投资者一般都会知晓并作出可预期的判断，公司董事会亦有义务及时办理解除限售手续，实践中并不存在法院判决中所称的“本案限售股解禁的时间完全取决于原告，对此被告无法控制和预料”。

股票时无法与内幕信息配合,卖出条件的满足也取决于原告办理限售股解禁的时间,也无法利用内幕信息进行交易。据此,被告客观上缺乏利用内幕信息进行证券交易的条件”。显然,法院将通过司法拍卖竞买获得股份的行为区别于“通过证券交易所购入股票”,认为“客观上被告缺乏利用内幕信息进行证券交易的条件”,与美国法院实务上所采取的态度基本一致,可兹认同。

综上,笔者认为,可以参考美国司法实务中关于正统交易与非正统交易的区分,对于现金买卖股票的所谓正统交易行为,毫无疑问应属于短线交易的范围内;而对于所谓非正统交易,则可以参考美国的实务经验,对于行为人可以控制买卖时点,以主动行为获取或处理股票的,且具有接触内幕信息的途径的,应界定为属于“买入”或“卖出”行为,从而有短线交易归入制度之适用。

四、关于短线交易收益的计算

我国《证券法》第 47 条仅规定短线交易“由此所得收益归该公司所有,公司董事会应当收回其所得利益”,但是,对于短线交易收益的计算方法未作规定。需要明确的是,短线交易的收益,实际上并不是指行为人客观上获得了多少利润,而是通过一定的计算方法获得的计算结果。由于行为人每次买入和卖出的价格各不相同,如使用不同的计算方法将不同次的买卖相匹配,其计算产生的收益结果亦差距很大。由于短线交易的收益计算的复杂性,加之迄今为止关于短线交易收益的计算方法无任何司法解释和证监会的解释,实务上对此存在争议较多。“ST 建通案”中,由于法院未判决被告承担短线交易责任,从而亦无法借此法院判决进而厘清有关短线交易收益计算中存在的重大问题。

参考有关短线交易立法例和国内关于操纵市场的利益计算经验上看,短线交易收益计算主要有如下几种方式[①]:

第一,股票同一鉴定法(the rule of identifying the stock certificate):系将行为人短线交易时买入和卖出的同类股票作同一鉴定计算,并将这些股票进行差额计算。此种方法方便实用,但使得行为人可以通过选择股票交割种类以规

① [美] 托马斯·李·哈森:《证券法》,中国政法大学出版社 2003 年 9 月,第 612 页以下;前引 1,《现行内部人短线交易规范之检讨与规范新趋势之研究》,第 206 页以下;[美] 莱瑞·D·索德奎斯特:《美国证券法解读》,第 301 页以下。

避法律。以“ST 建通案”观之，被告买入的有限售条件流通股，而卖出的却是无限售条件流通股，如采用此方法即无法计算其短线交易收益。再如，我国市场上存在某些“A+H”公司的股东，在同一时间内减持 A 股而增持 H 股的情况（如中国人寿集团减持建设银行的 A 股并购买该公司的 H 股），如将此种行为认定为短线交易[①]，采用此方法亦无法计算其短线交易收益。

第二，先进先出法（first in-first out）和后进先出法（last in-first out）：先进先出法，系对于 6 个月内的多笔反向交易行为，采取先买入的股票先卖出的计算方式，将先买进与先卖出股票价格相配计算所得利润。但是，如果行为人存有多次买卖行为，或者行为人故意使每次买卖行为的股票交易数量相异，则采用此方法难于计算其短线交易收益，而且对于行为人先卖出再买进的行为免除了归入责任；后进先出法，则与先进先出法相反，系对于 6 个月内的多笔反向交易，采取最后买入的股票（截止时点为卖出时）最先卖出的计算方式，而与先进先出法类似，亦存在不足之处。

第三，平均成本法（the average purchase price and average sale price）：系以卖出所得总金额减去买进成本总金额计算短线交易收益。此方法操作性较强，但其最大的缺陷在于，实际上是承认了有实际获利是适用短线交易收益归入制度的前提，因此，与短线交易制度的规范目的显然相悖。

第四，最高卖价减最低买价法（highest price out，Lowest price in rule）：系以 6 个月内最高卖出价与最低买入价相配对，然后取次高卖价与次低买价相配，依次配对计算，忽略其中的任何损失，即仅仅计算所有能产生盈利的交易而不计算损失的交易。在计算归入利润时，并不以被告获利为前提，此种计算方法，可以使得公司归入的利润最大化，从而震慑内部人员进行短线交易。

实务上，美国法院在 1943 年的“Smolowe 公司诉 Delendo 公司”（Smolowe v. Delendo Corp.）一案中最早采用此方法，并随后得到了各级法院的支持。法官在该案裁判中认为，“我们必须假定立法是旨在完全彻底地收回股票交易中所有可能的收益，从而建立一个足够高的标准来避免受托的高级职员、董事或股东的利己利益和忠实履行其义务之间的冲突，能够确保所有可能的收益都被收回

---

① 由于交易涉及境内外两个市场，此种交易是否应认定为短线交易亦存有疑问，值得进一步探讨。

的唯一的规则是：在6个月内以最低的价格买入和最高的价格卖出所获得的收益”①。目前,各国大多采用此方法。我国台湾地区《证券交易法施行细则》第11条亦规定采纳了这一计算方法,尤其值得注意,为加强对内幕交易的吓阻作用,台湾地区在短线交易收益计算中,不但采用最高卖价减最低买价法,而且还加计相应的利息和股票股息②。

综上,笔者认为,短线交易收益归入制度功能之发挥仍需要以严格之利益计算方法为其前提,美国和我国台湾地区司法实务发展出的“最高卖价减最低买价法”,以最严格之计算方法使行为人短线交易行为完全无利可图,最有利于实现短线交易收益归入制度的规范目的。为此,笔者建议,从短线交易收益归入制度的规范目的出发,我国在司法和行政解释上对于短线交易收益的计算,可以尝试引入“最高卖价减最低买价法”,尤其是效仿我国台湾地区同时加计相关利息及股票股息或分红,以从严计算行为人的短线交易收益。

(执笔人：刘　燊)

① [美]莱瑞·D·索德奎斯特：《美国证券法解读》,第302页。

② 刘连煜：《现行内部人短线交易规范之检讨与规范新趋势之研究》,第206页以下。中国台湾地区《证券交易法施行细则》第11条规定,“本法第157条第1项所定获得利益,其计算方式如下：(1)取得及卖出之有价证券,其种类均相同者,以最高卖价与最低买价相配,次取次高卖价与次低买价相配,依序计算所得之差价,亏损部分不予计入。(2)取得及卖出之有价证券,其种类不同者,除普通股以交易价格及股数核计外,其余有价证券,以各该证券取得或卖出当日普通股收盘价格为买价或卖价,并以得行使或转换普通股之股数为计算标准;其配对计算方式,准用前款规定。(3)列入前两款计算差价利益之交易股票所获配之股息。(4)列入第一款、第二款计算差价利益之最后一笔交易日起或前款获配现金股利之日起,至交付公司时,应依民法第203条所规定年利率5%,计算法定利息。列入前项第一款、第二款计算差价利益之买卖所支付证券商之手续费及证券交易税,得自利益中扣除”。

JL 公司：大股东减持股份案例评析

《证券法》第 86 条和《上市公司收购管理办法》第 13 条规定，投资者在持有上市公司股份每增加或者减少达到总股本 5%时，应当及时停止买卖并履行法律法规规定的报告和信息披露义务的规定。2008 年 12 月至 2009 年 2 月间，上市公司 JL 公司的大股东 JL 集团通过二级市场和大宗交易平台系统累计卖出股份占该公司总股份的 5.41%，在交易的过程中，未及时履行法律法规规定的报告和信息披露义务。因此受到交易所通报批评和限制其证券账户交易 1 个月惩戒。本文详细阐述了上述法律规定中体现的权益公开和慢走规则，对上市公司的大股东保证财富的合理化，提高股份买卖中的法律意识具有重要的意义。

一、案情介绍

JL 公司的大股东 JL 集团有限公司在 2008 年 12 月 12 日至 2009 年 1 月 7 日，通过集中竞价交易系统减持 JL 公司股份 1 960 000 股，占 JL 公司总股份的 0.63%；2009 年 2 月 12 日，通过大宗交易平台系统减持 JL 公司股份 15 000 000 股，占 JL 公司总股份的 4.78%。为此，2008 年 12 月 12 日至 2009 年 2 月 12 日期间，JL 集团累计减持 JL 公司 16 960 000 股，占 JL 公司总股份的 5.41%。JL 集团在持有 JL 公司股份减少达到总股本 5%时，未及时停止买卖并履行法定的报告和信息披露义务。经查，上述违规事实属实，但 JL 集团的违规行为主观上并非有意而为之，而是对有关规定的“误读”造成的，JL 集团有关负责人认为只有通过交易所竞价系统减持股份才应遵守相关规定，而通过大宗交易系统减持并不在此列。

鉴于 JL 集团上述行为违反了《证券法》第 86 条、《上海证券交易所股票上市规则》(以下简称“《股票上市规则》”)第 1.4 条和第 11.9.1 条的有关规定，根据

《股票上市规则》第 17.2 条的规定，交易所对 JL 集团予以通报批评的惩戒，并给予限制其证券账户交易 1 个月的处分。

二、监管思考

持股比例是投资者履行报告和披露义务的重要指标，持有上市公司股票 5%以上的投资者，会受到相应收购规则的约束。有的公司拥有上市公司 5%股份的投资者虽非上市公司的控股股东，但仍属大股东。由于大股东在决定公司重大问题上有较多的表决权，是证券法所规定的对公司经营情况的内幕知情人。为了保护中小股东的利益，防止其利用所持大比例股份的优势地位，通过频繁地买卖公司的股票而影响公司的股票价格，损害其他小股东的利益，证券法对大股东在法定期限内买卖其所持有公司股票的行为予以必要的限制和监管。

《上市公司收购管理办法》第 13 条规定：投资者及其一致行动人拥有权益的股份达到一个上市公司已发行股份的 5%后，通过证券交易所的证券交易，其拥有权益的股份占该上市公司已发行股份的比例每增加或者减少 5%，应当依照前款规定进行报告和公告。在报告期限内和作出报告、公告后 2 日内，不得再行买卖该上市公司的股票。本案例中，JL 集团的违规行为并非有意而为之，而是对该规定产生"误读"，认为只有通过交易所竞价系统减持股份才应该遵守相关规定，而通过大宗交易系统减持并不在此列。而实际上，交易所于 2009 年 1 月23 日发布的《关于执行上市公司收购管理办法等有关规定具体事项的通知》，明确投资者及其一致行动人通过上交所竞价交易系统或者大宗交易系统买卖上市公司股份的，均属于《上市公司收购管理办法》规定的"通过证券交易所的证券交易"，此项规定使在大宗交易系统进行的股份买卖必须遵循与集合竞价系统进行的交易同样的监管要求。JL 集团的违规减持行为发生在本规定之后的一个月之内，显然，JL 集团的相关人员没有及时的学习新规则，导致了违规行为的发生。

《证券法》第 86 条和《上市公司收购管理办法》第 13 条关于投资者在持有上市公司股份每增加或者减少达到总股本 5%时，应当及时停止买卖并履行法律法规规定的报告和信息披露义务的规定，主要体现了证券法公开原则中的权益公开和慢走规则。权益公开是维系证券市场稳定的基本手段，对于规范上市公司收购，禁止市场操纵行为，消除证券违法交易行为，具有十分重要的实践意义。权益公开的内容和形式主要体现如下：

（1）持股信息公开义务。在持股信息公开义务中，投资者在所持股票达到公司总股本的 5%时，应自该事实发生之日起 3 日内，向证券监督管理机构和证券交易所作出书面报告；向上市公司发出通知；在证监会指定报刊上刊登公告。

（2）持股变动公开义务。投资者在所持股票达到公司总股本的 5%以后，每增减 5%时，应依照持股信息公开义务，承担报告、通知和公告义务。

（3）权益公开形式。为落实权益公开规则，《证券法》第 80 条规定，上述报告和公告应包括以下内容：持股人的姓名或名称、住所；所持股票的名称、数量；持股达到法定比例或者持股增减变化达到法定比例的日期。

投资者持有一家上市公司已发行股份的 5%后，其所持股票通过证券交易所买卖每增减 5%时，除应在该事实发生之日起 3 日内作出报告、通知和公告外，在此后 2 日内，不得买卖该种股票。按照上述规定，本案例中的大股东 JL 集团已于 2008 年 12 月 12 日至 2009 年 1 月 7 日通过集中竞价交易系统减持 JL 公司股份 1 960 000 股，占 JL 公司总股份的 0.63%；2009 年 2 月 12 日通过大宗交易平台系统只能减持 JL 公司股份 13 713 389 股，占 JL 公司总股份的4.37%，并应于同月 15 日前进行报告、通知和公告；该大股东若于 15 日作出报告、通知和公告，则可自 17 日开始继续卖出所持股票。上述规定主要体现了收购慢走规则。慢走规则的核心，是控制大股东买卖上市股票的节奏，或使大股东买卖股票依法发生停顿。在证券市场上，大股东增减持股数量会对股票价格产生较大影响，适当控制其买卖股票节奏，使其股票买卖过程暂时停止，有助于防止大股东滥用特殊优势与地位操纵证券市场，保护其他社会公众投资者的利益。

三、完善建议

上市公司的大股东要保证财富的合理化，要提高自己的遵纪守法的意识。否则将招致监管部门的处罚和或有的财产损失。本案例中，JL 集团责任人被内部通报批评，并且由于受到限制其证券账户交易 1 个月的处分，可能对 JL 集团的股份买卖计划带来不利的影响，对上市公司的形象也有所损害。所以上市公司的大股东在买卖公司股票及其衍生品种前，应知悉《公司法》、《证券法》以及各种规则、指引中关于此类投资者股份持有及转让的规定,避免发生短线交易、内幕交易等违法、违规行为;同时应避免误操作行为的发生。另一方面上市公司董事会秘书应当组织股东方、上市公司高管及相关人员学习掌握,并督促其认真执行相关规则。比如有的公司董事会秘书建立周报制度,对相关人员及时提醒禁止期,避免了很多违规行为的发生,这种行之有效的做法值得在上市公司推广。

(执笔人:吴明晖)

FF 股份：公司高管买卖股票案例评析

为了规范上市公司董事、监事及高级管理人员买卖本公司股票的行为，证监会先后出台了《上市公司董事、监事和高级管理人员所持本公司股票及其变动管理规则》和《关于上市公司董事、监事和高级管理人员依法转让所持本公司股份的通知》等法规。但在实务中，由于各种各样的原因，违反上市规定的情况仍时有发生，特别是违反其中的“自可能对本公司股票交易价格产生重大影响的重大事项发生之日或在决策过程中，至依法披露后 2 个交易日内”的规定，在实务中时有发生。FF 股份相关高管的违规即是其中有代表性的一个案例，公司通过自查发现在非公开发行股票事宜前，公司董事长存在买卖公司股票的记录，上述事件表明某些上市公司的董事、监事和高管对于买卖股票相关规定的理解和执行还存在一定的不足，值得在后续的监管过程中给予进一步的关注。

一、案情介绍

FF 股份有限公司（以下简称“FF 股份”）于 2006 年第二次临时股东大会审议通过非公开发行股票事宜，其中大股东中国 CZ 集团公司（以下简称“CZ 集团”）的全资子公司 FF 集团有限责任公司（以下简称“FF 集团”）拟以现金认购不低于本次非公开发行股票总数的 36%。根据证监会要求，公司先后于 2006 年 12 月 12 日、2007 年 4 月 4 日、2007 年 5 月 24 日向中国证券登记结算有限责任公司上海分公司（以下称“登记公司”）查询了 CZ 集团、FF 集团及公司董事、监事和高级管理人员在上述事宜公告之前 6 个月买卖公司股票的交易记录，结果发现存在公司董事长、总经理陈某证券账户买入公司股票的事宜，其于 2006 年 11 月 7 日买入 12 100 股 A 股，买入后的第二日，即 2006 年 11 月 8 日，FF 股份召开董事会专题研究定向增发事宜。

陈某本人表示:其证券账户和资金账户均托管于中国CZ集团公司人事部,由CZ集团公司人事部执行利用其风险抵押金购买公司股票的具体操作。股票的买卖数量根据公司制度规定计算得出,买卖股票的时点由人事部选择。2006年11月7日,CZ集团人事处根据相关办法用陈孟礼先生的证券账户购买了FF股份12 100股股票,价格为6.08元/股,资金来源是其风险抵押金。CZ集团人事部在本次购买股票之前并不知晓公司召开董事会商讨定向增发事宜,陈孟礼虽对本次发行起决策作用、知晓内幕信息,但并不知晓人事部本次购买股票的具体事宜。

FF股份表示:按照CZ集团公司文件《关于经营管理者风险抵押金购买股票的函》及附件《关于按年薪制办法将经营管理者风险抵押金购买公司流通股的提案》的要求,公司制定了《经营管理者风险抵押金购买公司股票的实施办法》并经FF股份第二届董事会第四次会议审议通过;此外按照CZ集团制定的相关原则,同时根据公司《公司章程》的有关规定,公司制定了《关于董事、监事风险抵押金购买公司股票的议案》并经FF股份2004年度股东大会审议通过。即针对实行年薪制的董事、监事和高级管理人员使用其风险抵押金购买公司股票。

二、监管思考

在获知公司及其董事长上述违规事项后,交易所采取的监管措施包括:

(1) 要求公司就上述事项进行书面说明,包括整个事件的经过、买入股票的决策过程、公司及实际控制人的书面制度、当事人及公司对该事件的态度等,并将上述资料同时报送证监会、河北证监局。

(2) 约见FF股份董事长及董事会秘书,详细了解整个事件的情况,再次宣讲董事、监事和高管买卖股票的相关规定,并要求公司及当事人及时向证监会、河北证监局当面汇报相关情况。

(3) 主动核实公司董事、监事和高管买卖股票的相关情况,并核查公司董事、监事和高管有无存在其他违规买卖股票的情况。

(4) 要求当事人承诺,卖出该部分股票后收益归上市公司所有。

(5) 要求公司再次向公司全体董事、监事和高管宣讲买卖股票的相关规定。

(6) 要求公司进一步完善相关制度,特别是与大股东的信息沟通机制,并将相关结果以书面形式报送证监会、证监局。

(7) 要求公司就上述事项进行公告，并向广大投资者致歉。

三、完善建议

根据公司及实际控制人出具的书面说明，结合证监局的现场调查，监管机构初步认定：上述事件不属于内幕交易事件，但公司在相关制度建设上存在漏洞，其董事、监事和高管对于买卖股票相关规定的认识也存在不足，因此要求公司进行有针对性的整改。

该事件反映出董事、监事和高管违规买卖股票上的一些较为普遍性的问题，主要有如下几点：

(1) 绝大部分公司能够及时向其董事、监事和高管宣讲关于股票买卖的相关规定，上市公司的董事、监事和高管也能主动学习相关规定，但是普遍存在对于规则学习不够细致导致违规的情况，如短线交易的时段理解错误(特别是涉及多笔买卖的情况)、每年“25%”的可出售比例的基数如何计算、相关信息如何及时填报(一些公司将其董事、监事和高管一段时间内买卖股票的情况一次性填报，而不是按要求一笔一笔及时填报)等。因此要求在今后的监管工作中，向公司讲解相关规则时要更加具体和细致，同时要求公司关于相关规定的学习也要更为深入，不能浮光掠影。

(2) 许多公司存在其董事、监事和高管的股票账户并不由其本人操作或控制的情况，如有的由其家人代其进行操作；有的自己开户后都不知道其账户的现状；更有甚者由于历史的原因竟然有两个股票交易账户。因此单纯对上市公司董事、监事和高管进行宣传教育并不能完全解决董事、监事和高管违规买卖股票的问题。在今后的监管工作中，一方面需要要求上市公司董事、监事和高管及时清理并管理好自己的股票账户，另一方面也要求公司向其董事、监事和高管的家属及时宣传相关法律法规。

(3) 由于历史原因，部分上市公司与其母公司或实际控制人之间存在信息沟通不顺畅的情况(该情况在公司重组、大股送资产注入及整体上市的信息披露方面也有反映)，导致上市公司无法及时掌握母公司或实际控制人与其相关的经营活动及其他重要决策，母公司或实际控制人也不了解信息披露及涉及上市公司运作的相关法律法规。因此,在今后的监管工作中,一方面需要督促上市公司及时向其母公司或实际控制人宣传相关法律法规;另一方面也要求公司以制度的形式建立顺畅的与母公司或实际控制人进行信息沟通的途径并保证该途径的畅通。

(执笔人:徐明磊)

杭萧钢构：重大合同信息披露监管案例分析

上市公司日常经营行为是无需以临时公告形式披露的，如签订合同、日常销售等，但根据《上海证券交易所股票上市规则》规定，公司订立重要合同，可能对公司的资产、负债、权益和经营成果产生重大影响的，应当及时披露。2007 年，浙江杭萧钢构股份有限公司（以下简称“杭萧钢构”）签订了 344 亿元的重大合同。重大合同事项的披露，引致二级市场波澜重生，舆论瞩目，市场沸扬。本案例记录了对该事项的监管过程，分析了面对不同市场环境下无先例事件的信息披露监管难题，并提出了监管建议。

一、案例介绍

2007 年 2 月 12～14 日，在没有重大事项披露的情况下，杭萧钢构股价连续 3 天涨停。2 月 15 日公司发布公告称正在洽谈一个境外建设项目，涉及金额约 344 亿元，但未与对方签署协议和达成意向，并向投资者提示风险。2 月 15 日至 2 月 26 日的 3 个交易日中，杭萧钢构股价又继续涨停。2 月 27 日起公司股票开始连续停牌。3 月 13 日公司发布了重大合同公告，披露了合同对方的情况、项目所在国的情况、合同的具体内容、合同收益对公司的财务影响、公司对合同履行中的风险分析等内容。4 月 4 日，相关监管部门决定对杭萧钢构进行立案稽查。

经查，杭萧钢构在信息披露方面存在多种违规行为：

(1) 2007 年 1 月至 2 月初，杭萧钢构与中国国际基金公司就安哥拉住宅建设项目举行了多次谈判。2 月 8 日，双方就安哥拉项目合同价格、数量、付款方式、工期等主要内容达成一致意见。2 月 10 日～13 日，双方就合同细节举行谈判，并于 13 日签署合同草案。2 月 15 日，杭萧钢构才正式刊登公告披露了安哥拉项目合同的洽谈事宜。在安哥拉项目谈判期间，杭萧钢构多个部门共有十多人参与了项目工作。在整个境外合同项目难以保密的情况下，杭萧钢构没有按规定及时进行阶段性的信息披露。

(2) 2007 年 2 月 12 日，在杭萧钢构尚未就安哥拉项目合同进行公开披露的情况下，公司董事长在公司总结表彰大会上泄露了有关境外工程项目的信息，没有按规定将信息的知情者控制在最小范围内。

(3) 2007 年 2 月 15 日，杭萧钢构发布公告称，“公司正与有关业主洽谈一境外建设项目，该意向项目整体涉及总金额折合人民币约 300 亿元，该意向项目分阶段实施，建设周期大致在 2 年左右。若公司参与该意向项目，将会对公司 2007 年业绩产生较大幅度增长”，这与安哥拉项目合同草案实际约定的“各施工点现场具备施工条件后 2 年内完工”内容存在严重不符，足以对投资者产生误导，使投资者以为该项目的实施条件不存在重大不确定性，能够在 2 年左右的时间内完工，会使公司 2007 年业绩产生较大幅度增长。

(4) 2007 年 3 月 13 日，杭萧钢构发布公告称：“中国国际基金有限公司与安哥拉共和国政府签订了公房发展 EPC 合同，为安哥拉兴建公房项目，总工期为 5 年”。根据有关证据材料，杭萧钢构并未看到过该公房发展合同。由于该公房发展合同是杭萧钢构与中基公司签订的合同的基础，因此，该公房发展合同的真实性与可行性对于投资者的投资判断具有重大影响。杭萧钢构没有在 3 月 13 日的公告中披露其未看到中基公司与安哥拉政府签订的公房发展合同这一重大事实，这一行为足以对投资者产生误导，使投资者以为公司所签合同的基础不存在重大不确定性和风险。

(5) 2007 年 4 月 4 日，相关监管部门向杭萧钢构下发了《立案调查通知书》。4 月 5 日，公司董事潘金水接受媒体采访，先后公开发表“证监会调查的对象主要是二级市场的违规行为”、“公司在信息披露等方面，并不存在违规情况”等言论。上述陈述与事实不符，严重误导了投资者，而且该信息发布的方式违反了信息披露的规定。

相关监管部门于5月11日发布行政处罚决定：对杭萧钢构给予警告，并处40万元罚款；对单银木、周金法分别给予警告，并处20万元罚款；对潘金水、陆拥军、罗高峰分别给予警告，并处10万元罚款。

同日，相关监管部门发布决定，对在信息披露方面存在违规行为的杭萧钢构及其董事长单银木、董事潘金水、总裁周金法进行公开谴责。

二、监管思考

2007年2月13日，在公司股价出现第二个涨停时，交易所已关注到公司的股价存在异动情形，并致电公司有关人员提醒公司若存在重大信息应及时履行信息披露的义务。

2月15日至2月26日的3个交易日中，杭萧钢构股票又继续涨停。为了避免市场的过度波动，交易所对公司股票实施连续停牌，直至公司签署正式协议并公告协议内容为止。

3月9日，交易所经过对公司股票交易情况的初步分析，发现公司股票存在可疑情况，并将相关情况上报相关监管部门。

3月13日至3月14日，公司股票又连续两个涨停，交易所再次要求公司向投资者提示风险。

3月15日，交易所通知公司，约见公司董事长、总经理和董秘于3月19日(周一)进行谈话。

3月16日，公司股票交易出现异常情况，开盘10分钟换手率就达到30%以上。交易所采取紧急应对措施，决定对公司股票自3月19日起连续停牌，并要求公司进一步说明境外合同的有关情况。

3月22日，交易所召开了杭萧钢构监管工作的专题会议，对下一阶段的监管工作做了部署。

4月4日，杭萧钢构被相关监管部门立案调查。

4月10日，交易所派出相关人员与相关监管部门稽查局、浙江证监局组成联合调查组对公司的信息披露违规和股价操纵情况进行调查。经过半个月的努力，在掌握大量事实的基础上，相关监管部门对公司以及公司相关责任人进行了行政处罚,将涉及刑事犯罪的人员移交公安部门立案。

三、完善建议

1. 对上市公司信息披露的监管必须关注公司的股价变化

上市公司的股价往往能够迅速反映公司的信息,包括已发布的信息和未发布的信息。根据监管经验,一般而言,在上市公司已发布的信息中没有重大事项而公司股价发生异动时,绝大部分情况是上市公司正在筹划、商议一些重大事项,而这些事项往往对上市公司本身将产生重大影响,对投资者的投资判断有重要作用。如果日常信息披露监管中只关注公司事后已披露信息的及时性、完整性和准确性,那么即便事后对公司及其相关责任人进行了处罚,那也无法弥补市场效率的缺失以及保护投资者公平交易权利的实现;特别是考虑到我国目前证券市场违法成本较低的现状,因此,将信息披露监管工作端口前移,密切关注公司股价的变化。一旦公司的股价出现异常波动,应当立即向公司询问是否有未披露的重大信息或者是否正在筹划、商议一些重大事项。如果公司确实存在上述情况,那么应当要求公司按照分阶段披露原则及时披露相关信息,以保证投资者公平地获取信息,从而提高我国证券市场的运行效率。

2. 信息披露监管过程中,各职能部门应当互相配合,协同作战,形成合力

信息披露工作是一项非常复杂的系统工程,需要各职能部门在各自职责和能力的范围内,相互配合,减少监管工作的盲点,提高监管工作的准确性和针对性,从而提升监管效率;同时各职能部门协同作战,能够大大提高监管能力,迅速打击信息披露违规行为,从而降低这些违规行为的发生。以杭萧钢构为例,交易所公司管理部作为信息披露的一线监管部门,在发现公司股价发生异动时,立即关注到公司是否存在重大的未披露事项,除了向公司进行询问和提醒以外,还提请市场监察部核查公司二级市场交易情况,并立即向证监会上市公司部报告,此外还积极与当地证监局保持联系。由于上述部门的通力协作,使得各监管部门在很短的时间内掌握了一些初步情况,并立即提请稽查局立案查处;在上述部门的积极配合下,稽查局在不到1个月的时间就查实了违规事实,对公司相关责任人进行了行政处罚,涉及刑事犯罪的人员移交公安部门立案。正因为各职能部

门在杭萧钢构的信息披露违规的监管过程中互相配合，才取得了如此神速的监管效率，获得了市场的普遍好评，切实保护了投资者的利益，对信息披露违规行为起到了强大的震慑作用。

（执笔人：顾　斌）

东方航空：股东信息披露监管案例分析

备受市场瞩目的东方航空股份有限公司(以下简称"东航")引入新加坡航空(以下简称"新航")和淡马锡为战略投资者一事(以下简称"东新合作")因东航股东大会审议否决了此议案而搁浅。

回顾整个事件，市场对于东航定向发行H股的价格、发行对象等方案细节进行了热烈的讨论。这一讨论随着东航H股股东中国航空集团公司(以下简称"中航集团")及其全资子公司中国航空(集团)有限公司(以下简称"中航有限")针对东航方案表示不满、进而直接发表公开声明，乃至承诺提出新的竞购方案而达到高潮。一时间，"东航国资贱卖论"、"中航集团误导中小股东"等各种媒体报道扑面而来。围绕着是否应该赞成"东新合作"，有关各方为维护自身权益采取了种种措施，也正是这些措施引发了我们对于股东行为的关注和一些新的思考。

一、案情介绍："东新合作"事件基本情况回顾

(1) 2007年9月3日，东航发布提示性公告称：新航和淡马锡拟通过认购东航新发行H股的方式对东航的方式进行战略投资。

(2) 2007年9月25日，中国国际航空股份有限公司(以下简称"国航")在沪港证券市场主动申请停牌1天后，发布澄清公告称：对于香港《南华早报》报道国航有意参股东航一事，国航澄清并未参与。另经与控股股东中航集团确认，中航集团和国泰航空曾一起筹划过购买东航的股份。同时，根据中国证监会《关于规范上市公司信息披露及相关各方行为的通知》(以下简称128号文)的规定，国航确认当时并且未来3个月内不会有与上述事项有关的筹划、商谈、意向和协议等。

(3) 2007年11月12日，东航公告了“东新合作”的具体协议。

(4) 2007年11月24日，东航发布2008年第一次临时股东大会召开通知，宣布2008年1月8日召开股东大会审议上述事宜，股权登记日为2007年12月7日。

(5) 2007年4月2日至2007年11月29日，中航集团和中航有限逐步增持东航H股。①

(6) 2007年12月开始，东航领导分赴北京、香港、上海、深圳等地与机构投资者沟通。媒体报道东航高管在路演时曾表示，有关政府部门已要求中航集团在1月8日召开的东航股东大会上投赞成票。

(7) 2007年12月26日，《中国证券报》报道称：中航集团通过该报首次作出正面回应，指目前有关中航方面对“东新合作”将投赞成票的报道纯属传言。

(8) 2008年1月4日，众多媒体发布消息：中航有限于1月3日晚在香港发布声明称：如果1月8日东航股东大会未能通过“东新合作”，中航有限拟建议由其取代淡马锡及新航的角色，担任东航新的战略伙伴。按原方案发行给东航集团、淡马锡及新航的东航298 485万股H股，将根据中航方案发行给东航集团和中航有限，但将按照每股H股不低于5港元的价格发行。另外，若有必要及可能，在对东航持股低于其本次发行后股本30%的前提下，中航有限愿意认购原拟由东航集团认购的部分东航H股。相关报道称：中航有限同时承诺，如果股东大会否决“东新合作”，中航有限将在2周内提出具体方案。

(9) 2008年1月8日，东航发布澄清公告称：至今没有收到来自中航有限正式提出的方案。

(10) 2008年1月8日，国航就获悉中航有限发表声明一事发布公告称：公司尚未收到中航有限提出的关于促成国航与东航展开全方位合作的具体建议或方案。公司将密切关注有关事态的发展，并依据有关法规及公司章程的规定履行相应的决策和披露程序。截至当日，该公司尚未就前述建议或方案作出任何决定。

(11) 2008年1月8日，东航2008年第一次临时股东大会审议否决了有关

① 具体增持情况请参见所附中航集团和中航有限增持东航H股情况统计表。

“东新合作”的议案。

(12) 2008 年 1 月 12 日,《东方早报》报道有匿名人士以中航集团、国航以及国泰航空的名义,向包括早报在内的部分媒体发出一份竞购东航的“中航方案”。此事很快惊动了中航,并被中航有关人士予以否认。

二、监管思考——对“东新合作”中股东行为的分析

1. *有关股东行为是其行使质询权、建议权的表现*

根据《公司法》第 98 条的规定,股份公司的股东有权对公司的经营提出建议或者质询。这是股东对于公司经营进行建议或质询的法律依据。

在“东新合作”纷争中,以中航集团、中航有限(以下合称“中航方面”)为代表的持反对意见的股东为维护自身权益,所采取的诸如聘请财务顾问,发表声明认为 H 股发行价格偏低,拟提出新的竞购方案等行动,均是其行使股东质询权、建议权的表现。

2. *“东新合作”中,股东行使质询权、建议权的特点*

中航方面在具体行使质询权和建议权时,其行为呈现出 4 个明显特点:① 股东行为的公开性。中航方面的全部质询或建议都是以直接或间接通过其财经公关公司香港皓天财经集团有限公司向媒体发布声明、新闻发言人接受媒体采访等形式进行;② 投资者以及监管部门只能通过新闻媒体的报道了解股东意见。而进行新闻报道的媒体众多,虽然大部分报道的意思大致相同,但在一些细节的报道上却各有详略甚至是差异。比如,对中航有限承诺提出新的竞购方案的报道,《中国证券报》根据中航有限提供给该报记者的声明详细披露了新方案的内容,并被和讯网转载[①]。而新浪网转载[②]《新京报》对声明中有关中航有限对行业整合的支持等细节的报道就与《中国证券报》不尽相同;③ 在有关股东以及相关财经公关公司的官方网站[③]等渠道查询不到上述声明信息。以中航集团网站为例,我们可以通过网站看到中航集团转载的有关媒体对中航集团声明的

---

① 参见 http://stock.hexun.com/2008-01-07/102662648.html。

② 参见 http://finance.sina.com.cn/chanjing/b/20080107/02264371652.shtml。

③ 中航集团网址为 http://www.airchinagroup.com,香港皓天财经集团有限公司网址为 http://www.wspr.com.hk。

报道，却查询不到中航集团自己的声明；④ 少数股东上述公开化的行为在媒体报道的放大作用下，对其他投资者的独立判断产生了不可忽视的影响。

3. 股东行为对信息披露监管的新挑战

中航方面以公开方式行使其质询权和建议权的具体行为，暴露了当前信息披露监管所面临的 3 个方面的新问题：

(1) 股东应以何种方式公开表达其质询或者建议？如果股东的这种公开表达属于信息披露，那么应该遵守哪些规则？中航方面发表公开声明的方式有无不足？

(2) 什么样内容的股东质询或建议应该受到保护和规范？“东新合作”中，面对中航方面有关具体方案的质询，除了以东航的公告和有关路演作为回应外，东航集团也曾以中航方面是东航境内的主要竞争伙伴(国航)的关联方为理由，发表声明质疑中航方面质询的独立性和客观性。[①] 这种并不直接针对议案本身，而是针对股东主体的质疑是否属于股东质询？同时，东航集团作为交易的关联股东，有关回避表决的规定是否影响其质询、建议权或者是解释回应的权利？

(3) 交易所在日常持续监管中如何规范和保护股东合法的质询权和建议权？一方面，股东在行使质询权、建议权后，如何切实有效地得到回应，《上市公司股东大会规则》第 29 条仅是明确规定董事、监事、高级管理人员在股东大会上应就股东的质询作出解释和说明，对于股东大会召开前是否应对股东质询作出解释和说明的问题并没有涉及。如果需要，交易所应该如何发挥其监管职能？另一方面，如果股东在行使质询或建议权时存在误导投资者的情况，交易所又应如何规范股东行为？

三、对股东公开行使质询权和建议权的反思和监管建议

第一，建议交易所在现有法定电子信息披露系统建立一个平台，将股东公开行使质询权和建议权的行为纳入规范的信息披露渠道内。

以发布方式为标准，股东质询或建议的行为可以分为非公开和公开两种。如果股东愿意就某个问题与公司进行一对一的质询或建议，只要不涉及不公平

---

① 参见 http：//epaper. jinghua. cn/html/2008 - 01/04/content_197972. htm。

披露及内幕信息,就应当被允许自由进行。至于“东新合作”中,中航借助媒体面向市场全体投资者的质询或建议,则应该属于其公开行为。值得关注的是,在“东新合作”案例中,投资者只能通过媒体报道知晓中航方面的意思表示,这一情况的弊端集中体现为信息来源混乱、缺乏可信度高的权威版本。媒体的不同报道使投资者面对不同信息时真假难辨,极易受到误导。而这一缺点在有人匿名假借中航名义向媒体发布假方案时被放大到极致。

因此,对于股东公开行使质询权和建议权,首要的问题是规范信息渠道。只有通过有效方式确认了信息来源和信息内容,投资者对股东的公开质询或建议才能有一个明确的认识,股东质询、建议权的保护与规范才有了前提。

通过交易所平台帮助股东公开行使质询、建议权的优点在于:① 对于股东,其公开质询、建议的信息能够准确无误地传递给市场,避免了信息误传,有关问题能够在交易所的帮助下及时得到回应;② 对于市场和其他投资者,股东公开质询、建议的发布渠道的统一,节省了其获取相关信息的成本,也提高了市场透明度;③ 对于交易所及证券监管部门,通过交易所平台实现披露,能够在确认股东身份的基础上,更快地掌握第一手信息,快速反应,要求上市公司作出回应,同时还能够有效防止内幕交易。为保护股东权利、规范股东行为,行使监管职能,保留了相关证据。

第二,交易所应该根据股东公开行使质询、建议权的具体情况,将上述行为分别纳入到自愿性信息披露和法定信息披露义务的监管范围。

根据质询、建议的具体内容是否属于法定披露事项,股东公开行使质询权、建议权的行为可以进一步区分为自愿性信息披露和应履行的法定信息披露。比如,中航方面有关东航 H 股发行价格偏低的质询,只涉及股东对股东大会待审议事项的表态,不是法定披露事项,应该归入股东自愿性信息披露的范围。而对于中航有限即将提出的明确的竞购方案,其内容根据中国证监会 128 号文的要求,很可能就属于中航有限应履行的法定信息披露义务。作出上述区分,是明确交易所现有监管职责和权限,找出监管“灰色”地带的基础。

如果明确了信息披露的来源和内容,对于股东应履行的法定信息披露义务的监管,交易所责无旁贷。问题在于:现有上市规则虽然赋予了交易所对相关信息披露义务人的监管权限,但对于那些属于股东自愿性信息披露的公开质询和建议，由于股东的行为并非基于法定义务，因此难以认定其就是信息披露相关义务人。据此，如果强制要求股东的上述自愿性信息披露必须通过交易所平台完成，便有超越交易所监管权限之嫌。换句话讲，将交易所的信息披露监管对象从基于法律规定而履行信息披露义务的相关信息披露义务人，拓展到基于法律规定主动行使权利而构成具体信息披露行为的权利人，是对现行信息披露监管体制的一个突破，而这种突破应该是交易所顺应市场发展，应对信息披露监管新情况的合理选择。

对过往类似案例的进一步分析表明，那些对公司有一定影响力的股东，比如持股5%以上的股东，他们的公开质询、建议往往要比一个小散户同样的行为更容易引发市场和投资者的关注。为更好地利用交易所资源，突出监管重点，在规范上述股东行为时，不妨考虑将公司持股5%以上的股东的自愿性信息披露纳入监管范围，强制要求其通过交易所平台完成有关公开质询或建议，同时鼓励其他小股东利用交易所平台进行自愿性信息披露。

如果有关监管体制短时间内无法实现上述突破，仍然建议交易所开设平台，同时积极引导和鼓励股东通过这一平台完成自愿性信息披露。对于股东而言，即使不是强制性要求，但其公开质询、建议的目的仍是为了得到市场关注，得到公司及时有效的回应，而交易所平台的信息披露权威性以及交易所的上市公司监管职责能够更好地满足股东需要。

第三，交易所对股东自愿性信息披露的监管应该与上市公司信息披露监管有所区别，建议采取事前登记备案，事后形式审核的管理体制。

与上市公司信息披露义务的监管不同，对股东公开质询、建议的监管应以保护股东信息披露权利为前提。《公司法》第20条有关公司股东滥用股东权利给公司或者其他股东造成损失应当依法承担赔偿责任的规定，体现的也是尊重股东权利，出现问题事后救济的立法精神。因此，在日常信息披露监管中，对于股东的公开质询、建议，只要内容针对上市公司经营，就应该尽可能地帮助股东实现其权利。对于股东通过交易所平台公开质询、建议的行为，采取事前登记备案，事后形式审核的管理体制更为恰当。

具体而言，对股东自愿性信息披露的监管与上市公司信息披露监管的主要区别在于：① 既然是股东质询或者建议，就不应该要求股东对其所质询事项或建议的真实性、准确性承担责任。只有这样才能切实保护股东质询、建议的权利。对于股东质询、建议具体内容的判断,不是交易所的职责,交易所应该通过督促上市公司及时回应的方法来帮助市场和投资者全面及时地了解事实真相。② 既然是股东的自愿性信息披露,就没有及时性的要求。股东可以自主选择合适的信息披露时间。

基于上述分析,与上市公司信息披露应该真实、准确、完整、及时、公平的要求不同,交易所在规范股东公开质询、建议等自愿性信息披露行为时,应该重点关注:

(1) 借助于交易所平台的股东公开质询或建议应该针对上市公司经营问题。股东对股东的公开质询与上市公司经营没有直接关系,不属于交易所信息披露监管的范围。东航集团对中航方面独立性的质疑本质上属于东航集团对中航方面是否有资格进行公开质询的质疑,这是一方股东对另一方股东质询、建议权的主体资格的挑战,属于《公司法》解决的问题,理应通过司法手段完成。而东航集团作为关联股东回避表决的规定不应该影响其对有关待审议事项发表意见的权利,只不过东航集团在公开行使这一权利时也应纳入信息披露监管的范围。

(2) 股东的公开质询或建议,其内容应该清楚完整,无歧义。股东的公开质询或建议有不合理甚至错误的地方没关系,通过上市公司回应自然就能辨明真相。但如果股东质询或建议本身就存在语义歧义,则既不利于其他投资者对该股东意图的理解,也不利于上市公司及时准确地回应,股东质询、建议公开化的效果势必大打折扣。

(3) 纳入交易所监管范围内的股东公开质询或建议,只能通过交易所平台完成。有关股东有责任防止新闻报道先于交易所平台披露的情况发生。只有这样,才能更好地加强交易所平台作为股东信息披露渠道的权威性。

第四,股东借助交易所平台完成公开质询或建议后,交易所应负责督促上市公司及时准确地作出回应。这种回应一方面是对股东权利的落实;另一方面也能让市场及时准确地了解股东质询或建议问题的全貌,避免不必要的误解。深交所通过巨潮资讯网的《股民呼叫中心》栏目,部分地实现了上述功能[①]。

① 参见 http://www.cninfo.com.cn。

目前，交易所已建立了公众咨询服务热线，借助专业力量及时为广大投资者答疑解惑。下一步，如果能将股东公开质询或建议纳入交易所的披露与回应机制内，对提升交易所市场形象，树立监管权威将起到积极作用。

（执笔人：范志鹏）

ST昌鱼：仲裁事项的影响及监管案例分析

ST昌鱼(以下简称"公司")因2006年度、2007年度亏损被实施退市风险警示，虽然2008年度年报显示为盈利，但其盈利存在一定瑕疵，即公司控股子公司涉及重大仲裁事项，若该仲裁事项结果对公司不利，公司应计提巨额资产损失准备，则公司2008年度为巨额亏损，公司也将因为连续3年亏损而暂停上市。由于公司仲裁事项未于2008年度报告前裁决，公司认为确认资产损失的条件不具备，因此未计提相应的资产减值，会计师事务所的审计报告对此也仅作为强调事项列出。对该等不确定性事项的监管是信息披露监管中面临的难题，为此应完善有关规则。

一、案例情况

2007年，公司第二大股东华普集团通过收购第一大股东武昌鱼集团持有的公司股权而成为公司控股股东，同时公司分两次收购了华普集团的控股子公司北京中地公司股权。中地公司是华普集团经营房地产开发业务的主体，收购完成后公司控制了中地公司100%股权。2008年5月，公司公告了北京中地涉及仲裁事项，其起因是，2006年，因资金紧张，北京中地与北京中天宏业房地产咨询有限公司签订了《房地产策略投资协议书》，由中天宏业以购买商品房的形式向中地公司开发的主要项目华普中心定向融资，同时双方签订了《商品房预售合同》、《补充合同》，总融资额超过11亿元。现中天宏业以北京中地未按照《商品房预售合同》的约定向其销售房产为由向中国国际贸易仲裁委员会提请仲裁。公司认为，以上销售合同及补充合同都只是融资的一种约定和保障措施，并非实际意义上的销售；若按照中天宏业的仲裁请求，中地公司应按照融资额11.09亿元的价格将华普中心 12.52 万平方米的房产向中天宏业进行销售，而该房产的市场价格为 25 000～28 000 元，预计总成本 21.94 亿元，这种巨大差异本身即可说明相关合同不是正常的商品销售行为。若按此价格销售，则中地公司将出现巨额亏损。该仲裁事项的裁决经多次延期，至 2008 年度报告披露前仍未裁定。

二、仲裁事项的影响

由于上述仲裁事项迟迟未做出裁决，直接导致以下问题：

(1) 难以确定是否应计提相应的资产减值。作为房地产开发企业，华普中心房产即为中地公司的存货，参照存货减值的含义，期末存货应按照成本与可变现净值孰低的原则入账，可变现净值是在日常活动中存货的估计售价减去至完工时估计将要发生的成本、费用后的金额，其中，为执行销售合同而持有的存货，其可变现净值应以合同价格为基础计算；同时又规定，可变现净值的确定应以确凿的证据为基础。对照存货减值的规定，若中地公司计提华普中心的减值，显然应参照上述《商品房预售合同》规定的价格与成本孰低来计提，但此时存在的问题就是，计提减值的“确凿证据”在 2008 年报披露前是否已经具备难以判断。由于华普中心仲裁事项裁定未出，律师也无法对该事项作出实质判断，在此情况下，对该存货计提或不计提均难有“确凿证据”，若公司基于稳健性原则而计提相关减值准备，可能被认为是计提秘密准备，进行“大清洗”，当然，公司自然不会主动计提减值，因为若计提则公司 2008 年度将亏损，公司将连续 3 年亏损而暂停上市；若公司不计提减值准备，则又可能被认为规避暂停上市而蓄意不进行计提。由于仲裁尚未裁定，强制要求公司计提存货跌价准备也不尽符合企业会计准则“确凿证据”的要求。由此，公司未计提该项减值准备而实现 2008 年盈利即存在瑕疵。

(2) 可否撤销对公司股票的退市风险警示问题。从监管的角度看，公司 2008 年盈利的瑕疵直接导致是否可撤销公司股票退市风险警示问题。若仅从《股票上市规则》有关撤销退市风险警示的规定看，只要公司 2008 年度报告显示为盈利即可撤销退市风险警示，而不管该盈利的“质量”；但公司的盈利又是存在较明显瑕疵的，该瑕疵本来可能导致公司亏损，若无视这种瑕疵，则可能导致逃避监管行为的产生。

三、思考与对策

事实上,在现行规则下,部分公司利用会计确认的部分主观性(突出表现在资产减值计提等方面)蓄意调节盈亏、规避监管规则的现象并不少见。尤其涉及“第三年”是否亏损的问题时,亏损则暂停上市,盈利(非主营业务)则撤销退市风险警示,即意味着公司又可“从头算起”连续亏损3年才会暂停上市,这种制度的设计造成实践中为数不少的公司即使无任何主营业务也继续正常交易,以“等重组一族”的面目继续存在,而且由于重组预期的持续存在,其股价经常被反复炒作,甚至部分此类公司的股价高于很多持续经营并盈利的公司。这种不正常现象不能不说是我国证券市场尚不完善尚不成熟的表现,也是信息披露监管中的困惑。对此,需要从监管的原则进行思考,然后从规则上加以完善。公平、公开、公正是证券市场的原则,也是进行信息披露监管的原则,坚持“三公”原则,应最大限度地减少某些因主观判断造成的不公平现象,避免少数公司蓄意规避监管,为此,就需要以制度、规则的细化与完善加以补救。

(1) 完善规则。修改《股票上市规则》有关条款,对于以会计盈利作为采取监管措施依据的有关条款,增加附加条款,即对于上一会计期间的可能导致公司盈亏转换的重大会计事项,由于当年年报披露时确认条件尚不具备而需递延至下一会计期间的,相关的监管措施(特别处理相关措施)暂不实施,同时要求公司在披露年报时作相应的风险提示,此后每隔一定期间作一次风险提示公告,直到相关事项的确认条件具备或相关事项对上一年度盈亏的影响消除、有关监管措施具备实施条件为止。具体可增加如下条款:“若公司存在已发生的但尚未确认的重大会计事项可能影响公司年度盈利状况,且该事项的确认将导致公司盈亏转换的,其撤销退市风险警示等监管措施将待该等事项确认后决定。”

(2) 加强定期报告的事后审核与监管。少数公司即使存在上述影响盈亏的重大事项但却不主动披露,而往往是通过定期报告的事后审核才得以发现。对此,需加强定期报告的事后审核与监管,如果发现此类重大事项,应要求公司及时公告,进行风险提示,即提示因存在重大不确定事项、可能导致更正定期报告,其中若为年度报告，则可能由此导致公司股票被特别处理、实施退市风险警示甚至暂停上市的风险。通过该监管措施，可改变目前一旦年度报告披露就难以再实施退市风险警示尤其是难以实施暂停上市、防止少数公司逃避监管的行为。

（执笔人：李　平）

RH公司：矿产收购中高管勤勉义务案例分析

2007年至2008年，中国股市跌宕起伏，出现诸多以炒作“概念”为题材的公司。泡沫覆灭后，公司股价却常常一跌不可收拾。甘肃RH(集团)股份有限公司(以下称“RH公司”或“公司”)是一家历年来都被热炒的“概念股”，在2007年年末，RH公司拟收购金矿，再次被市场热炒为潜在的“黄金概念股”，并一度在2008年上半年成为市场焦点。由于该公司在收购金矿事项上的概念炒作意图远大于其实际意义，大大增强上海证券交易所对其信息披露监管的难度，也对特殊事项的监管提出了更高的要求。经过长达半年左右的严格监管和不断的制度创新，对RH公司信息披露的监管终于成为一个成功的案例，也为上海证券交易所信息披露监管制度的完善提供很多行之有效的建议和依据，为其后《上市公司矿业权的取得、转让公告》格式指引的正式出台提供了案例基础。

一、案情介绍

(一) 公司背景简介

RH公司是一家民营企业，主营淀粉、谷氨酸及塑料品等产品。2001年后，随着产品结构的逐渐老化，公司盈利能力逐年下降，2006年严重亏损。随即，该公司经营状况持续恶化，并于2007年1月出现停产状况，同年，甘肃证监局就该事项对其立案稽查。但出乎意料的是，该公司在2007年中报亏损的情况下实行了资本公积转增股本方案，10转10，股本扩大了一倍，成为中国资本市场首例中报亏损仍以资本公积10转10的公司。其间，该公司资本金转增股本概念被市场爆炒，股价从除权前的6元左右，一路推高至9月15.2元。至2007年9月14日除权后，公司股价亦稳定在6元左右。值得注意的是，RH公司的大小非自

2007 年 9 月开始连续减持，从二级市场大量套现。

（二）收购金矿事项的主要经过

第一阶段：拟增资加拿大宏大黄金，参股黄金开采企业。

2007 年 12 月 7 日，RH 公司股价连续 3 个交易日涨幅偏离值超过 20%，股价异常波动。交易所就此约见公司董事长和董事会秘书，得到答复称 RH 公司正在筹划重大事项，而此事项存在重大不确定性。根据公司在 2007 年 12 月 7 日向上海证券交易所提供的《关于对外投资情况的说明》，RH 公司拟对加拿大宏大黄金（以下简称“宏大黄金”）控股的两家子公司在国内设立的两家中外合资公司（分别为玛嘉斯公司及中嘉公司）进行增资，该两家合资公司主要从事金矿开采，公司通过增资实现投资矿业的目的。但公司未能与宏大黄金签订任何有效协议，公司股票于 2007 年 12 月 10 日起因重大事项未公告停牌。

2007 年 12 月 12 日，RH 公司与宏大黄金签订了《合作意向书》，约定对玛嘉斯公司及中嘉公司增资，但公司不能提供拥有探矿证及采矿证的中方股东（烟台牟平金矿，新疆地勘局第二地质大队及新疆地矿业有限公司）的明确意见，谈判一直未有任何进展。

期间，交易所多次就此增资宏大黄金事项是否取得进展问询公司，均未得到明确答复，公司称正与合资公司的中方股东进行谈判，谈判结果尚不明朗。直至 2008 年 1 月 17 日，RH 公司未与任何一家中方股东达成任何协议，RH 公司董事长及董事来上海证券交易所面谈，明确表示放弃上述投资项目。

第二阶段：收购××矿业有限公司股权，直接收购矿业类企业。

就在决定放弃增资宏大黄金事项的同时，公司启动了另一个收购金矿事项。2008 年 1 月 17 日，RH 公司董事长张严德先生同时向交易所正式提交了《关于××县金山金矿、××县警鑫金矿所有权变更及我公司收购××县××矿业有限公司股权的情况说明》及《××县××矿业有限公司股权及采矿权、探矿权转让协议》，并表示 RH 公司拟以 2.6 亿元收购××县××矿业有限公司（下简“××矿业”，××矿业为一家拥有矿石开采，加工及销售资格的民营企业）100%的股权及等相关资产。

然而，此时的××矿业尚未取得任何采矿证和探矿证。××县金山金矿和警鑫金矿的探矿权、采矿权属中国安华（集团）总公司（以下称“安华集团”，安华集团为国有企业)所有,安华集团拟将其在甘肃省××县设立的××县金山金矿(包括金山金矿的采矿权,探矿权以及选厂权等全部资产)及××县警鑫金矿转让给××矿业。但上述金矿为安华集团所有,RH公司无法掌握金矿的基本情况。

在对收购标的不了解情况下,RH公司于2008年1月20日召开董事会,审议并全票通过了《关于资产处置的议案》和《关于收购××县××矿业有限公司股权及采矿权、探矿权的议案》。2008年1月22日,公司在"重大事项进展公告"中披露,拟用出售闲置资产给关联股东的2.6亿元资金收购××矿业及其采矿权、探矿权。

2008年1月22日,公司公告了其收购金矿事项,并同时作出了4点风险提示,其股票于1月22日复牌后逆势连续涨停,股价再次异常波动,市场炒作热情不减。

然而,因为公司草率决议收购××矿业,对收购标的不甚了解,又是首次涉及该行业,对收购程序亦了解不深,故在2008年1月22日的"重大事项进展公告"中出现大量误导性陈述以及与实际不符的情况,造成在其后无法及时公告其"股价异常波动公告",无法详细阐述收购标的的基本情况,其股票于2008年1月24日再次停牌,其后多次就上述"重大事项进展公告"作出更正公告。

在其后的近4个月中,因为公司就收购××矿业事项迟迟未能有实质性进展,公司股票一直处于停牌中,每周披露一次"重大事项进展公告"。直至2008年5月26日,公司详细披露了此次收购××矿业事项的详细情况,虽然仍旧没有实质性进展,但经过近4个月的准备,公司已能充分披露该事项的主要风险点,并在公告后复牌。市场在充分认识到该"黄金概念"的风险后,未再出现热炒公司股票现象。

2008年8月,××矿业终于取得相关的采矿权证和探矿权证,公司于同年9月召开股东大会决议通过了有关收购××矿业的议案,公司此次收购事项告一段落。

二、监管思考及问题

由于该案例较为复杂,属民营企业首次跨行业收购非主营类资产,且被收购资产也为民营企业所有，故收购过程中困难重重，增加了信息披露的难度；同时也对信息披露监管提出了更高的要求。交易所在 RH 公司进入矿业领域的过程中，运用了各种监管手段，有效保护了中小投资者的利益，总结心得如下：

(1) 对高风险公司，一旦出现股价异常波动，立即与公司联系，如有必要应及时约见公司相关人员，详细了解事项的具体情况。RH 公司在 2007 年 12 月 7 日和 2008 年 1 月 22 日两次出现股价异常波动，其背后的原因分别为拟增资××黄金和收购××矿业，上海证券交易所在两次股价异常波动后，第一时间约见公司董事长和董事会秘书，及时了解情况，为其后对公司股票的停牌提供了充分依据。

(2) 当公司不能及时、充分并且完整地披露其重大事项的相关基本要素时，为防止市场的盲目炒作行为，应及时予以停牌，保护中小投资者利益。RH 公司在上述两次股价异常波动中，均未能按要求披露有关信息，公司股票也因此两次连续停牌，并有效控制了市场对其股票盲目炒作，保护了中小投资者的利益。

(3) 当公司确实无法或者没有能力充分披露重大事项时，为防止公司股票因此缺乏流动性，可以建议公司充分披露该事项的风险后再复牌。RH 公司收购××矿业事项启动后，有超过 6 个月的时间没有任何实质性进展，但公司在 2008 年 5 月披露的“重大事项进展公告”中，共披露了七大风险点，充分完整地披露该事项主要风险，并且仍旧每周披露一次“重大事项进展公告”，不间断地对风险点进行补充和更新，令投资者能及时了解到公司收购事项上的风险和进展。公司股票复牌后，市场已不再追炒其“黄金概念”。

(4) 严防以收购资产之名，行炒作“概念”之实。RH 公司 2007 年年底提出的增资宏大黄金计划，可操作性低，且无任何有效的协议或合同。上海证券交易所在了解该事项后，在对公司股票予以停牌的同时，立即要求公司在该增资计划明显无法继续实施时，需明确并及时地表示放弃该计划。RH 公司停牌 2 周后，公告其放弃该增资计划。

在实施对 RH 公司该事项重点监管的过程，还发现了不少值得深思的问题，简述如下：

(1) 法律意见不一致。RH 公司在提出收购××矿业后，其律师曾分别于 2008 年 1 月 24 日、28 日和 29 日，出具了 3 份《法律意见书》，就有关收购程序发表了 3 次不同意见,前后反差明显。这种不负责任的行为对交易所和其他监管机构的监管和判断造成严重阻碍。

(2) 上市公司收购非主营资产,因其对收购标的了解程度不深,造成信息披露出现严重的不准确和不充分的现象。在 RH 公司这一案例中,首次涉及矿业类资产,且非大股东或关联方资产,由于 RH 公司对该行业不甚了解,且矿业类资产的收购过程复杂,信息披露中出现多次不准确和不充分现象,公告打补丁现象频发。

(3) 被收购企业未建账,并成为资产评估和定价的重大缺陷。据 RH 公司称,因××矿业是一家民营企业,管理不规范,在被收购前从未建账。这评估机构在评估××矿业时,缺失了一个重要的评估依据,其评估结果的准确性存在一定问题。同时,亦有有意规避《重大资产重组管理办法》的嫌疑。而目前,尚未有具体的法规对收购未建账的公司有明确规定。

三、后记

截至目前,RH 公司虽然已经基本完成了对××矿业的收购,但仍旧存在诸多风险,如:公司没有从事过矿业经营,没有专业的人才和对矿业经营管理的经验,完成收购后是否能充分开发利用已查明资源储量、经营能否达到预期目标存在风险;××矿业尚未取得《开采黄金矿产批准书》,存在不能正常生产经营的风险;又或××矿业尚未对尾矿渣进行过大规模的加工处理,尾矿渣的处理是否能达到预期经济效益存在一定的风险。

交易所仍将继续关注该公司完成收购后的一系列情况,并运用监管中获得的宝贵经验完善自身的监管体系。2008 年 8 月 26 日交易所发布了《上市公司临时公告格式指引第十八号:上市公司矿业权的取得、转让公告》格式指引。

(执笔人:李侃彬)

ST方源：股东权争夺案例分析

ST方源的实际控制人以"不可撤销的委托"转让公司控制权，其行为不仅未及时披露和公告，也存在让渡股东权的瑕疵，由此引发多方对上市控制权的持续争夺。本文是在此案例基础上对上市公司控制权市场的规范、重大资产重组启动申请程序要件、上市公司股东大会征集投票权等一系列监管难点和制度规定的思考。

一、案例过程

ST方源，公司原名为*ST源药，前身为浙江省凤凰化工股份有限公司，股票代码600656。2008年年底，受全球金融危机影响，公司出口业务基本处于停滞状态。公司股东勋达投资及其实际控制人麦校勋背负巨大的担保压力，其债务危机进一步传导，引发上市公司违规担保、投资款纠纷、股权转让纠纷等一系列严重违规问题。

为解决上市公司经营困难，麦校勋与深圳市国恒实业发展有限公司（以下简称"深圳国恒"）在2009年6月2日签署《关于重组东莞市方达再生资源产业股份有限公司的框架协议》（以下简称《框架协议》），双方就深圳国恒代麦校勋完成有关违规事项整改、收购麦校勋间接持有的ST方源股权、对公司进行重大资产重组等事项进行了约定。2009年6月10日，深圳国恒又与余蒂妮签署《〈关于重组东莞市方达再生资源产业股份有限公司的框架协议〉的权利义务转让协议》，将上述《框架协议》中其所有的权利、义务转让给余蒂妮，并已征得麦校勋先生同意。2009年6月16日，麦校勋与余蒂妮签署《不可撤销的授权书》，约定自签署之日至麦校勋间接持有的上市公司股权过户至余蒂妮或其指定的第三方名下之日止，由余蒂妮行使麦校勋作为勋达投资股东的股东决定权、股份受益权、股份处分权、董监事提名权,并将包括公章印鉴等经营管理资料交付余蒂妮。2009年6月19日,勋达投资法定代表人变更为余蒂妮。其后,余蒂妮根据《框架协议》约定代麦校勋完成有关资金违规划转、违规担保的整改。

上述框架协议以及转让、授权行为均未及时履行上市公司披露义务。而在2009年8月,经上市公司董事会和股东大会审议表决并公告,余蒂妮及其推荐的4名董事会成员陆续进驻公司董事会,组成上市公司新的管理团队。

2009年9月11日,公司实际控制人麦校勋发布公告,申明解除余蒂妮女士受托人资格及撤销《不可撤销的授权书》授权其行使的勋达投资相关权利。随后,勋达投资要求召开临时股东大会改选公司董事会。由此引发了公司股东与公司董事会之间关于公司控制权的争夺,导致公司董事会决议时有"异议之声"。

公司董事会认为,《不可撤销的授权书》所取得的授权不可以单方面撤销,在未通过双方当事人协商一致或人民法院依法裁决前授权依然有效。据此,董事会进而否决了公司股东勋达投资要求召开股东大会改选公司董事会的提议。与此相对应,勋达投资则认为新的公司董事会未能完成并违反框架协议达成的初衷,未能履行应尽的资产管理职责,不能代表公司股东的意志,应予以更换。双方争执的焦点表面在于不可撤销的授权是否能够被单方面撤销,其实质是为了争取"公司重组提名权",以谋求自身最大利益。

二、监管过程及措施

案例发展期间,以余蒂妮为代表的公司董事会与公司股东勋达投资双方围绕着同一部分股权下的股东权利归属问题,就"上市公司是否能够启动重组程序"与"股东方自行召开临时股东大会的合规、合法性"两个议题进行了长时间的角力,不断向监管部门各自举证,以获取支持。在这一过程中,交易所有针对性地采取了若干监管措施。

首先,对于公司控制权之争,交易所根据辖区监管责任制的分工要求,与广东省证监局进行了及时沟通,提示监管问题和风险。

其次,迅速约见公司董事会代表、重组方代表以及公司股东勋达投资代表进行监管谈话,以取得第一手信息,便于监管判断。经过与上述相关人员约见谈话后,交易所发现各方在重组议案、股东是否有权自行召开股东大会以及股改承诺履行等重大问题方面分歧巨大，公司极有可能出现类似“ST 宏智的双头董事会”的情形。因此，交易所将该公司监管风险等级调至最高级，在涉及各方为争夺控制权而进行的事项上，重点关注其公告内容的准确性，避免错误信息可能误导投资者并引起市场波动；同时，强调各方行为应遵守法律法规及《上市规则》相关程序性规定。

再次，由于公司控制权争夺各方的分歧明显，争夺行为还导致公司经营陷入混乱，极有可能伤害中小股东的基本权益。交易所根据案例的这一实际情况，运用自律监管权限，遏制相关各方可能滥用制度，以拖延解决问题的有效时间、获取不当利益或“挟持”监管机构的行为倾向。例如，争夺过程中，公司董事会申请进入重大资产重组程序。而交易所经会商后认为，公司控股股权的争执问题极其复杂，只能等待最终司法判定。在公司控股股东极有可能变更且董事会结构不稳定的情况下，公司不适合启动重大资产重组事宜。

第四，在公司控制权的争夺过程中，对上市公司治理相关规则的理解和运用上，不生搬硬套，结合案例实际情况，形成监管意见。例如，对于 ST 方源董事会能否在公司股东自行召开的股东大会上作为征集人征集投票权，交易所经会商后形成 2 种意见：第一种意见认为，根据《上市公司治理准则》第 10 条规定，ST 方源董事会可以作为征集人，向全体股东征集本次股东大会的投票权；另一种意见认为，鉴于本次股东自行召开的股东大会审议事项为《关于改选董事的议案》，董事会作为利益人，可能造成利益冲突的情形，且考虑到公司的治理情况混乱，征集投票权的过程难于控制，故认为 ST 方源董事会不适宜作为征集人。随后，交易所在会商相关部门意见后，提出了董事会不宜作为投票权征集人的建议。公司董事会接受了该建议。

最后，在对可能形成“双头董事会”的监管问题上，交易所督促律师事务所等中介机构履行职责，强调司法裁判机制对股东权的保障作用。勋达投资在 12 月初自行召集上市公司临时股东大会，选举产生了部分新的董事，鉴于现任董事会只针对该股东大会的合规性、合法性提出质疑。为及早针对可能出现“双头董事会”情况采取监管措施，交易所要求勋达投资聘请的律师针对现任董事会的质疑内容发表补充法律意见书。交易所还要求公司应及时披露股东大会决议并复牌，同时披露相关法律意见书及补充法律意见书。通过上述监管措施，确保中小股东知情权和公司维持基本运作,在自律监管上有效披露和固定公司控制权争夺过程的事实,保障异议股东依法行使根据《公司法》第22条请求人民法院撤销股东大会决议的权利。

三、问题与思考

(一)控制权转让程序的合法性要求

由于ST公司控制权归属直接决定了上市公司"壳价值"转让的受益方,ST方源这一案例客观反映了目前上市公司控制权市场的特殊情况。案例中,勋达投资是上市公司大股东,麦校勋为勋达投资的股东并实际控制上市公司,因此,麦校勋将其在勋达投资的股东权"不可撤销地委托"给第三方余蒂妮,尽管受托行使股东权的第三方的根本目的是想通过这一方式取得上市公司的控制权。但这一行为过程是否构成实际控制权的转让?

根据我国《公司法》第33条的规定要求,公司股东权的转让和取得应履行登记机关的变更登记手续,否则无法取得对抗第三人的公信力。案例中,勋达投资始终未进行股东变更登记程序,余蒂妮未能取得登记机关登记在册的勋达投资股东资格。此外,约定进行股东权委托的双方也未就股东变更事项进行约定。因此初步可以判断,勋达投资的股东权未发生转移。

而勋达投资的法定代表人曾变更登记为余蒂妮,是否可以作为公司控制权转移的依据?根据我国《公司法》规定,公司的法定代表人仅仅是公司对外发生法律关系时,由法律规定代表其作出法人意思表示的人。法定代表人依公司章程规定并在公司登记机关依法登记,可以是公司董事长、执行董事或经理。因此,在某些情况下,公司法定代表人会与公司自然人股东发生重合,但公司法定代表人的取得并不代表取得公司的股东权和控制权。

将股东权"不可撤销地委托"他人行使,是否构成股东权和控制权的转移?委托人和受托人之间属于代理法律关系,我国《民法通则》规定代理人在代理权限内,以被代理人的名义实施民事法律行为,被代理人对代理人的代理行为,承担民事责任。根据民法原理及我国有关规定,代理关系中,实际上委托人承担被委托人在委托事项范围内进行代理行为所产生的法律责任,被委托人不承担任何法律责任。此外,还有观点认为,由于代理权的授予为单方法律行为,即委托人可以单方意思表示随时建立或终止委托关系，即授予或撤回代理权。因此，很难认定，将股东权"不可撤销地委托"他人行使构成了股东权和控制权的转移。

本案例中，余蒂妮虽然通过一系列协议和麦校勋《不可撤销的委托书》，在一定阶段代理麦校勋行使勋达投资的股东权。但从维护股东登记制度的社会公信力、保持证券市场公平性和透明性等角度看，这一试图取得上市公司控制权的行为模式，潜藏着诸多权利瑕疵。

（二）明确重大资产重组启动要件

本案例中，在勋达投资自行召集股东大会并改选董事会前，已由余蒂妮控制的上市公司董事会曾提出上市公司进入重大资产重组，但此时上市公司的控制权争夺正进入白热化，董事会结构和控制权极度不稳，实际上难以判断公司及相关重组方是否具备重组上市公司的条件，或其仅仅是利用重大资产重组停牌程序和时间完成个人利益的争夺。这一案例给目前的规则提出了一个问题，即如何明确并完善重大资产重组的启动要件。

目前我国《上市公司重大资产重组管理办法》第 19 条规定："上市公司进行重大资产重组，应当由董事会依法作出决议，并提交股东大会批准。"该条款是对上市公司重大资产重组的程序性要求，即重组方案应经过董事会决议和股东大会批准通过，那么是否应进一步明确规定进入重组停牌程序的"申请权"由且只能由公司董事会行使？信息披露监管部门对上市公司董事会提出的重大资产重组申请进行形式审核的同时是否有必要关注公司治理架构？

从字面含义理解，公司董事会履行对重大资产重组方案的审议职能，并在其审议通过后承担提交股东大会批准的义务，但在公司董事会审议重大资产重组预案方案之前，按照目前规定及监管要求，可以申请一定期间的停牌来保证方案经过相关重组方的充分讨论，因此尽管目前实践案例中通常由上市公司董事会秘书向交易所提交重大资产重组预案基本情况表并申请停牌，文件盖有公司董事会章，但公司股东是否能直接提出进入重大资产重组程序的要求和申请？部分公司董事在其提名股东的授意下是否能申请停牌并进入重大资产重组程序？上述种种假设情况极有可能出现在上市公司董事会意见严重分歧或相关各方争夺控制权的极端情形下，而在目前相关规定未进一步明确之前，监管部门对重组停牌申请的形式审查义务不得不包括了对公司治理稳定性和经营持续性的考量,以防止重大资产重组程序的不当滥用。

(三)股东会议征集投票权制度的完善

ST方源案例还对监管实践提出一个挑战,即公司董事会是否能够作为征集投票权的征集人?征集投票权的程序应如何规范?目前关于征集投票权的规则并不完善,除《公司法》的原则性规定外,仅有少数条文涉及程序性要求,如《上市公司治理准则》第10条的规定“董事会可以作为征集人,向全体股东征集本次股东大会的投票权”。但对于如何保证征集投票权程序的规范,并未有明确规定。

在美国及其他成熟的证券市场中,股东投票代理权征集规则的根本目的在于保证股东特别是中小股东能够在充分知情的情形下委托征集人行使表决权,防止大股东及内部人的操控行为。因此,规则通常强调征集人积极资格和消极资格、征集信息披露内容的监管要求。其中,投票权委托书征集人的资格要求并无一定范式,如美国主要证券市场规则对征集人的资格没有限制,无论是异议股东还是公司管理层都可以征集委托书,这些征集人可以是股东,也可以不是股东。但也有国家对征集人的持股数量和持有时间进行明确要求。上交所在未来制定相关规则时可以从我国证券市场新兴加转轨的特点出发,适当限定征集人的主体资格,并对各类主体在征集程序中的权利义务进行适当区别,如公司董事会在作为征集人时,应考虑其作为内部人的特点,要求其董事会对征集事项形成决议,并要求以特别决即2/3通过,以平衡信息披露不对称。

除征集人的资格认定外,征集投票权的监管应围绕信息披露要点和范围展开。授权人一旦决定将投票权让渡给征集人,将失去对投票结果的控制。因此,是否可以考虑通过规则进一步明确征集投票权的强制披露义务,认定所有不经过披露的征集事项均为非法。在披露要求上,对提交给监管部门和股东的征集委托说明书,则需考虑必须记载内容的强制规定,还应考虑对董事会选举、并购、分立、重大投资事项的征集披露要求进行细化和分类。

在责任承担上,如征集人违反征集委托说明书的,应承担多重责任,除通过司法和有权部门认定的民事责任和行政责任外,也应通过自律规则加以惩戒。

(执笔人:陈长松、方　俊)

CY 公司：大股东否决分红送转方案案例分析

CY 公司董事会和大股东因对公司 2008 年度分配方案持不同意见，大股东认为要提高现金分红金额并以此为由否决年度股东大会的分配议案，而二级市场对大股东否决高比例送转事项的极端情况缺乏足够的谨慎，从而致使上市公司股价随着董事会决议、大股东否决而出现“过山车”的情况，引发市场对大股东行为动机的质疑，值得监管机构进行总结和思考。

一、案例事实

CY 股份有限公司（以下简称“CY 公司”或者“公司”）成立于 1992 年，主营包括公路客运、客运站点建设及维护运营、旅游服务、汽车租赁、物业管理等业务。经营业务占据省公路跨省旅客运输和省内高速公路客运的主要份额，最近 3 年净资产收益率均能保持稳定增长。

2009 年 4 月 16 日，公司董事会审议通过了《公司 2008 年度利润分配方案》，经中磊会计师事务所有限责任公司审计，2008 年公司母公司实现净利润 51 266 881.08元。在根据《公司章程》的规定提取 10%的法定公积金和 5%的任意公积金后，公司 2008 年实现的可供分配利润为加年初未分配利润扣除 2008 年 5 月已实施的利润分配后，可供股东分配的利润为 136 683 220.93 元。公司董事会审议通过的 2008 年度公司利润分配方案为：以公司现有总股本 18 572.4 万股为基数，向全体股东每 10 股送 5 股并派发现金红利 1 元（含税），剩余未分配利润结转至以后年度分配。同时，公司以资本公积金转增股本的方式向全体股东每 10 股转增 5 股。值得注意的是，公司大股东提名的两位董事谢某、朱某对上述分配议案投了反对票，其在披露的决议公告中表示“按照国家金融政策导向和要求,鼓励和提倡大比例现金分红,因此投反对票”。

2009年5月19日,公司召开年度股东大会,审议“高送转”以及现金分红、续聘会计师事务所等议案。因网络投票统计,2009年5月20日公司以未刊登股东大会决议停牌一天。5月20日下午公司向交易所提交股东大会决议公告披露申请,交易所得知其“高送转”及现金分红议案遭到总投票股权的76.65%股东反对,续聘会计师事务所议案因80.86%的股东反对被否决。

二、监管措施

鉴于公司年度利润分配方案通过与否对市场中小投资者的重要影响,交易所于2009年5月20日电话通知约谈公司董事会秘书,要求其及时向交易所汇报。2009年5月21日上午10点,公司董事会秘书在交易所会议室就公司利润分配议案被股东大会否决一事做了相关汇报,根据其口头说明和持续监管记录,公司大股东之所以在股东大会中对利润分配方案行使否决权,原因可归结为以下三点:

(1) 大股东CY集团有限公司(以下简称“CY集团”)对公司“高送转”及现金分红方案中的现金分红比例不满,提出每10股送1元钱的现金分红预案不能满足大股东的经营需求。大股东委派的董事谢某、朱某就曾在2009年4月16日的董事会上已经以“按照国家金融政策导向和要求,鼓励和提倡大比例现金分红”为由,对董事会决议中的利润分配议案投反对票,公司大股东在股东大会上否决相关提案再次反映了其坚持的现金分红要求。

(2) 大股东CY集团意图通过否定本次股东大会的年度利润分配方案,以便其提出新的年度利润分配方案,但目前未向公司及董事会提出明确方案。

(3) 公司董事会和大股东长期不合,对公司治理等事项一直有互相指责的情况,大股东认为上市公司董事会属“内部人控制”,公司董事会则认为大股东过度干预公司治理和经营发展。

三、监管意见

首先,尽管在董事会上有两位大股东委派的董事对分红送转方案投反对票,但大股东CY集团及其他各方并未在年度股东大会召开前提出修改利润分配方案的临时提案，市场普遍判断 CY 集团也最终认可利润分配方案，特别是现金分红比例，市场对于取得送转股权的积极预期不断推高公司的股票价格。而随后，又出现大股东 CY 集团在年度股东大会上对公司利润分配方案予以否决，市场已经对公司大股东 CY 集团的投票依据失去了判断方向，无法判断大股东是反对股权送转，还是反对现金分红方式。如果大股东在年度股东大会之后再次提出增加现金分红比例的年度利润分配方案，则容易让市场普通投资者的判断出现混乱，可能造成大股东随意控制上市公司行为的不良形象。

其次，因上市公司目前资产负债率较高，原先 10 股送 1 元的现金分红方案较为符合上市公司的经营现状，如任意提高分红比例，将上市公司未分配利润全部用于分红，对于在 2008 年度和 2009 年度不断竞标省内地市级客运站资产、进行扩张中的上市公司，则可能影响公司未来的持续经营。

四、监管思考

根据历史数据，高比例的分红送转方案普遍导致公司股票二级市场价格的大幅上涨。因此对于上市公司高比例分红送转行为的监管应强调对上市公司信息披露公平性、及时性的保障，以及有效防止内幕交易行为和操纵股价的倾向。

CY 公司案例的特殊性在于大股东和上市公司董事会在年度分红送转方案上存在重大分歧，大股东不认可公司董事会审议通过的分红送转方案，认为送 5 转 5 派 1 元现金的方案不能满足大股东经营上的现金需求，但大股东委派的董事并不具有决定性影响上市公司董事会的决议结果的能力，董事会决议后大股东又未能及时就分配事项提出年度股东大会临时提案，致使出现大股东否决高比例送转方案的特殊怪相。

从监管角度而言，提高分红送转事项决策程序的透明性、保障分红送转方案的及时公平披露应是规则制定的起点。无论是大股东主动要求并授意上市公司董事会提出高比例分红送转，或大股东自身对公司分红送转方案明确形成赞成或否定意见的，均有必要通过程序性规则，明确大股东作为信息披露义务人的具体义务内容和行为指引，避免市场质疑大股东分红送转行为的公平合理。

（执笔人：方　俊）

XN 公司：分阶段信息披露监管案例分析

2009 年 8 月 3 日至 2009 年 10 月 23 日，上证指数从 3471.44 点跌至 3107.85点，下跌 10.47%。在市场处于整体下跌的情况下，XN 股份有限公司（以下简称“XN 公司”或“公司”）却表现极为强势，其股价从 2009 年 8 月 3 日的 9.39 元起，至 2009 年 10 月 23 日已涨至 15.24 元，涨幅高达 62.3%。这期间，公司两次因股价异常波动刊登公告，市场传闻与公司相关事项的不确定，对分阶段信息披露原则提出了挑战。分阶段披露的信息往往具有阶段性的特点、不够充分、不确定性很大。鉴于我国证券市场投机气氛浓厚，市场较关注上市公司朦胧的重组题材，这给上市公司分阶段信息披露监管带来了极大的压力。如何完善分阶段信息披露，是监管部门需要特别关注的一个问题。

一、案例介绍

(1) 2009 年 8 月 7 日，XN 公司因连续 3 个交易日收盘价格涨幅偏离值累计达到 20%，刊登股价异常波动公告称：公司有再融资意向，募集资金拟用于补充公司流动资金；控股股东在不丧失控股权的情况下，有转让部分股份的意向。

监管考虑：上述事项有可能在 3 个月内发生，按照真实、客观、分阶段披露的原则要求公司披露。

(2) 2009 年 10 月 16 日，公司又因连续 3 个交易日收盘价格涨幅偏离值累计达到 20%，刊登股价异常波动公告，公司称：除前述事项外，公司有可能在未来 1 个月后将下属 3 个盈利能力差的植棉农场资产与控股股东进行资产置换。

监管考虑：公司明确表示不能承诺 3 个月内无资产置换计划，置出资产大致确定，但置入资产还没落实，按照分阶段披露原则，要求公司在公告中提示，资产置换方案如进一步明确，公司应及时刊登进展公告。公告后 5 个交易日股价表现基本平静。

（3）2009 年 10 月 23 日，公司股价再次涨停。经与公司联系，公司称将在下周的董事会上审议收购一小型铜镍矿产公司——新疆金墩事项。为避免信息外泄，市场借机炒作，股价再次出现异动。在交易所建议下，公司申请停牌直至相关事项详细披露后复牌。停牌期间，相关媒体报道：公司将收购金墩铜镍矿，猜测其与公司计划的资产置换事项有关。

监管考虑：公司股价再次涨停，可能有市场机构紧盯着公司的一举一动，为避免在信息披露不充分的情况下，将公司一项小规模的收购行为放大炒作，交易所主动建议公司申请停牌。

（4）2009 年 10 月 29 日，公司公告了出资 1 200 万元收购金墩公司事项。在公告中，公司依据交易所要求就市场关注的问题进行了风险提示说明：① 公司收购的金墩矿业公司仅持有探矿证且将于年末到期，并且截至目前未探有相关矿产实体；② 公司与大股东之间资产置换仍无明确框架方案；③ 针对市场传闻明确，截至目前大股东无可置入的矿产资源。公告后，公司股价小幅振荡上行。

监管考虑：① 要求公司充分披露被收购资产的情况；② 要求公司披露资产置换计划的进展状态，是否已制定框架方案，针对传闻，说明控股股东眼前有无可供置换的矿产，并提示风险。

二、监管思考

上述案例中由于 XN 公司披露的信息存在三方面不确定性：① 资产置换时间的不确定性。公司资产置换有实际需要，但可能会因各方的实际情况及推进进度，置换时间存在极大的不确定；② 置换入资产项目的不确定性。这种不确定性令市场形成了各种预期，并可能成为推动公司股价波动的影响因素；③ 资产置换是否最终落实的不确定性。资产置换可能由于决策审批、市场价格，甚至相关各方的恶意操纵等各方面影响，造成该类事项的结果也存在着极大的不确定性。这对分阶段信息披露而言存在以下问题：

（1）在信息披露存在重大不确定性情况下，特别拟披露的信息仅仅是一种意向、计划,是很难做到充分披露。针对这种特点,如何提高分阶段信息披露的及时性、公平性、有效性?

(2) 我国证券市场投机性强、“羊群效应”明显,广大中小投资者偏信小道消息,热衷跟风炒作。在这种市场环境下,如何提高上市公司信息披露的公信力?如何遏制非理性的投机炒作?

(3) 在股价异常波动倒逼信息披露的情况下,上市公司似乎面临两难的境地。很多时候重组事项的筹划尚处于初始阶段,还不能立即申请停牌启动重组。这种情况下,如分阶段信息披露可能进一步引发市场炒作,由于现行规则要求非公开发行定价必须按最新的市场价为基准,这将直接提高相关各方的重组成本;如否认相关事项,上市公司又将面临3个月内不策划重组事项的承诺,给重组带来高昂的时间成本。如何解决这个矛盾?

(4) 上市公司重大事项披露前,普遍存在股价显著上涨的情形。如何加强信息披露前的信息保密?如何防范分阶段信息披露过程中的内幕交易?

三、有关建议

我国证券市场投资者的行为模式短时间内很难改变,引导投资者理性投资也必将是一项长期的工程。面临当前这样的市场环境,针对上述问题,我们建议:

(1) 努力提高上市公司信息披露的公信力。这是一项长期的、系统性的工程。中小投资者不信主流媒体、偏信小道消息的现象由来已久,有其深层次的原因,这和整个社会环境、法治建设、文化传统、政府的政务公开程度等问题密切相关。上市公司信息披露违规的根源,也与此密切相关。提高上市公司信息披露的公信力需要持续不懈的努力,难以一蹴而就。只有树立了信息披露的公信力,才能逐步改变中小投资者盲目跟风炒作的行为。

(2) 提高分阶段信息披露的有效性,适时主动采用停牌手段遏制非理性炒作。分阶段信息披露制度,是一项保证信息披露公平、避免长期停牌的有效机制,但在目前的市场环境下,仅仅通过信息披露很难达到遏制投机炒作的目的。对于分阶段信息披露的案例,建议一方面督促上市公司及时、公平地进行披露,尽量充分披露每一阶段的客观事实,同时要求上市公司和相关各方内部建立交易进程备忘录，详细记载有关交易的进展轨迹，并及时报监管部门备案；另一方面密切关注公司股价，如发现公司股价异常上涨，适时采用停牌手段，及时问询公司，督促其披露进展情况，以正视听，抑制非理性的炒作行为。

（3）建议尽快调整有关非公开发行的定价原则。现行非公开发行的定价原则，已在一定程度上影响了上市公司的信息披露和正常运作。目前已发生多起游资炒作公司股价，导致股价异常波动，逼迫上市公司提前启动非公开发行或重组的例子。上市公司简直处于被市场“绑架”的境地。建议适时放宽非公开发行定价的相关规定。

（4）推广内幕信息知情人登记制度，防范内幕交易。市场炒作一般总是与信息提前泄露有关联。内幕信息的源头或在上市公司内部，或在大股东、实际控制人层面，建议从这两个口子入手，会同国资管理部门，全面推广内幕信息知情人登记制度，为事后核查内幕交易创造条件。

（5）规范信息披露格式，以发布格式化指引的方式，细化不确定事项的阶段及风险。目前借筹划各类市场关注题材事项进行炒作的案例层出不穷。而各类筹划事项的表述千姿百态，影响投资者的判断。我们可以以格式化指引的方式，明确事项各阶段的表述及风险提示，以引导市场作出合理预期，同时也有利于监管的协调与一致性。

（6）加强事后处罚，即对公司股价出现异常波动，其涉及审批事项的，严格依据证监公司字[2007]128 号《关于规范上市公司信息披露及相关各方行为的通知》的要求，加强处罚。

（执笔人：洪　泳、庄江波）

SQ股份：股东减持对股价异动影响案例分析

上市公司股价异常波动往往意味着公司或其大股东存在价格敏感信息未及时披露的情况，因此一直是交易所监管的重点，但随着市场规模的增大，参与主体的增加，股价异常波动的情况也变得越来越复杂。本文简要介绍了SQ集团股份有限公司(以下简称“SQ股份”)在2009年8月至9月间的股价异动情况以及交易所采取的相应措施，希望对日常监管工作的研究和总结有所增益。

一、股价异动的过程

SQ股份作为一家主营子午线轮胎和斜交轮胎生产和销售的公司，其全钢载重子午线轮胎在国内市场上的占有率位居行业前列。公司大股东HY集团是上海最大的化工企业集团，在2009年中报时持有公司66.77%的股份。但公司业绩并不突出。公司2007年度、2008年度和2009年上半年度的业绩分别为0.19、-0.17和0.10元。

由于2009年国家4万亿经济刺激计划对需求的拉动，以及原材料价格受国际经济危机影响仍在低位徘徊，轮胎行业在2009年上半年的发展势头非常迅猛。在2009年8月14日，黔轮胎和青岛双星两家轮胎上市公司双双发布中期业绩报告，黔轮胎公告其上半年净利润同比增长122.22%，青岛双星则为175.42%。当日，有4家机构出具了关于黔轮胎的研究报告，其中包括国信证券等3家机构的研究报告均给予该股“推荐”评级。业绩猛增加上机构研究报告推荐，黔轮胎当日高开高走，冲击涨停，并带动其余所有轮胎股一并走强，一轮“轮胎行情”就此点燃。

由于SQ股份的业绩在轮胎企业中处于中下水平，当天SQ股份表现不算出色。早盘其他轮胎股都是大幅高开，唯独SQ股份却是低开。不过很快，就有大资金相中了它，开盘十几分钟后，SQ股份便从7.86元一口气飙升至8.5元的价位附近，短短10分钟之内涨幅就超过了8%，拉升如此剧烈让人侧目，自然也吸引了不少市场游资的目光，此后该股一发而不可收，开始它的黑马征程。从8月7日至9月16日，在28个交易日内股价由7.48元最高升至23元，上涨了207%。8月中旬后，大盘从3478点跌至2639点，SQ股份却逆势从7元多连续拉升至21元上方，丝毫不受大盘走势的影响。从8月17日至9月11日，19个交易日11次涨停。甚至于后期轮胎股受大盘拖累开始全面回调时，SQ股份依旧坚持不懈地涨停。9月16日，SQ股份最高上冲至23元，由于大股东在当日开始减持，才被迫终止了上涨的步伐。

二、监管措施

由于连续达到股价异常波动标准，公司在8月18日、24日、26日和9月10日4次发布异常波动公告，均称并无应披露而未披露的信息，控股股东在未来3个月内也没有对公司进行重大资产重组以及股权转让等事项的计划。公司在刊登异常波动公告的同时，4次向交易所提供了控股股东的相关承诺。在此期间交易所还采取了如下措施：

（1）在8月24日，交易所对公司股票是否存在被操纵进行核查。核查后发现，公司在市场上真正的自由流通量仅为5 049万股，在8月12日至9月8日期间，交易量较大的营业部和账户大都为游资集中所在的营业部，这些营业部和账户买卖价差较小，基本上当天买第二天卖，短线交易特征明显，且交易较为分散，未发现明显的市场操纵迹象。

（2）在9月9日，交易所向公司出具监管工作函，要求公司董事长、总经理和董事会秘书携带相关的书面资料，于2009年9月11日13时接受谈话和问询。

（3）在9月10日，交易所对公司采取了特别停牌措施要求公司股票停牌核查相关情况。

（4）9月11日，公司书记、总经理，董秘及大股东方面相关人员接受谈话，介绍了公司及股东方情况，公司目前生产经营正常，股东方也没有资产重组、股权转让等计划。公司提供了大股东的相关承诺,考虑到公司股票波动为游资所为,且公司存在B股(B股交易异常并不明显),因此将在公司刊登核查公告后将公司A股B股股票于9月14日复牌。

(5) 在此期间,经与公司多次沟通,证监会有关部门也多次和上海国资委等相关部门联系,听取上海国资委对减持的想法和意见。9月16日,公司控股股东上海HY(集团)公司在上海国资委同意的情况下减持SQ股份4 995 219股(原持股占A股流通股本比例高达92.12%)。

三、公司股价上涨原因分析

SQ股份是同时含有A股和B股的上市公司,总股本为88 946.77万股,其中A股的股本为64 048.75万股,大股东HY集团在事发当时持有公司58 999.78万股,占公司总股本的66.77%,占A股流通股本比例高达92.12%。HY集团所持股份已全部解禁成为流通股。但HY集团的国资属性,决定了他们不能随意地减持。扣除掉大股东手里的这5.9亿股流通股,SQ股份实际的流通盘只有5 000万股之多,是沪深两市中的流通盘最小的股票之一。同时HY集团在2007年5月和2008年10月以股权质押的方式向交通银行上海分行质押了其所持有SQ股份2.95亿股的股权。市场资金方认为其大股东质押股权给银行,炒高股价符合其利益,因此在上涨过程中他们应该不会减持。

根据公开市场信息显示,在2009年8～9月,银河证券厦门美湖路营业部和方正证券台州解放路营业部频繁出现在SQ股份的买卖榜中,上述两家营业部在将近的1个月内都曾有在10多个交易日内上交易榜单的记录,这两家营业部的幕后游资合力制造了11次涨停中的4次,外加1次超过6%的大涨,是这轮SQ股份做多的主力之一。

除了上述两家主力外,其他的游资一般采取捞一把就走的策略,最多持仓不过3天。SQ股份之所以能够上演妖股神话,基本上可以确定为多家游资接力爆炒所致,其实就是在赌大股东不会轻易减持。

四、监管思考

在本案例中,交易所相继采取对公司股票交易情况的核查,约见公司及股东相关人员谈话，停牌等监管措施，但由于上市公司本身并没有应披露而未披露的信息，其大股东也没有重组计划，股价异动完全是市场游资炒作的结果，因此约见公司的主要负责人对了解相关情况有所帮助，却起不到抑制股价炒作的作用；停牌核查虽然能在一定程度上起到警示游资的效果，但还是不能使游资知难而退，且公司存在B股(B股交易异常并不明显)，公司停牌时间过长(A股和B股停牌是同时进行的)必会造成比较负面的社会影响。在此情况下，停牌核查的作用也比较有限。

上述监管手段都是在日常监管中比较常用的，但针对本案的特殊性，这些措施无法起到实效，本案中证监会、证监局以及交易所和上海国资委关于大股东减持沟通才是解决问题的关键之处。在上海国资委要求SQ股份大股东进行适当减持的9月16日，就是股价的达到历史最高点的时间，说明大股东在高位减持真正击中了游资要害，起到釜底抽薪的效果，使游资知难而退，不敢恋战。

根据《国有股东转让所持上市公司股份管理暂行办法》，涉及国有控股公司，只要转让后不丧失国有控股权，对于总股本在10亿股以下的公司，企业减持的自主权限是“连续3年内减持股份不超过总股本的5%”；总股本在10亿股以上的公司，国有控股股东在连续3个会计年度内累计净转让股份的数量未达到5 000万股或累计净转让股份的比例未达到上市公司总股本的3%，控股公司只需向地方或国家国资委报备即可，只有超出上述条件的国有股减持才报国资部门审批。但大多数地方的国资委对大股东的减持并未授予大股东减持的权利，或者是设置了很多限制，比如，上海国资委就要求凡涉及上市公司国有股性质变化的，都要报国资委或地方国资委批准。

当然上述这些情况也是可以理解的，作为股权分置改革的遗留问题，在“大非、小非”解禁问题上，各级国资委一直处于尴尬境地，一方面难以根据市场状况和自身需求决定国有股减持的节奏，以免造成“冲击”市场的口实；另一方面又要切实防止大股东利用自身优势进行股价操纵。

由于各地国资委对上市公司国有股减持一事的控制相当严格，造成大股东往往缺乏减持的动机，即使决定减持，也要经过报批程序，耗时较长，容易贻误战机。以SQ股份为例，公司在2009年的业绩估计在0.25元左右，而且2009年是原材料价格的历史低点，而且由于国家4万亿计划的刺激，销售情况处于历史最好水平，也就是说，公司2009年的业绩将是未来几年的高点，在此情况下，股价达到20元以上，市盈率接近100倍，公司股价和基本面已经严重背离，而且大股东持股比例接近70%，适当减持并不影响其控股地位，如果其大股东是民营企业，在此价位减持几乎是确定发生的事项。但因为大股东HY集团因为需履行减持报批程序，认为将耗时冗长，因此减持动机就比较小。如果没有证券监管部门的推动，SQ股份的炒作可能还会持续相当长的一段时间。

因此建议国资委进一步深化国资上市公司市值管理制度建设，理顺内部法人治理结构，细化市值管理指标，合理地将国资上市公司及其控股股东管理层的绩效和上市公司的市值管理相结合，使国资上市公司的控股股东能充分利用资本市场的效率，在考虑现有国资上市公司持股底线的基础上，灵活运用再融资、收购兼并、增减持、分红配股等一些民营企业常用的价值经营手段。国资委在相关制度建设中，可针对一些特殊的情况出台相应的规定和措施，使在公司股价被炒作至和基本面严重偏离时，控股股东能快速反应，减持一定比例的上市公司股票，这样既可以抑制游资的炒作，又有利于国有资产的保值增值，同时在上市公司股价被低估时，能及时采取增持和回购等措施，通过企业内部对自身价值的判断，引导其估值水平趋于合理。当然在制定相应规定时，要考虑到大股东减持的相关限制并严格履行信息披露义务，避免出现市场操纵和内幕交易行为。

（执笔人：田正大）

ST 东北高：股权集中度与公司治理案例评析

我国上市公司的股权集中度较高，“一股独大”现象普遍存在，由此引发公司治理缺失，大股东频频利用违规担保、关联交易等侵占上市公司资金。ST 东北高前三大股东持股比例较为接近，而“2006 年度报告及摘要”等议案被股东大会否决后迟迟不能修订；董事会、监事会换届选举工作无法正常启动；在许多重大问题上，董事会内部以及董事会与管理层之间存在重大分歧，公司治理存在重大缺陷。因此，股权集中度与公司治理的完善程度并不存在必然联系。

一、案情介绍

东北高速公路股份有限公司（股票代码 600003，以下简称“公司”或“ST 东北高”）的限售流通股股东主要为黑龙江省高速公路公司、吉林省高速公路集团有限公司、华建交通经济开发中心等单位（以下简称“三大股东”），三家的持股比例分别为 26.905％、22.288％、17.919％，合计持有公司 67.112％股份。在 2007 年 5 月 23 日的公司 2006 年度股东大会上，“2006 年度报告及摘要”、“2006 年度财务决算报告”、“2007 年度财务预算报告”三项议案被三大股东联手否决。经询问，其否决议案理由主要集中在公司未将股东豁免的 2006 年度公司借款利息在 2006 年度入账（该豁免事项为股东股改承诺）、2006 年与 2007 年公司高管奖金过度列支、股东认为 2004 年公司财务决算存在虚假成分等。由于该事项迟迟未获解决，公司股票自 7 月 3 日起被实施其他特别处理。

在多方敦促下，公司于 2007 年 12 月 12 日召开董事会审议通过了修改后的议案，并于 12 月 15 日发出股东大会召开通知；其中，除涉及 2004 年公司财务决算事项外，其余事项均已按股东意见进行修改；12 月 31 日，股东大会审议通过了上述议案。

随着近日东方案(东方系子公司东高科技油脂有限公司原总经理)的审结，相关媒体质疑公司2003年度的2.95亿元大豆销售收入为财务造假，而公司董事会内部对此认识不一，13位董事中的11位认为应聘请中介机构进一步核查，1位董事认为媒体报道完全错误，另1位董事认为媒体报道真实无须核查。公司发布澄清公告时要求各董事发表书面意见，并承诺聘请中介机构对此进一步核查。

此外，公司的董事会、监事会成员任期已逾2年。公司向三大股东发出董事会换届工作函，股东回复显示在是否启动换届及推选董事候选人方面仍存在分歧。

为解决公司存在的问题，上海证券交易所与相关监管机构对公司及其前三大股东做了大量协调工作，积极推动其完善公司治理；但由于公司股东间存在重大分歧，公司治理缺陷无法弥合，最终达成公司分立方案。经中国证监会核准，公司于2010年2月分立为吉林高速(股票代码601518)和龙江交通(股票代码601188)两家上市公司，注册地分别为吉林和黑龙江。

二、监管思考

从ST东北高的上述事项中，有下列问题值得关注：

第一，为何是股东大会而非董事会否决了相关议案。

按规定，年报应在董事会审议通过后及时披露，此后再提交股东大会审议，而公司13位董事中的9位均由三大股东推荐，由此可认为董事会的意志基本代表了公司股东大会的意志(除非因重大事项股东大会提供网络投票)。事实上，2006年度报告等三项议案经董事会全票通过，又被股东大会全票否决。

公司的答复是部分董事在董事会审议前并未见到议案全文，但该说法很难成立，即使属实，董事在未认真阅读议案前匆忙投票通过也有责任。真正的原因可能是：董事已知道议案中存在问题，但为了不被停牌先行通过并披露，再由股东大会出面否决；或者，由股东推荐的董事其意见与股东意见并不一致。

第二，在股东大会决议对公司经营层无直接约束力的情形下，董事会的责任及作用。

根据公司治理结构，董事会对公司股东大会负责，经理对公司董事会负责，股东大会决议对公司经营层无直接约束力。《公司法》第 50 条第一款规定：(经理)主持公司的生产经营管理工作，组织实施董事会决议。根据该规定，公司董事会应在股东大会否决相关议案后，立即召开董事会通过按照股东意志修改议案的决定，并要求公司经营层组织实施。

但是，6 月 21 日召开的董事会会议中，因各方分歧过大，并未形成相应决议。原因可能在于，13 位董事中有 4 位兼任公司总经理、副总经理、财务负责人等高级管理人员。

第三，股权集中度的利弊之争。

在我国上市公司中，"一股独大"的现象比比皆是，第一大股东甚至持有上市公司 50%以上的股权，由此导致上市公司向控股股东及关联企业提供担保、控股股东利用关联交易侵占上市公司利益的情形屡见不鲜，监管层对此出台了不少规范文件。

ST 东北高的股权结构较为特殊，股改后三大股东共持有公司 67.112%股权，三家持股比例较为接近，不存在一股独大；三大股东推荐的董事数分别为 4 位、3 位、2 位。2007 年以来，股东之间、董事会内部、董事会与经营层之间在信息披露、媒体报道澄清、董监事换届等问题上存在诸多争议。

三、完善建议

尽管公司已重新召开股东大会审议通过了 2006 年度报告等议案，从本案例中仍可得到如下启发：

第一，董事及董事会的责任。当某一事项经董事会审议通过但被股东大会否决，且该事项必须履行时，董事会应根据股东大会决议重新审议该事项并形成决议，表决意见与董事会初次审议时发生改变或与股东大会决议不同的董事需详细说明理由，该说明可作为认定或免除董事责任的依据。

第二，股权集中度低、股权分散并不必然导致公司治理的完善。如上所述，在一股独大的情形下，上市公司及中小股东的利益经常遭受大股东、实际控制人的侵害；股权分置改革完成后，原限售股份的出售及并购重组活动的兴起，上市公司股权逐步从集中到相对集中再到分散，从而导致董事会成员构成多元化。

从相互制衡的角度来看,股权集中度低能约束股东行为、一定程度上改善公司治理;然而可能会带来内部人控制的问题。此外,从理性的角度考虑,不同主体有不同的利益诉求,而其利益未必与公司及广大小股东利益相一致,在诸如对外投资、关联交易等重大问题上可能存在较大争议,从而对公司治理造成影响,内幕交易的可能性也增加,这些都对上市公司监管工作带来新的挑战。

(执笔人:王汉卿)

武汉健民：董事提名之争案例分析

我国目前的公司法规则对董事会董事提名、股东大会决议的有效性判断标准尚存在一定疏漏。武汉健民因股东利益冲突，在董事会提名及相关股东大会决议有效性的判断标准等方面发生了争议。对此案例的分析，有助于进一步厘清现行规则及相关法理。

一、案例简况

武汉健民药业集团股份有限公司（以下简称"武汉健民"）于 2007 年 7 月 2 日召开第四届董事会第十一次会议，会议主要议题是推荐下届董事会候选人。

公司下届董事会拟产生 11 名董事。在会议上，控股股东华立产业集团有限公司提名了 4 名董事候选人、4 名独立董事候选人；股东中国医药集团总公司提名了 1 名董事候选人、1 名独立董事候选人；股东河南羚锐制药股份有限公司提名了 1 名董事候选人、1 名独立董事候选人；股东武汉国有资产经营公司、武汉东湖创新科技投资有限公司联合提名了 1 名董事候选人。各方股东合计提名董事候选人 7 名、独立董事候选人 6 名。按照上述提名情况，独立董事提名 6 名候选人，而公司独立董事席位为 4 名，经协商参会者同意通过对 13 名候选人以投票的方式，将获得同意票多数的候选人提交股东大会审议。在填写了选票后，现场对选票进行了统计，投票结果为：7 名董事候选人获得同意票数过半；4 名独立董事候选人获得同意票数过半。

主持人在宣布散会后，会议工作人员逐个找董事签署决议和会议记录，此时一名与会独立董事修改了自己的投票决定，将原来的同意改为弃权，由此导致前述 4 名独立董事候选人中的 1 名独立董事候选人的票数可能不过半。此后，公司董事长未签署会议记录。与会人员就会议是否形成了有效决议发生了争执。

事后,该名修改了投票决定的独立董事向交易所提交了说明,解释其修改投票决定的原因。

本次会议,股东推荐的独立董事候选人共计6人,而武汉健民的独立董事席位只有4个,讨论过程中,有董事提出将所有候选人提交股东大会审议,但是部分董事反对这么做,各方董事难以达成一致。此后,会议的主持人提出董事会就全部提名独立董事进行投票,随后参会董事填写了投票单,由董秘对投票进行了统计,有2名独立董事获得票数未过半,因此不拟提交股东大会审议。会议主持人随即宣布了投票结果并宣布了散会。

在会场外该独立董事进一步了解了关于独立董事的有关规定,按照中国证监会颁布的《关于在上市公司建立独立董事制度的指导意见》,董事会、监事会、持股1%以上的股东可以提出独立董事候选人,并经股东大会选举决定。因此,董事会并没有权力否决监事会或者股东提名,而应该把符合条件的提名人选提交股东大会决定。由此,该独立董事认为通过投票推荐4名独立董事候选人,而对于由股东提名的另外2名候选人,没有决定一并提交股东大会审议,这个决定的行为本身违反了有关规定,是错误的。因此,该独立董事在投票单上注明改变了投票决定,此后通知了所有与会人员。

二、讨论与处理

(一) 关于董事会决议的有效性

本次董事会的议题为推荐下届董事候选人,其实质是决定未来公司的控制权。对于董事会是否形成有效决议,与会人员有两种意见:一种认为主持人已经宣布投票结果,应该认定为已经形成了有效决议;另一种认为虽然会议宣布了投票结果,但尚未根据公司法规定形成各位董事签署的决议文本,董事长也未在会议记录上签字,虽然独立董事改变投票决定的效力不明,但至少可以认定会议没有形成有效决议。

根据《公司法》第112条,董事会的表决,实行一人一票。董事会中每个董事的表决权都是相同的,其表决行为是一个单独的意思表示行为。本案例的问题在于:董事在已经作出一个意思表示行为之后,是否可以撤回,何时可以撤回。对此,相关法律法规并无明确规定。但仔细分析,董事会的表决是一个由个别行为汇合形成的集体行动，潜在地存在各董事间的互信，各董事信赖彼此将慎重表示其表决意向。如果允许董事任意撤回或者修改自己的表决意向，则既造成了董事会表决的困难，也破坏了董事间的信赖。就此而言，可以认为董事会中董事的表决意向一旦递交给选务人员，可视为其表决意向已提交于董事会，其他董事对其投票的信赖已经形成，该董事不得再行撤回。在本案例里，独立董事在会议已经公开唱票后再行改变投票意向，应属无效。

本案例里，董事长未签署基于会议决定作出的会议记录。这是否造成会议决议的有效性待定也值得进一步讨论。《公司法》第 112 条规定，董事会决议需经全体董事的过半数通过；第 113 条规定，董事会应当对会议所议事项的决定作成会议记录，出席会议的董事应当在会议记录上签名。第 112 条的规定也没有对董事会决定何时生效有明确的表述，仅指明董事会决议需过半数通过，但没有明确说明决议通过后是否自然生效。但是，从第 113 条规定的表述来看，董事会做的会议记录是对董事会已做决定的记载，而不是对待定决议的确认。因此，董事签署会议记录只是对已做决定的证明和确认，而不是决议有效性的确认。这也是不仅要求赞成决议的董事签字，而是要求全体董事签字的原因。引申而言，董事会决议只要达到全体董事的过半数同意就为有效表决，但是在决议内容、个别表决行为违法的情况下则可能会存在效力瑕疵，至于董事会是否签署会议记录则并不构成对董事会决议有效性的判定标准。

（二）关于判定董事会决议有效性的机构以及最终处理

本案例发生后，公司以及相关股东来到证券交易所报告有关情况。公司控股股东方坚持认为董事会决议应为有效，个别董事修改投票决定的行为违法，要求证券交易所确认该董事会决议为有效并予以公告。我们认为，证券交易所的职责主要是提供市场交易场所、保障交易安全运行、监管信息披露义务人的信息披露行为，但对于公司的董事会决议有效性并无裁量权。在各方对董事会决议的有效性存在疑问的情况下，利益相关方只能尽快通过司法途径予以解决。但考虑到司法途径耗时费力，建议相关方尽快再次召开董事会，就同一议题再行讨论并作出决定。与此同时，我们也要求公司履行信息披露义务，将此次董事会的召开情况以及争议情况如实披露，避免二级市场因信息不确定或者发生猜测而造成股价异常。此后，公司很快召开了临时董事会，就董事提名人选作出了新的有效决议。

(三)关于独立董事候选人提名权的保障

如前所述,本案例中独立董事修改投票决定的原因是认为小股东的独立董事候选人提名权没有得到保障。按照中国证监会颁布的《关于在上市公司建立独立董事制度的指导意见》,持股1%以上的股东可以提出独立董事候选人并经股东大会选举决定。从实体法而言,董事会确实无权否决持股1%以上的股东提出的独立董事会候选人。在后续处理中,武汉健民另行召开董事会推举了11名董事候选人,此后另有持股1%以上的股东再次提出了独立董事会候选人的议案。前述议案最后都提交至股东大会表决,最终产生了11名董事。

(执笔人:张小义)

HD公司：权证信息披露规则案例分析

随着权证市场的发展，权证交易和股票交易之间的联系越来越趋紧密。BGJT公司举牌HD公司股票同时交易HD权证的案例，也使市场逐步认识到通过权证交易实施上市公司并购已经成为可能。由此有关权证信息披露的问题也越来越引起市场的关注。本文通过借鉴境外市场的有关规定，结合境内市场的特点，就权证信息披露的有关规则进行了一些探讨。

一、BGJT公司交易HD权证案例

股权分置改革过程中，HD公司（证券代码“600001”）向流通股股东每10股送7.29504张认购权证，累计发行了925 705 299份备兑认购权证。当时，HD公司总股本2 763 781 292股，控股股东HG集团持有公司1 331 289 486股，占公司总股本的48.17%。

2006年5月8日，BGJT公司、BGSB公司同时出现在HD权证“5%以上的持有人”名单上。2006年6月1日，BGJT公司和其下属两家全资子公司BGGC公司、BGSB公司举牌HD公司，合计持有HD公司股票138 196 646股，持股比例为5.000 2%。如果权证行权加上持有的股票，BGJT公司将持有HD公司230 767 175股，占其总股本的8.35%；而同时，鉴于股价持续上涨，HD权证全部行权后，HG集团对HD公司的持股比例将下降至14.67%。当时，媒体一片惊呼，BGJT公司意图从二级市场入手收购HD公司。为了保持对公司的控制力，2006年6月2日，HG集团迅即宣布增持HD公司。

2007年4月4日，HD权证到期。一切都已尘埃落定，揣测中的收购并没有发生。但回首BGJT公司交易HD权证的案例，有关信息披露的不少问题还是值得关注，现行的权证信息披露规则还值得深入检讨。

二、主要问题

目前,有关权证信息披露的问题主要涉及以下两方面的内容:

(1) 权益比例的计算问题。投资者在作权益披露时,其持有的权证是否应与其持有的正股股份合并计算?在什么情形下需要合并计算?

(2) 权证交易的信息披露问题。在权证交易异常活跃的情况下,是否有必要增加信息披露内容,如持有权证比例5%以上的投资者持有权证数量的变动情况,提高权证交易的透明度,抑制投机炒作?

三、香港的有关规定

1.《公司收购、合并及股份购回守则》的有关规定

香港的《公司收购、合并及股份购回守则》(以下简称《守则》)在“强制要约”章节规定:任何人持有上市公司30%或以上投票权时,必须作出强制性要约。在计算持有的投票权比例时,一般而言,取得可转换证券、认股权证或期权不会触发强制要约的责任,但如果行使任何转换或认购权或期权,就会被视作取得投票权。简单地说,持有的可转换证券、认股权证和期权并不立即纳入触发强制性要约比例的计算。

2.《证券及期货条例》有关权益披露的规定

香港的《证券及期货条例》(以下简称《条例》)在“权益披露”方面要求非常严格,应披露的“股份权益”除包括直接或间接持有的上市公司股份外,还包括投资者持有、沽出或发行的以上市公司股份为标的证券的权证、期权等衍生工具。

权益披露分“好仓”和“淡仓”披露,两者不得相互抵销。“好仓”指对股份持有权益,包括通过持有、沽出或发行以下类型的衍生工具而持有的权益:

(1) 有权购买相关股份,如实物结算型认购权证,这界定为待确定的权益。

(2) 有责任购买相关股份,如多头的股票期货。

(3) 如相关股份价格上涨,有权收取款项,如现金结算型的认购权证。

(4) 如相关股份价格上涨,有权避免或减少损失。

“淡仓”通常在持有认沽权证(包括现金结算型)、持有股票期货空头等衍生工具情形下使用。

在持有权证时，其对应的权益按在权证行权时，可能需交付的股份数量计算。如是现金结算型权证，对应权益按在结算权证需支付的款项时所参照的股份数量计算。例如，ABC持有1 000 000份以XYZ公司普通股股份为标的证券的现金结算认购权证，行权比例1∶1，那么ABC被视作持有1 000 000股权益。

按照《条例》规定，投资者在以下时点应及时申报并予以披露：

(1) 持有某上市公司5%或以上的股份的权益。

(2) 持有权益下降至5%以下。

(3) 持有的股份权益性质有所改变(如权证行权)。

(4) 权益持有量的百分比数字上升或下降，导致跨越某个5%以上的百分比整数(如6.5%增加到7.2%)。

(5) 在持有某上市公司5%或以上的股份权益情况下，投资者持有的淡仓百分比数字上升或下降，导致跨越某个1%以上的百分比整数。

3. 联交所《上市规则》有关规定

由于香港权证市场实行流动性提供商制度，流动性提供商一般都是权证发行人的关联企业，而且权证的持续发售非常便利，因此发行人以外的投资者炒作权证的可能性相对较小。联交所《上市规则》对投资者持有权证数量方面的披露要求并不多，主要规定：权证发行人(包括其关联企业)必须在每天开盘交易一个半小时前在联交所的网站上披露其前一天权证的交易情况。

四、境内的相关规则

1. 《上市公司收购管理办法》的有关规定

《上市公司收购管理办法》(以下简称《收购办法》)第85条规定："信息披露义务人涉及计算其持股比例的，应当将其所持有的上市公司已发行的可转换为公司股票的证券中有权转换部分与其所持有的同一上市公司的股份合并计算，并将其持股比例与合并计算非股权类证券转为股份后的比例相比，以二者中的较高者为准；行权期限届满未行权的，或者行权条件不再具备的，无需合并计算。"

上述两个比例按下列公式计算：

$$\alpha=\frac{\text{投资者持有的股份数量}}{\text{上市公司总股本}}$$

$$\beta=\frac{\text{持有的股份数量}+\text{持有可转换为股票的非股权类证券所对应的股份数量}}{\text{上市公司总股本}+\text{上市公司发行的可转换为股票的非股权类证券所对应的股份总数}}$$

$$\chi=\frac{\text{投资者持有的可转为股票的非股权类证券所对应的股份数量}}{\text{上市公司发行的可转换为股票的非股权类证券所对应的股份总数}}$$

投资者持股比例$=\max(\alpha,\beta)$

通过简单的代数分析可知道：

只有当$\chi\geqslant\alpha$时，才有$\beta\geqslant\alpha$。换句话说，在投资者持有的衍生证券影响计算持股比例时，投资者必然已经持有相当比例的衍生证券。例如：如果一投资者同时持有股票和可转债，其持有股票的比例占总股本的5%，只有当其持有可转债的比例超过可转债发行总额的5%时，才会影响持股比例的计算，按上述规定计算的持股比例$\max(\alpha,\beta)$才会大于5%。

《收购办法》没有对“有权可转换为公司股票的证券”作明确的定义，一般包括进入转股期的可转换公司债券。对于上市公司发行的认购权证，由于在转换为股票时，还需支付行权价，因此其是否应该适用上述条款，还没有明确的解释。对于上市公司以外的第三方发行的认购型备兑权证，《上市公司收购管理办法》则彻底没有提及。

2.《权证管理暂行办法》

目前《权证管理暂行办法》对权证的信息披露的要求比较宽松。《权证管理暂行办法》第24条规定：“本所在每日开盘前公布每只权证可流通数量、持有权证数量达到或超过可流通数量5%的持有人名单。”

由于不同时公布5%以上持有人所持权证数量的变动情况，权证交易的透明度不高，类似BGJT公司持有HD权证5%以后的交易行为一般投资者就无法知情。如果不法机构利用这方面的制度缺陷，在举牌正股的烟幕弹下，大规模投机炒作权证，操纵权证交易价格，一般投资者很难事前规避风险。因此，现行信息规则显然难以起到抑制权证投机炒作风险的作用。

五、分析建议

参考香港市场的规则，同时结合境内市场的具体实践，针对境内权证市场发展初期的有关特点，关于权证的信息披露，我们提出以下几点建议。

（1）要约触发比例。鉴于触发要约收购后，投资者需承担严格的要约收购义务，而认购权证与可转换公司债券不同，权证持有人在行权时为获取股票尚需支付行权价，因此在计算要约触发比例时，建议不将投资者持有的认购权证纳入要约比例的计算，待投资者将权证行权获得股票后再重新计算比例。这也符合国际惯例。

（2）权益披露比例。我们建议权益披露比例计算从严要求，但鉴于现行《收购办法》侧重考虑投资者持有的权益可能对上市公司控制权的影响，与其协调一致，建议只将美式实物结算型的认购权证纳入权益比例计算，暂不考虑认沽权证、现金结算型的认购权证和欧式认购权证。价外的认购权证虽然不具行权价值，但仍可能为投资者短时间大比例增持上市公司股票提供便利，因此建议价外认购权证同样纳入权益比例的计算。另外，对于以一篮子股票为标的证券的权证，由于其持有人的主要目的为财务投资，所以也建议不纳入权益比例的计算。

（3）在投资者作权益披露时，特别要求其同时披露所持以该股票为正股的所有权证（包括现金结算型/实物结算型、认沽/认购、欧式/美式、价内/价外），同时明确在权益披露后限期（例如2日）内不得买卖以该股票为标的证券的权证。

（4）完善权证单独的信息披露规则。具体建议如下：

第一，明确披露主体，权证持有人应该是信息披露的义务主体。

第二，引入“一致行动人”的概念，例如，BGJT公司下属同时持有HD权证的几家公司，应明确界定为“一致行动人”。

第三，投资者持有权证数量达到权证发行总数的5%或降至5%以下，应予申报并公开披露。

第四，投资者权证持有数量增加或减少，导致跨越某个5%以上的百分比整数（以权证发行总数为基数）时，应予申报并披露。

第五，投资者在作权证信息披露时，应同时披露其所持正股的数量。

总的原则，从股票和权证两个点双管齐下，加强信息披露，提高权证和股票交易的透明度，抑制投机炒作。

（执笔人：洪　泳）

BY公司：利率调期交易风险披露案例分析

近年来，上市公司频频涉足一些新业务。在全球市场发生剧烈振荡的情况下，不少上市公司遭受了稀里糊涂的重大损失。本文试图分析“BY公司”案例，就金融衍生交易品的信息披露和风险管理问题进行一些探讨。

一、案例介绍

（一）利率调期交易内容

2007年，BY公司为1 750 mm热轧项目向ABC银行申请了专项贷款人民币11.7亿元，期限5年，年利率6.48%。由于2007年中国人民银行不断上调银行贷款利率，至2008年年初该贷款年利率已升至7.74%。为了降低财务费用，在银行的推荐下，2007年12月初公司与ABC银行签订了“债务调期交易”协议。

BY公司调期交易的起始日为2008年2月7日，到期日为2011年6月20日。交易的核心条款如下：

(1) 每个计息期内，公司向银行支付利息年率为7.2%的利息；

(2) 每个计息期内，当利率在区间（美元30年调期利率值USDCMS30≥4.25%且美元6M LIBOR值≤7%）内时，银行向公司支付1 170 000 000×7.65%×N/365（N为每个计息期内USDCMS30≥4.25%且USD 6M LIBOR≤7%的自然日天数）。即扣除公司支付7.2%的利息，公司获取净收益1 170 000 000×0.45%×N/365。

美元6M LIBOR和美元30年利率走势如图1所示。

显然，按照交易条款，如果美元利率不发生大幅波动，公司将获取年利率

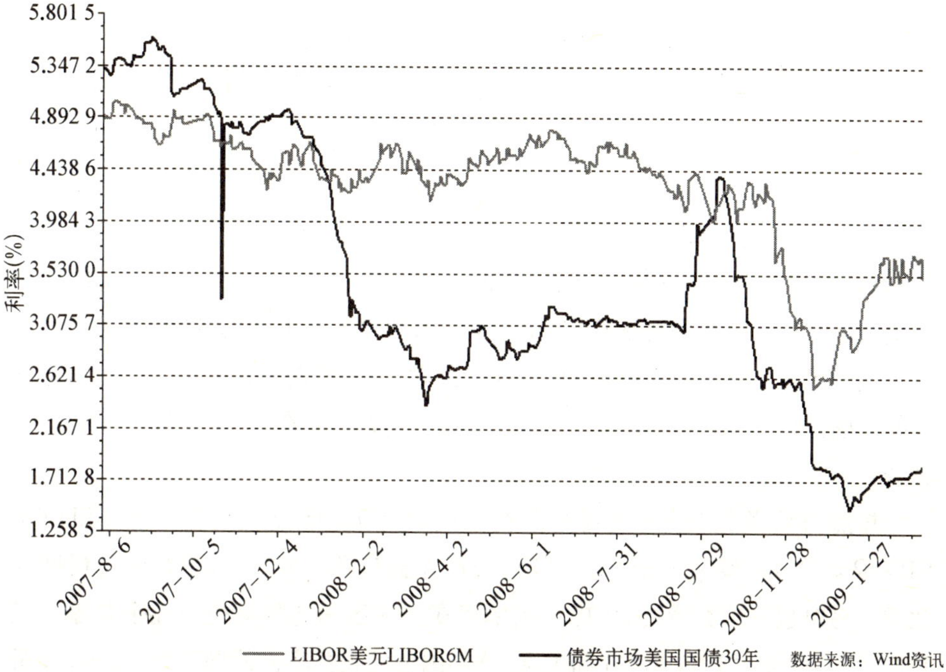

图1　美国市场利率走势

0.45%的微利；反之，公司将面临支付年利率7.2%的巨大风险。不幸的是，随着次贷危机的深化，世界各国央行为了维持金融市场的流动性连续下调利率，2008年9月9日，美国30年国债收益率开始跌破4.25%，2008年12月31日，跌至2.69%的低位，此后至今一直未能回到4.25%上方。BY公司2008年利率调期损失1 218.88万元。虽然，公司与银行签有分批归还贷款本金的安排，但经测算，如果在协议到期日前(2011年6月20日)，美元利率指标始终在设定区间之外(即USDCMS30<4.25%或USD 6M LIBOR>7%)，公司将面临人民币1.4亿元的敞口风险。

(二) 风险分析

在上述利率掉期交易中，银行处于交易的核心地位。银行在与国内企业签订协议后，根据其风险暴露头寸，可以与境外金融机构签订类似的利率掉期协议，达到其风险管理的目的。整个运作模式如图2所示。

通过图2分析，我们可以看到这份掉期协议对于BY公司来说，简直没有任

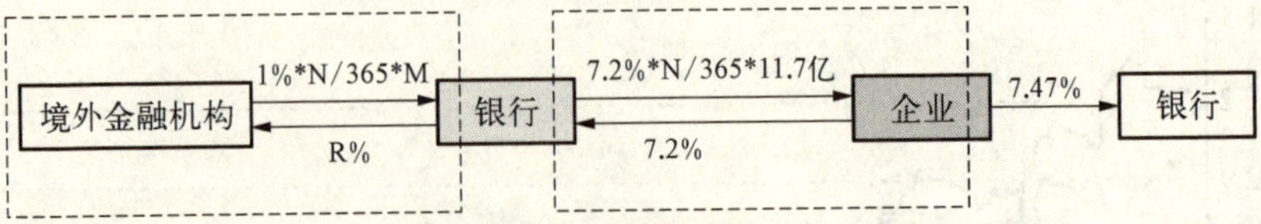

图 2　运作模式

何意义。① 掉期交易对于公司最有利的结果是仅获取年利率为 0.45%的净收益,如果公司是为了追求理财收益,降低财务费用,那么年利率 0.45%的期望收益也太低了;② 如果公司是基于 2007 年国内利率不断上调的预期,为了对冲利率上调的风险,那也不应该与银行签这般条款,因为掉期交易根本达不到锁定利率的目的。按照协议,只有在利率不发生大幅波动的情况下,公司才可能享受收益。

按照协议条款分析,当利率落在区间(USDCMS30＞4.25%且 USD 6M LIBOR＜7%)的概率大于 94.1%时,公司才会获利。事实上,银行向公司推荐此类交易时也是这么说的,历史上利率落在上述区间之外的概率几乎是零。但我们看一下“美元 LIBOR6M 和美国 30 年国债的收益率曲线图”可以发现,公司这份协议几乎是签在“黑暗”来临的前夕。2008 年 12 月上旬起,美元 LIBOR6M 开始直线下跌,而短期利率的大幅下跌通常是长期利率下跌的前兆。回顾当时的国际金融市场背景,2007 年 8 月美国次贷危机全面爆发,2007 年 8 月 9～30 日,美联储已累计向金融系统注资 1 472.5 亿美元,以防次贷危机恶化;同时,美国 30 年国债收益率呈现缓慢下行的趋势,2007 年 12 月 3 日美国 30 年国债收益率已经跌至 4.34%。

从整个交易来看,国内银行似乎是稳赚不赔的赢家。① 银行承担的风险很小,即使每日支付 0.45 的年利率,也只相当于将其贷款利率打 9.4 折;② 银行对国内外利率变动的研究更加深入,有更强的市场敏感性;③ 该交易对银行有意义,银行经营的是利率产品,它有能力对冲这种风险,甚至说有这种对充需求。在次贷危机爆发的市场背景下,如果 ABC 银行从国外金融机构购买本文所述的类似利率掉期协议,那它通过向国内公司出售类似掉期协议,就有可能降低其自身的风险。

结合 BY 公司案例的风险分析,我们认为以下问题值得关注:① 上市公司急需提高财务管理水平。可以说，美国的次贷危机引发了汇率、利率、股市、石油、大宗商品价格空前的波动，这给国内诸多企业上了一堂生动的风险教育课。在后次贷危机时代，上市公司的财务管理必须立足全球观点，审慎判断国内外市场形势，加强风险管理。② 国内银行在开拓衍生产品等中间业务过程中，有强卖硬塞的情形。有上市公司反映，有的银行在推销掉期交易协议过程中，就采取了强行与贷款挂钩的方式。在合理的情形下，金融创新应该迎合客户的需求，而不是相反。

二、监管思考

BY 公司的案例引发我们思考另外一个问题：对于这类金融衍生品交易，如何加强信息披露监管？如何及时充分地揭示相关风险？

1. 临时公告

现行的信息披露规则对于金融衍生品交易的临时公告披露要求基本是一个空白，对衍生品交易披露的时点、披露的要素、衡量重要性的指标等都没有明确要求。目前，金融衍生品交易信息披露不及时是比较突出的一个问题。本着及时充分揭示风险和信息披露重要性的原则，我们建议从交易授权、协议签订、及时提示风险、交易结算四个环节加强金融衍生品交易临时公告的信息披露。

(1) 交易授权。按照交易可能面临的风险暴露头寸，衡量交易的重要性，对照《上市规则》进行 5 项测试，来判定是否应提交公司董事会或股东大会审议。例如，BY 公司的案例，自协议签订之日起公司每天按 7.2%年利率支付利息，计算公司可能面临损失 2.84 亿元(11.7 亿元×7.2%×1 229÷365)，而公司 2007 年净利润为 4.15 亿元，因此该笔交易属于重大交易，事前应取得股东大会的授权。如果是组合交易，可以采取风险暴露的净头寸指标衡量交易的重要性。

(2) 协议签订。在协议签订或交易完成后，公司应及时披露交易情况。如公司有充足理由认为交易条款属于商业机密，可以允许公司暂缓披露。在公告中，建议加强风险提示，提示在何种情形下，基础指标(如利率、汇率、商品价格等)发生不利波动至多大幅度时，公司可能面临损失，同时说明公司将采取的风险管理策略，在基础指标发生不利波动时，公司将采取的应对措施。

(3) 及时提示风险。在基础指标发生不利波动，金融衍生品交易协议的公允价值损失金额首次达到重要性标准时(如净利润金额的 10%),公司应及时公告提示风险,同时说明公司拟采取的应对措施。

(4) 交易结算。在协议到期或提前被结算的情况下,公司应及时披露有关交易的执行结果。

2. 定期报告

现行《企业会计准则第 22 号——金融工具确认和计量》对金融衍生品的会计处理已经作了原则规定,一般要求将金融衍生品划为"以公允价值计量且其变动计入当期损益的金融资产"。为增加定期报告的可读性,有利于投资者更全面地了解公司衍生品交易的情况,建议在半年报和年报中增加披露有关衍生品交易的内容。

(1) 在"重要事项"章节,增加披露报告期签订的衍生品交易情况。

(2) 在"管理层讨论与分析"章节,分析衍生品的风险情况。鼓励公司采用敏感性分析、VAR 方法定量分析衍生品的风险情况。

总之,经过一些上市公司涉足衍生品交易遭受巨额亏损的案例,境内市场对于金融衍生品的认识有了进一步的提高。对于上市公司而言,加强风险管理已经是迫在眉睫的一项任务。而对于证券监管部门而言,结合《企业会计准则》,制定针对金融衍生品交易的信息披露规范,已经是摆在面前的一项重大课题。

(执笔人:洪　泳)

国有产权整体转让中的问题与建议

现有法律法规为上市公司国有股权退出涉及控制权变更提供了明确的操作步骤和审批程序，但其漫长的招拍挂及审批程序与现有的停牌规则和证券市场的效率产生了较大的矛盾。控制权变化这一敏感信息导致的股价上涨增加了要约收购成功的风险，公司希望能在股价相对稳定的环境下实现控制权变更，迫切需要相关部门就政策的可执行性协调一致，减少投资者投资的不确定性。

第一轮国有企业股份制改造至今，形成了一大批目前国有控股上市公司，它们构成了我国证券市场的主体。随着股权分置改革的逐步完成和限售承诺的履行完毕，第二轮国有企业的改制伴随着"国退民进"和"国进民退"的国有控股股东的改制也提上议事日程，采取的方式既有整体转让，也有上收控制权、减少控制层次，注入资产增加控制力等方式。虽然国有股东所持上市公司股份也可以通过证券交易系统转让，但一方面转让的数量和程序有严格的限制；另一方面交易系统转让损失了控制权的价值，而选择国有产权的整体转让不仅使上市公司股权可以市价转让，而且可以通过上市公司控制权这一形式解决国有企业的其他问题。国有股东要保持控股地位，决定了其所能自由支配的股份比例是不高的，加上短线交易和增持股份的限制，公司无法灵活运用该部分股权进行有效的市值管理，整体转让就成为一种现实的选择。本文仅就国有控股股东整体改制转让中相关问题进行探讨。

一、案情介绍

国有控股股东整体改制转让大体要经历三个步骤。

（一）公告转让信息

根据《国有股东转让所持上市公司股份管理暂行办法》（国资委、证监会令

[2007]19号,20070630)的规定,国有股东转让所持上市公司股份,或国有股东因产权转让或增资扩股等原因导致其经济性质或实际控制人发生变化,国有股东在履行内部决策后,在报批的同时,应书面告知上市公司,并由上市公司依法公开披露信息,上市公司股份价格的确定原则应当以上市公司股份转让信息公告日前30个交易日的每日加权平均价格算术平均值为基础确定。因而首次公告日对于证券市场、股权转让的各方来说意义极为重大,一是上市公司的实际控制人将发生变化;二是上市公司股权的价格已基本锁定。

(二) 确定受让方

根据《企业国有产权转让管理暂行办法》(国资委令3号,20031231)的规定,国有产权决定转让后,转让标的企业应清产核资、全面审计、资产评估,这一过程依据不同企业的情况,时间差异较大。在确定国有产权转让的基准价格后,经过20个工作日的公示,广泛征集受让方,此时,不仅仅是考虑转让价格,更重要的是会综合考虑受让方各方面的条件,最后选定一家企业作为受让方,签订国有产权转让合同。合同签订后,受让方因可能的权益变动需按相关规定履行信息披露义务。多数情况下,公示只是为了满足法规的要求,走个程序。

(三) 完成转让

根据《关于企业国有产权转让有关问题的通知》(国资发产权[2004]268号)的规定,涉及上市公司国有股性质变化事项需报国务院国资委审核批准。除此之外,国有产权的整体转让往往涉及上市公司的收购问题。非国有受让方拟受让国有股权的,由于不符合《上市公司收购管理办法》(证监会令[2006]35号)规定的收购豁免条件,只能向全体股东发出收购要约。待审批手续和要约收购行为完成后,受让方才能办理产权变更登记或股份登记手续。

二、监管思考

由于国有产权从决定转让至最终完成转让要经历众多环节,有些还有严格的工作日时间间隔,因而整个转让过程耗时较长,期间股票市场的价格变化也比较快,给转让过程带来了较多不便。

(一) 国有产权转让需时与上市公司股票停牌时间的矛盾

受让方为锁定要约收购价格,希望自国有产权拟转让信息公告之日起股票长期停牌，直至发出要约收购的提示性公告。这一期间单就国有产权转让的公示期间就需要20个工作日，更不要说清产核资、审计评估等环节所需要的时间，确定受让方大约需要半年时间。目前我们原则规定上市公司股票停牌时间最长为30天，与上市公司希望的时间差距很大，只能按照上市规则分阶段披露的原则，要求上市公司披露实际控制人拟变更的公告后股票即复牌。但由于此时尚未确定收购方，无人发出要约收购的提示性公告，在收购预期效应下，复牌后的公司股价一路上扬，为要约收购埋下了风险隐患。

（二）要约收购价格随着受让方确定时间的推移逐步走高

《上市公司收购管理办法》规定"要约价格不得低于要约收购提示性公告日前6个月内收购人取得该种股票所支付的最高价格，要约价格低于提示性公告日前30个交易日该种股票的每日加权平均价格的算术平均值，……财务顾问应说明要约价格的合理性"。也就是说，要约价格衡量的基准是要约收购的提示性公告日，并且有下限的规定，如果收购人之前6个月没有买入该种股票或购买价格很低，则要约价格可以由收购人自行确定，只是需要财务顾问发表意见。要约价格定得过低，无人接受要约，使要约收购流于形式；对于受让方来说，买壳已经付出了真金白银，不希望再有额外的现金负担，而不顾股权拟转让推高股价的事实，以较高的价格发出要约，无疑会大大增加要约收购的风险。虽然发出了全面要约收购的提议，但窘于现金的压力和维持公司上市地位的考虑，并不希望要约收购真付诸行动。

因此，在确立基准日时，受让方认为，国有产权拟转让的信息披露后，市场对此作出了反应，股价稳步上扬，其中一部分溢价是对新股东入主后资产注入的预期，以最后确定的拟受让方发出要约收购提示性公告日为基准日不利于受让方的受让行为，因而提出了一些折中的办法，具体来说，有以下几种：一是转让信息公告日；二是国有产权转让挂牌公告起始日；三是国有产权转让签约公告日。在现有的法律柜架内，我们更倾向于第二种方法作为价格锁定基准日。第一种价格明显偏低，不能真实反映上市公司的公允价值，且拟转让信息至正式进入转让程序间隔时间可能会很长，而挂牌日的意义在于国有产权正式进入转让程序，虽然产权转让公告中提出的受让条件不得出现具有明确指向性或违反公平竞争的内容，但挂牌日通过挂牌条件的披露，市场对于受让方的情况有一个大概的了解,可以说受让方已有意向,第三种日期与第二种日期相比,时间间隔固定,与第二种日期确定的价格相比变化不会很大,因而在不明显违反收购管理办法相关规定的前提下,第二种价格相对合理,但是否能取得监管部门的无异议尚存在变数。此外,还应当将受让股份行为与拟受让方以资产换股份锁定的价格严格区分,不能将两者绑定在一定考虑相应的市场行为,否则将会增加国有产权转让的难度。

(三)首次公告日即锁定上市公司股权的转让价格虽然为审批提供了依据,但价格明显偏低

随着上市公司实际控制人拟发生变化的信息披露后,往往伴随着上市公司股价的飞涨,这种飞涨相当一部分是控制权价值的体现,至最终转让时,实际的市场价格已远远超过了当初锁定的价格,受让方在完成过户的那一刻起就已经获得了巨大的账面收益,这种锁定实际上也是一种国有资产的流失,从而不利于有国有股权的成功转让。

(四)间接收购与工商变更登记的矛盾

受让方是整体受让国有产权,上市公司的股权只是其中的部分资产,在国有产权整体转让的国资审批程序结束后,受让方就可以办理国有产权的工商变更登记手续,完成产权转让行为。由于涉及上市公司的是间接收购,按照收购管理办法,虽然对于实际控制人变化并持股超过30%的应当发出收购要约,但由于是间接收购,可能在要约收购行为发生之前,受让方就已经完成了股东变更的工商登记手续,这种工商变更登记先期完成与要约收购行为滞后的脱节可能会影响上市公司股东权利的正常行使,不利于公司治理和规范发展。

三、完善建议

(一)国资部门和证监部门的政策制定应加强协作,共同促进证券市场的发展

证券市场具有其特殊性,国资在制定相关规定时应考虑其规则在证券市场的可操作性。国资的立法有利于证券市场信息披露规定的执行,提高国资立法的执行力。如资产重组在证券市场有重大和不重大之分,表现为后续的程序也不尽相同。应该说《关于规范国有股东与上市公司进行资产重组有关事项的通

知》(国资发产权[2009]124号,20090703)是国资管理的一大进步,国资管理的端口前移减少了上市公司资产重组的不确定性,但不区分资产重组是否属于重大,一律将预审核的时间规定为收到申请报告后的10个工作日内,对于没有达到重大资产重组标准的公司,现有的规定只能同意公司停牌5个工作日。5个工作日对于上市公司完成相关的重组预审是根本不够的,而分阶段披露原则可能导致股价的异常波动,相同资产换取的股份数量减少,不利于国有企业的资产重组。因而对于一些预审事项,可以在上市公司信息披露后,国资利用股东身份和资产评估确认等手段行使其股东权或监管者的职能,由事前控制变为事后监管,以提高市场的运作效率。

根据上海证券交易所2008年年报统计,864家上市公司中,国资委控股、政府控股、国有企业控股的上市公司以及集体企业控股的上市公司占73%,因而相关规则制定时一定要考虑到有关管理部门的实际操作情况。

(二)加强国有产权管理

无论是否涉及国有产权转让,有序对国有资产清产核资,全面审计,首先是从国有控股上市公司的国有产权做起,这些事情迟早都要做的,可以未雨绸缪,尽量减少因上市公司控股权的突然转移而引起上市公司股价的异常波动。

虽然证券监管部门要求上市公司建立内幕信息知情人登记制度,但内幕交易监管成本高、难度大,使得这一制度实际执行效果有限,更多的只是表现为一种自律。在信息高度发达的今天,上市公司要想实施一项重大的资本运作,涉及政府部门、中介机构、资产的相关当事人等,要想做到信息保密几乎不可能,为了做到信息披露的公开、公平、公正,只能采取分阶段披露的原则,但这一原则一方面造成了公司运作成本的增加;另一方面也有可能造成一些公司利用分阶段披露原则进行内幕交易和操纵股价。在目前只能采取效率优先的前提下,通过先期准备,按需决定国有产权出让工作不失为一个好的选择。

曾有一家上市公司在公告国有股权拟转让至确定的受让方,虽然也经过了公开征集受让方的程序,但由于只涉及国有股权转让,价格以市场价格作为参照,期间公司股票自5月8日起一直停牌,因而其价格锁定较好,减少了各方的压力,使要约收购得以顺利完成。

国资拟注入资产的重大资产重组,也同样需要未雨绸缪,掌握国有资产的确切价值。如果根据股票价格决定是否启动重大资产重组,必然处于一种患得患失的境地,为了保证注入资产获得既定数量的股权,只有在股价平稳时才有注入的动力,但这种机会稍纵即逝。股票市场低迷,觉得没有体现出资产价值,不愿注入,市场高涨,不能取得既定数量的股份,只能借助于抬高评估价格,但又面临盈利补偿的压力,不敢注入。而充分准备后,就可以把握主动,觅得合适的注入资产时机,实现股东的共赢。

(三)检讨招拍挂程序

目前国有产权转让基本不会出现竞标的情况,原因有多方面,从而导致招拍挂程序流于形式,而每个关键节点都会有内幕信息产生,助长了股价的异常波动。国有产权转让形式上满足了相关的法律规定,但实际上仍然是一种协议转让,从符合条件的受让方属量身定做就可见一斑,其实公示20个工作日,其目的不在于征集更多的受让方,更在于让职工知晓产权即将要发生变更,便于产权转让平稳有序地进行。

由此,也可考虑是否不将预先锁定股价,待股份转让的相关审批程序完成后再确定股份转让价格。以拟转让首次公告日至全部批准完成日期间股价的加权平均价作为转让价格,既可以避免承担国有资产流失的风险,也可以顾及到市场变化的影响和参与各方的利益。

(执笔人:张春芳)